훈민정음은 한글인가?

이근우 지음

어문학사

머리말

한글은 여러 가지 면에서 특별하다. 글자를 만든 사람과 글자를 만든 때를 정확히 알 수 있다. 지구상의 대부분의 문자는 누가 만들었는지 알 수 없다. 한자는 창힐이라는 사람이 새 발자국을 보고 만들었다고 하지만, 전설적인 이야기다. 일본의 가나도 언제 누가 만들었다고 단언하기 어렵다. 한글과 비슷한 경우는 원나라 때 만들어진 파크파문자(흔히 파스파문자라고 한다) 정도일 것이다.

한글은 표음문자 중에서도 자음과 모음이 분리되어 있는 음소문자다. 어떤 학자는 음소문자보다 더 분해할 수 있는 자질문자라고 보기도 한다. 예를 들어 ㅋ은 ㄱ과 ·으로 분해할 수 있고, ㅏ도 ㅣ와 ·로 분해할 수 있기 때문이다.

특히 모음이 발달한 문자이기도 하다. 영어와 일본어에서 모음 문자는 5개에 불과하다. 아랍어도 5개의 모음을 쓰고 있으나 글자로 따로 나타내지 않는다. 실제로 문자 중에는 모음은 간단한 기호로 처리하는 경우도 있다. 그런데 현재 한글에서는 기본 모음이 10개이고 이중모음, 삼중모음까지 엄청난 수의 모음으로 확장된다.

한글의 원형인 훈민정음은 세종대왕이 창제하셨고, 당시에 제작

된 훈민정음에 대한 해설서인 『훈민정음』 해례본과 『훈민정음』 언해
본이 전하고 있다. 기록도 있고 현재 우리가 그 문자를 쓰고 있다. 모
든 것이 선명한 것 같다. 그렇지만 가까이 다가서 보면 그렇지 않다.

　『훈민정음』 해례본을 펼치는 순간 당혹스럽다. "나라 말쏨이 중
국과 달라 문자와 서로 맞지 않아"라고 시작하는 서문부터 한문이다
(國之語音 異乎中國 與文字不相流通). 본문에 들어가서도 한글 자모라
고 생각되는 부분을 빼면 모두 한자와 한문이다. 한글 자모의 음가를
설명하는 데 동원된 것도 한자다. 'ㄱ'의 음가는 임금 군(君)이라는
한자를 가지고 설명하고 있고, 'ㄷ'는 계량 단위로 쓰는 말이라는 뜻
의 두(斗)라는 한자를 가져왔다. 모음의 경우도 ·(아래 아)는 삼킬 탄
(呑)으로 설명하고 있다.

　왜 어리석은 백성을 가르치려고 하면서, 훈민정음의 해설서를 한
문으로 썼을까? 뒤에 언해본이 나오긴 했지만 그것도 쉽게 읽을 수

---

1 『훈민정음』 언해본에서 'ㄱ는'과 'ㅋ는'처럼 주격조사가 달려있다. ㄱ이라는 글자의 이름
　이 우리가 흔히 아는 것처럼 '기역'이 아니다. 따라서 『훈민정음』에 대해서 설명할 때는
　언해본의 용례에 따랐다.

있는 것이 아니다. 이 책은 『훈민정음』 해례본을 펼쳤을 때 느낀 당혹 감에서 비롯되었다. 멀리서 볼 때는 너무나 분명해 보였던 훈민정음 이 가까이 다가가면 다가갈수록 복잡하고 어려워졌다. 그 당혹감을 따라나설 수밖에 없었다.

일반적으로 세종대왕이 제정한 훈민정음과 현재 우리가 쓰는 '한글'은 같은 글자라고 생각한다. 이러한 이해의 전제가 되는 것이 1443년에 창제한 언문은 1446년에 제정한 훈민정음과 동일한 것이 며, 훈민정음이 우리 글자에 대한 공식적인 명칭이고 언문은 공식적 인 이름이 정해지기 전에 사용한 호칭, 혹은 우리 글자를 낮추어 부를 때 쓰는 용어라는 생각이다.[2] 과연 언문과 훈민정음은 동일한 것일 까? 그렇다면 최소한 국왕과 대면하는 조회 상참 경연이나 공적인 문 헌에서는 우리의 글을 지칭할 때 세종이 정한 바와 같이 훈민정음이 라고 했을 법하다. 그러나 『경국대전』조차 언문(諺文)이라고 하였고

---

2 김슬옹, 「조선시대 언문의 비칭성과 통칭성 담론」, 『겨레어문학』33, 2004, 21~24쪽. 그는 훈민정음이란 말이 새로운 문자에 대한 일반 명칭이 아닌 새로운 문자의 성격과 가치를 드러내주는 특별지칭에 머물렀고, 훈민은 목적이고 정음은 그 핵심 성격이라고 하였다. 곧 훈민은 민본주의에 의한 통치 이데올로기라는 목적을 보여주지만, 정음은 조선말의 소리를 바르게 분석하고 그 분석결과를 바탕으로 바른 소리를 가장 이상적으로 구현한 문자라는 성격을 가진다고 하였다. 그래서 언문은 제도적으로는 비주류 문자이지만 실제 생활 속에서는 한문에 대한 보조 역할 수준을 넘어섰다고 하였다. 이처럼 언문이 결코 우 리글에 대한 단순한 비칭이 아니라는 점을 강조하고 있지만, 훈민정음을 과도하게 평가 함으로써, 언문의 지위에 대한 평가는 제약될 수밖에 없게 되었다.

훈민정음이라고 하지 않았다.[3] 또한 『훈민정음』은 우리말을 나타내기 위한 기본적인 내용들을 규정하고 있어야 한다. 그렇지만 실제로 『훈민정음』에는 한자의 음가를 표현하려는 규정들이 많지만 우리말에 대한 규정은 거의 없다.[4]

나아가서 『훈민정음』의 내용이나 활용 사례 그리고 『동국정운』·『홍무정운』과의 관계를 생각하면, 훈민정음은 원래 우리말을 표기하려는 목적으로 창제된 것이라고 보기 어렵다. 또한 훈민정음이 우리말을 위한 글자라면 왜 훈민정음 즉 '바른 소리'라고 하였을까? 무엇에 대한 바른 소리라는 것일까? 우리말에 바른 소리와 그른 소리가 있다는 뜻인가? 실제로 훈민정음의 정음(正音)이라는 용어가 사용된 사례를 보면, 모두 한자의 바른 음가와 관련되어 있다. 정음은 한자의 음가와 관련되어 사용된 용어이다. 우리말은 우리가 말하는 대로 표기하면 충분하고 무엇이 바른 소리라고 할 필요가 없다. 『훈민정음』에 제시되어 있는 음가는 당시 우리말의 음가를 올바르게 나타내는 것이 아니라, 한자의 음가를 어떻게 정확하게 나타낼지를 고민한 것이다. 언문(諺文)은 일상적으로 쓰는 말을 나타내는 글자라는 뜻을

---

3 『경국대전』吏典 取才條 및 禮典 奬勸條. 전자는 綠事의 시험 과목으로, 후자는 『삼강행실』 번역이라는 뜻으로 각각 사용하였다.

4 이익섭, 「훈민정음 표기법 통일안」, 『국어표기법연구』, 서울대출판부, 1992., 조규태, 「옛 한글표기법」, 『용비어천가』, 한국문화사, 2007.

가지고 있지만, 정음은 '바른 소리'인 점을 강조하고 있다. 이처럼 언문과 훈민정음이 모두 우리말을 표현하기 위한 글자라는 견해를 그대로 따르기 어려운 여러 가지 이유가 있다.

심지어 언문과 훈민정음을 동일한 것으로 보는 견해 중에는, 언문과 훈민정음이 모두 우리말이 아니라 한자의 음가를 표기하기 위한 것으로 보는 입장도 있다. 언문은 훈민정음의 시안이었으며, 그것을 다듬은 것이 훈민정음이라는 것이다.[5] 그렇게 되면 언문과 훈민정음은 모두 한자의 음가를 표기하기 위한 수단이 되는 셈이다. 이러한 견해에 따르면 언문으로 쓰인 『용비어천가』나 수많은 언해 문헌이 모두 훈민정음의 시안인 언문이 원래의 목적과 다르게 사용된 결과에 불과한 것이 된다.

그러나 처음부터 언문은 『용비어천가』의 편찬[6]과 밀접한 관련이 있으며, 정인지의 전문(箋文)에서 "가용국언, 잉계지시, 이해기어(歌用國言, 仍繫之詩, 而解其語)"라고 하여 먼저 우리말로 노래를 만들고

---

5 강길운, 「훈민정음창제의 당초목적에 대하여」, 『훈민정음과 음운체계』, 형설출판사, 1992, 342~361쪽.

6 『조선왕조실록』 세종 24년(1442) 3월 1일 임술조. 전라도 각 고을의 나이든 사람에게 태조의 업적을 물어 아뢰라고 하였으며, 이것이 용비어천가를 짓기 위한 것이라고 하였다. 언문을 창제한 목적의 하나로 용비어천가의 편찬을 짐작할 수 있는 대목이다. 용비어천가를 편찬하려는 의도는 세종이 『태조실록』을 열람하고자 하였던 1425년(세종 7)으로 거슬러 올라가서 확인할 수 있으며, 1437년(세종 19)에도 함길도에 四祖의 사적을 조사하라고 명령하였다(김승우, 『용비어천가의 성립과 수용』, 보고사, 2012, 70~71쪽).

이를 바탕으로 다시 한시로 지었음을 밝히고 있다. "샘이 깊은 물은 가뭄에 아니 그칠 새"라는 우리말로 된 부분이 언문으로 쓴 노래이고, "源遠之水 旱亦不竭"은 한자로 쓴 한시이다. 또한 최만리가 언문 반대 상소[7]에서 지적하는 것처럼 언문은 분명히 우리말을 표현하기 위한 글자였다. 따라서 언문과 훈민정음을 모두 한자 음가를 표기하기 위한 수단으로 보는 견해도 성립할 수 없다.

　기존의 대립되는 두 입장이 모두 성립될 수 없다고 한다면, 언문과 훈민정음에 대한 제3의 시각이 필요하다. 그것은 언문과 훈민정음을 서로 다른 것으로 보는 방법이다. 이 글에서는 언문과 훈민정음이 서로 구별되는 것으로 보는 생각을 제기해 보고자 한다. 그리고 언문이야말로 우리글의 공식적인 명칭이고 한글의 원형이었음을 밝히고자 한다.

---

7 최만리의 상소를 일각에서 '훈민정음 반대 상소'라고 부르는 것은 잘못이다. 상소문에서 단 한 차례도 훈민정음이라고 한 적이 없다. 어디까지나 '언문 반대 상소'이다.

ㅈㅊㅉㅅㅆ
字ᄍᆞᆼ·ᄂᆞᆫ 齒칭頭뚱 ㅅ소·리

·예·ᄡᅳ·고

ㅈㅊㅉㅅㅆ
字ᄍᆞᆼ·ᄂᆞᆫ 用·용 於헝 正·졍齒칭

이 소·리·ᄂᆞᆫ 우·리 나·랏 소·리·예·셔

열ᄫᅵ니 혓 그·티 아·랫 닛 므유·메 다

터·보·니 헷 그·티 아·랫 닛ㅅ ᄆᆞ유

ㅈㅊㅅㅆ
字ᄍᆞᆼ ·ᄂᆞᆫ 正·졍 齒 ·ᄂᆞᆫ·니

I

훈민정음은 우리말을 표기하는 수단이었는가?

『훈민정음』[8] 서문대로라면 쉽게 익혀서 날마다 쓸 수 있어야 한다. 그러나 실상은 그렇지 않다. 한문으로 작성된 해례본을 읽는 것 자체가 결코 쉬운 일이 아니다. 또 『훈민정음』 해례본이나 언해본을 이해하기 위해서는 어느 정도 음운학적인 지식이 필요하다. 그나마 이해하기 쉬운 언해본의 예를 들어보자.

ㄱ 는 아음(牙音)이니 군(君) 자 처음 발성과 같다.

ㄴ 는 설음(舌音)이니 나(那) 자 처음 발성과 같다.

ㅁ 는 순음(脣音)이니 미(彌) 자 처음 발성과 같다.

ㅅ 는 치음(齒音)이니 술(戌) 저 처음 발성과 같다.

ㅇ 는 후음(喉音)이니 업(業) 자 처음 발성과 같다.

먼저 아음(牙音)이라는 용어가 문제다. 우리말로는 어금니 소리라고 한다. 그렇다고 어금니로 발음하는 것은 아니다. 어금니 주변 즉 입

---

8 이 책에서는 문자로서의 훈민정음과 책 이름인 『훈민정음』을 구분하였다. 책이름은 『 』와 같이 겹낫표를 붙여서 표시하였다.

안의 깊은 곳에서 발음되는 소리를 말한다. 우리가 우리말을 발음할 때 일일이 어디서 어떻게 발음하는지 의식하지도 않고, 알 필요도 없다. 그런데 『훈민정음』에서는 왜 아음을 비롯해서 설음, 순음, 치음, 후음 과 같은 어려운 용어를 가지고 왔을까? 백성들에게 고도의 음운학적인 지식을 가르치려고 한 것일까? 발음의 사례로 든 글자도 결코 쉽지 않다. 『훈민정음』에서 초성의 음가를 나타내기 위하여 사용한 한자는 스물세 자이다.

　그중 어찌 나(那)라는 글자는 찰나(刹那) 나락(那落)과 같이 불교 용어에서 자주 쓰이는 한자이기는 하지만 결코 쉬운 글자가 아니다. 미(彌)도 그렇다. 두루, 오래라는 뜻을 갖고 있지만, 미륵(彌勒) 수미산(須彌山)과 같은 불교 용어에서나 볼 수 있는 한자다. 양(穰)은 볏짚이라는 뜻이고 풍년도 의미한다. 담(覃)은 미치다, 이르다, 퍼지다 등의 뜻이다. 규(虯)는 규룡, 뿔이 있는 새끼 용, 뿔없는 용을 뜻하는 알쏭달쏭한 글자다. 별(彆)은 화살이 뒤틀린다는 뜻이다. 표(漂)는 물에 떠돌다, 빨래하다는 뜻으로 표류(漂流)나 표녀(漂女)와 같은 말에 쓰인다. 과연 당시 어리석은 백성들은 이런 한자를 다 알고 있었을까?

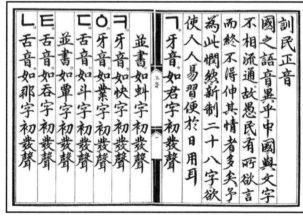

━━ 그림 1 『훈민정음』 해례본

	·	一	ㅣ	ㅗ	ㅏ	ㅜ	ㅓ	ㅛ	ㅑ	ㅠ	ㅕ	
ㄱ					君군							
ㄲ										虯뀨		
ㅋ											快쾡	
ㆁ							業업					
ㄷ						斗둫						
ㄸ				覃땀								
ㅌ	呑튼											
ㄴ				那낭								
ㅂ										彆볋		
ㅃ				步뽕								
ㅍ							漂푱					
ㅁ			彌밍									
ㅈ		卽즉										
ㅉ	慈ᅑ											
ㅊ			侵침									
ㅅ										戌ᅀ		
ㅆ									邪쌰			
ㆆ		挹흡										
ㅎ							虛헝					
ㆅ				洪ᅘ								
ㅇ							欲욕					
ㄹ											閭령	
△									穰샹			

【표 1】『훈민정음』 언해본의 한자와 훈민정음에 의한 음가 표기

그런데 『훈민정음』의 음가를 나타내려고 사용한 한자들은 대단히 치밀하게 선택되고 정교하게 배치되었다.

【표 1】에서 알 수 있는 것처럼, 『훈민정음』에서 초성의 음가를 나타내기 위하여 선택된 한자들은 중성(모음)의 관점에서 보면 복모음이 사용된 쾌(快)를 제외하면 예외 없이 2자씩이다. 그냥 쉬운 한자를 가져온 것이 아니고 일정한 규칙을 확보하기 위해서 어려운 한자라도 선택할 수밖에 없었던 상황이었음을 짐작할 수 있다.

『훈민정음』을 읽기 어려운 까닭은 한자나 한문을 썼기 때문만이 아니다. 언해본의 경우에도 그 내용을 보면 쉽게 이해할 수 없는 것이 많다.

우선 우리가 아는 ㄱ의 글자 이름은 기역(其役)이다. 그런데 언해본에는 'ㄱ는'이라고 하여 ㄱ 아래에 는(는)이라는 주격 조사를 달았다. ㄱ을 기역이라고 읽었다면 'ㄱ은'이라고 해야 한다. 『훈민정음』 단계에서 ㄱ의 이름은 기역이 아니었던 것일까? 이동림은 『훈민정음』에서 'ㄱ'은 음가가 '기'였을 것으로 보았고, 정광은 '가'일 것으로 판단하였다.

또 아음(牙音) 중 아(牙)라는 한자는 '아'가 아니고 '앙'로 표기되어 있다. 쉬울 이(易)의 경우도 '잉'로 되어 있고, 귀 이(耳)도 '싱', 글자 자(字)도 '쭝', 처음 초(初)도 '총'으로 되어 있다. 뿔이 달린 아기 용을 뜻하는 규(虯)는 더욱 이상하게 '끃'로 되어 있다. 즉 음가가 없는 'ㆁ'이 붙어 있기도 하고 'ㅸ'이 붙어 있기도 하다. 이에 대해서 우리말에서는 받침에 음가가 없을 때 'ㆁ'을 단 경우가 없다. 『훈민정음』 언해본을 읽기 위해서도 몇 가지 규칙을 미리 알고 있어야 하고, 그 중에서 가장 기본적인 것이 한자의 음가를 표시할 경우에만 종성[9]에 음가가 없더라도 'ㆁ'을 무조건 달도록 되어 있다는 사실을 알아야 한다.

그 밖에도 팔(八)은 '밣', 일(日)은 '싏', 발(發)은 '벓'과 같이 'ㆆ'이 붙어 있다. 이와 외관상 똑같은 것이 우리말의 '홇'이다. 보기에는 같지만, 읽는 방법은 전혀 다르다. 한자 다음에 붙어 있는 것은 이른바 '이영보래(以影補來)'라는 한자 음가 표기방식이다. 당시 중국어에서는 팔(八) 일(日) 발(發)의 'ㄹ'이라는 음가가 'ㄷ'로 바뀐 상태 혹은 입성이었다. 그러나 조선에서는 입성으로 보기 어려운 'ㄹ'로 발음하였기 때문에, 이 점을 주의하도록 'ㆆ'로 보완한 것이다. 그러므로 실제로 읽을 때는 '받', '싇', '벋'과 같이 발음하라는 것이다. 이에 대해서 우리말을 나타낸 '홇'은 '홀'이라고 읽는다. 'ㆆ'은 '홀'과 '싸름' 사이에 들어가는 사이시옷과 같은 역할을 할 뿐이다.

또한 『훈민정음』에서 ㆁ와 ㅇ는 다른 글자라는 점이다. ㆁ, 즉 꼭지가 달린 이응은 영어 발음 기호의 [ŋ]과 같은 음가를 가지고 있지만, 그냥 ㅇ은 음가가 없다(ɸ). 현재 우리는 꼭지 달린 이응을 쓰지 않

---

9 한자의 음운학에서는 운미(韻尾)라고 한다. 훈민정음은 초성 중성 종성을 모두 표기하는 원칙을 유지하고자 하였다. 그래서 종성(운미)에 음가가 없더라도 음가가 없음을 나타내는 기호로서 'ㆁ'을 덧붙인 것이다.

고 그냥 'ㅇ'을 그 위치에 따라서 모음 앞에 있으면 모음만 발음하고, 받침의 자리에 있으면 영어의 'sing', 'song'의 'ng'로 변별해서 발음하고 있는 셈이다. 훈민정음의 원리와는 제법 다르다고 할 수 있다. 나아가서 'ㆆ'은 우리말에서 사용되지 않는 음가였다. 그래서 『훈민정음』에서도 우리말에서는 'ㅇ'과 같이 쓰일 수 있다고 하였다. 이처럼 『훈민정음』에는 우리말에서는 소리가 구별되지 않은 글자가 들어 있다.

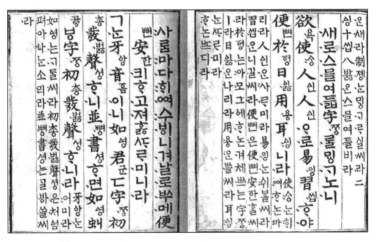

━━ 그림 2 『훈민정음』 언해본. ㄱ 논 牙ᅌᅡᆼ音흠이니.

이처럼 『훈민정음』 언해본을 보면, 한사의 음가를 나타내는 데 사용된 글자와 우리말을 나타낸 글자가 형태는 똑같아 보이지만, 그 쓰임새는 상당히 다르다. 한자의 경우는 모음 다음에 다른 음가가 없더라도 'ㅇ'을 넣고 있지만, 우리말의 경우는 그런 원칙이 적용되지 않는다. 'ㆆ'의 쓰임새도 다르다. 한자는 한 글자 한 글자 음가를 나타내고 그 음가는 뒤에 있는 말로 이어지지 않는다. 이에 대해서 우리말의 경우는 '싸ᄅᆞ미니라'와 같이 뒷말에 이어진다. 만약『훈민정음』 해례본에서 한자를 없애서, 한자를 표기한 글자와 우리말을 나타낸 글자를 구별할 수 없게 된다면, 거의 읽을 수 없는 상태가 된다. 왜 이런 일이 생길까? 왜 이런 사정에 대해서『훈민정음』언해본에서는 아무런 규정도 마련하지 않았을까? 의문이 꼬리를 문다.

『훈민정음』의 또 한 가지 특징은 모든 글자에 방점을 찍어 평성(平聲) 상성(上聲) 거성(去聲) 입성(入聲)을 구별하였다는 점이다. 우리말에서는 낱말을 주로 장단음으로 구별하지만, 한자는 기본적으로 한 글자로 이루어지기 때문에 같은 발음이 많을 수밖에 없고, 그렇기 때문에 글자를 발음하는 방법이 뜻을 변별하는 중요한 수단이 된다. 예를 들어『동국정운』에서 '몽'이라는 음가를 가진 한자를 찾아보면, 몽(蒙), :몽(曚), ·몽(夢)과 같이 '몽'의 왼쪽에 점을 찍어 성조를 구별하고 있다. 점이 없는 것은 평성, 점이 2개인 것은 상성, 점이 1개인 것은 거성인 것이다. 돈의 경우는 돈(敦), ·돈(頓)으로 각각 평성과 거성으로 구별된다.

평(平), 상(上), 거(去), 입(入)이라는 한자를 발음해 보면 성조가 무엇인지를 알 수가 있다. 평은 말 그대로 높낮이가 없다. 그런데 상은 낮은 데서 높은 데로 올라가면서 길게 발음하게 된다. 거는 처음부터 높은 곳에서 발음한다. 입성은 급하게 소리를 닫아야 한다. 한자는 같은 발음을 가지고 있는 글자라도 성조를 달리함으로써 4가지 의미로 구별해서 쓸 수 있는 셈이다. 『훈민정음』에서는 이 사성을 글자의 왼쪽에 점을 찍어서 구별하였다. 점이 없으면 평성이고, 점이 하나면 거성(맞높은 소리)이고, 점이 둘이면 상성이다. 입성은 점을 찍는 것은 같지만 소리가 급하게 끝난다고 하였다.

그런데 이러한 방점은 한자의 음가를 나타내는 데는 반드시 필요하지만, 우리말에서는 반드시 필요하다고 할 수 없다. 『훈민정음』에서도 활(弓)이 평성, 돌(石)이 상성, 갈(刀)이 거성, 붇(筆)이 입성이라고 하였다. 사성의 구별이 진정으로 필요한 때는 활이라는 글자를 평성, 상성, 거성, 입성으로 발음하는 경우이다. 그런데 우리말의 활에 활, :활, ·활과 같은 구별이 있는 것은 아니다. 곧 사성의 구별이 우리말의 의미를 변별하는 데 반드시 필요한 요소라고 할 수 없다.

『훈민정음』 해례본 「용자례」란?

훈민정음이 우리말을 표기하는 수단으로 보는 입장에서는, 『훈민정음』 해례본의 「용자례」에서 훈민정음을 가지고 우리말 어휘를 많이 표현하고 있다는 점을 강조한다. 과연 그럴까? 『훈민정음』 해례본은 대단히 논리적으로 구성되어 있다. 그러한 논리 구조야말로 과연 「용자례」의 우리말 어휘가 우리말 표기의 실제 사례를 보여주기 위한 것인지를 판단하는 근거가 될 수 있다.

「용자례」는 『훈민정음』 해례본 전체를 관통하는 논리구조를 그대로 가지고 있다. 『훈민정음』의 논리구조는 초성에서 아·설·순·치·후·반설·반치음과 청탁음의 구별이라는 축을 가지고 있다.

	아음	설음	순음	치음	후음	반설음	반치음
전청	감(柿), 굴(蘆)	뒤(茅), 담(墻)	불(臂), 벌(蜂)	자(尺), 죠히(紙)	ㆆ	무뤼(雹), 어름(氷)	아ᅀᆞ(弟), 너ᅀᅵ(鴇)
차청	우케(舂稻), 콩(大豆)	고티(繭), 두텁(蟾蜍)	파(蔥), 풀(蠅)	체(籭), 채(鞭)	부헝(鵂鶹), 힘(筋)		
전탁	ㄲ	ㄸ	ㅆ	ㅉ	ㆅ		
불청 불탁	러울(獺), 서에(流澌)	노로(獐), 납(猿)	뫼(山), 마(薯蕷)	손(手), 셤(島)	비육(鷄雛), ᄇᆡ얌(蛇)		
순경음			사비(蝦), 드비(瓠)				

【표 2】『훈민정음』 해례본 「용자례」의 초성 용례

「용자례」의 초성에서는 전탁음(ㄲ, ㄸ, ㅆ, ㅉ, ㆅ)과 후음의 전청(全淸)에 해당하는 'ㆆ'에 는 우리말 용례가 없음을 알 수 있다. 특히 'ㅆ'은 『훈민정음』 안에서도 '쏘다(射)'와 같은 용례가 있음에도 불구하고 「용자례」에는 보이지 않는다. 또한 순경음에도 'ㅱ'과 'ㆄ'

의 우리말 용례가 없다. 'ㅸ'도 낱말의 첫머리에 사용되지 않았다. 이는 전탁음을 위한 각자병서(各字竝書)나 후음의 전청음으로 설정된 'ㆆ', 그리고 순경음의 'ㅱ''ㆄ'과 같은 글자가 우리말 표기를 위한 것이 아니라는 사실을 잘 보여준다. 각자병서가 우리말의 된소리(경음)를 나타내기 위한 것이라는 생각은 재고할 필요가 있다. 이처럼 우리말의 용례를 찾을 수 없는 음가들을 나타내는 음소가 있다는 점 자체가 『훈민정음』의 문자 제자의 목적이 무엇인지 의문스럽게 만든다.

	ㆍ	ㅡ	ㅣ	ㅗ	ㅏ	ㅜ	ㅓ	ㅛ	ㅑ	ㅠ	ㅕ
1	툭(頤)	들(水)	깃(巢)	논(水田)	밥(飯)	숫(炭)	브섭(竈)	죵(奴)	남샹(龜)	율믜(薏苡)	엿(飴餹)
2	풋(小豆)	발측(跟)	밀(蠟)	톱(鋸)	낟(鎌)	울(籬)	널(板)	고욤(梬)	약(龜鼊)	쥭(飯菓)	뎔(佛寺)
3	ᄃᆞ리(橋)	그력(鴈)	피(稷)	호미(鉏)	이아(綜)	누에(蚕)	서리(霜)	쇼(牛)	다야(匜)	슈룹(雨繖)	벼(稻)
4	ᄀᆞ래(楸)	드레(汲器)	키(箕)	벼로(硯)	사슴(鹿)	구리(銅)	버들(柳)	쇫됴(蒼朮菜)	쟈감(蕎麥皮)	쥬련(帨)	져비(燕)
							一		ㅏ	ㅢ	
		ㅏ						ㅗ			
	ㅣ	ㅕ			ㅣ	ㅔ	ㅣ			ㅏ	ㅜ
	ㅐ	ㅖ	ㅕ	ㆍ		ㅣ	ㅡ	ㅑ	ㅏ	ㅕ	ㅣ

【표 3】『훈민정음』해례본 「용자례」 중성 용례

	ㄱ	ㅇ	ㄷ	ㄴ	ㅂ	ㅁ	ㅅ	ㄹ
	닥(楮)	굼벙(螬蠐)	갇(笠)	신(屐)	섭(薪)	범(虎)	잣(海松)	돌(月)
	독(甕)	올챵(蝌蚪)	싣(楓)	반되(螢)	굽(蹄)	심(泉)	못(池)	별(星)
초성	ㄷ	ㄱㅂ	ㄱ	ㅅ	ㅅ	ㅂ	ㅈ	ㄷ
초성	ㄷ	ㅇㅊ	ㅅ	ㅂㄷ	ㄱ	ㅅ	ㅁ	ㅂ
중성	ㅏ	ㅜㅓ	ㅏ	ㅣ	ㅓ	ㅓ	ㅏ	·
중성	ㅗ	ㅗㅏ	ㅣ	ㅏㅚ	ㅜ	ㅓ	ㅗ	ㅕ

【표 4】『훈민정음』해례본「용자례」종성 용례

이상의 내용을 보면 초성 각 두 사례, 중성 네 사례, 종성 두 사례와 같이 일정한 규칙을 가지고 우리말의 용례를 제시하였음을 알 수 있다. 그러나 전체적으로 쉬운 우리말을 통해서 각 음소를 나타내는 글자를 익히도록 하려는 의도를 가졌다고 보기 어렵다. 특히 우리말과 대응되는 한자어를 보면 더욱 그렇다. 유시(流澌, 성에), 보(鴇, 새이름), 의이(薏苡, 율무), 휴류(鵂鶹, 부엉이), 반소(飯藁, 죽), 구벽(龜鼊, 거북의 한 종류), 제조(螬蠐, 굼벙이), 과두(蝌蚪, 올챙이)와 같은 한자는 일반 백성은 물론이고 한자를 제법 아는 사람도 쉽게 알 수 있는 것이 아니다. 이는 각각의 음소를 나타내는 글자들이 어떻게 쓰이는지를 나타내려고 한 것이고, 우리말을 쉽게 가르치려는 의도를 가진 것이라고 할 수 없다. 『훈민정음』에 들어있는 글자들을 어떻게 조합해야 하는지를 자세하게 보여 주려는 의도로 보인다.

소(槑)나 영(梣)과 같은 일부 글자들은 그 음이 무엇인지도 분명하지 않다. 영(梣)은 고욤나무 영이라고 하지만 『훈몽자회』에서는 '빙'이라고 읽었다. 소(槑)는 현재 발음이 'qiao'라고 되어 있고, 우리나라에서는 고(敲), 교(磽), 초(鍬)와 같은 한자의 발음에 해당한다. 한편으로 '소(槑)'의 윗부분에 있는 '삽(雴)'은 가래 삽(雴), 키 작을 삽(倢), 꽂을 삽(挿), 마실 삽(歃), 말 많을 삽(喢) 등으로 쓰이므로, 소(槑)도 음이 삽일 가능성이 있다. 그러나 이 한자는 큰 한자 사전에도 나오지 않는다. 원래는 밥을 담을 때 쓰는 주걱과 같은 의미를 가졌던 것으로 생각된다. 대신 나무 목(木)이 왼쪽에 가있는 삽(椏)이라는 한자는 나무 부러지는 소리, 숲 속의 나무라는 뜻으로 음이 '찹', '잡'으로 되어 있다. 어느 쪽이든 왜 '반소(飯槑)'가 죽이라는 의미를 가지는지도 잘 알 수가 없다.

과연 이러한 용례가 백성을 위한 것일까? 모처럼 우리말의 어휘를 사례로 들었지만, 그 뜻을 설명하고 있는 것은 결코 쉽지 않은 한자어들이다. 과연 이런 한자를 통해서 일반 백성이 훈민정음을 습득할 수 있었을까?

「용자례」에 보이는 우리말 어휘들은 훈민정음의 글자를 조합하는 방식을 일정한 원칙에 입각해서 보여주려는 것이지, 백성들이 손쉽게 우리 글자의 운용법을 알 수 있도록 배려한 것은 아니라고 하겠다.

훈민정음은 배우기 쉬운가?

한글은 분명히 배우기 쉬운 문자다. 글자 수도 적고, 자음의 글자의 형태는 발성기관과 연관이 있고, 같은 발성기관에서 만들어지는 소리를 나타내는 글자는 비슷한 모양을 하고 있기 때문이다. 그렇지만 아주 짧은 기간에 다 익힐 수는 없다. 필자의 경험으로도 한글을 처음 배워서 편하게 쓸 수 있을 때까지는 상당한 시간이 걸렸다. 한글을 배우는 과정에서 우리가 입으로 발음하는 것과 글자로 쓰는 것이 다른 경우도 적지 않았고, 그래서 맞춤법을 틀린 경우도 많았다. 한글이 배우기 쉽다는 것은 다른 문자에 비해서 쉽다는 의미인 셈이다. 일본의 가나 문자는 히라가나 가타카나를 합쳐서 100자가 넘기 때문에 글자를 익히는 데만 적지 않은 시간이 걸린다. 많게는 10만 자에 달하는 한자와는 비교조차 할 수 없다. 다른 문자에 비하면 훨씬 쉽게 빨리 배울 수 있는 것이 사실이다. 그러나 한나절이나 열흘 만에 익힐 수 있는 것은 아니다. 그런데도 한글을 한나절이면 익힐 수 있다는 말이 떠돌았다. 그 진원지가 궁금해진다.

실제로 배우기 쉽다는 말이 여러 군데 나오지만, 그것은 훈민정음을 두고 한 말이다. 『조선왕조실록』에는 『훈민정음』에 대한 정인지 서문이 실려 있는데, 그 속에 다음과 같은 구절이 나온다.

지혜로운 사람은 아침나절이 되기 전에 이를 이해하고, 어리석은 사람도 열흘 만에 배울 수 있게 된다.[10]

비슷한 말은『홍무정운역훈』이라는 책의 서문에도 나온다. 서문은 훈민정음 창제 과정에서 요동을 왕래하는 수고를 아끼지 않았던 신숙주가 쓴 것이다.『홍무정운역훈』이라는 책은『홍무정운』에 한자의 음가를 단 것이다.『홍무정운』은 명나라 태조가 새로 건국된 명의 표준 한자음을 정하기 위해서 편찬한 책이다.

우리 동방에서 천·백년 동안 아직 알지 못하던 바를 열흘이 못되어 공부할 수 있게 되었으니, 진실로 되풀이하여 깊이 생각한 다음 이를 깨우칠 수 있다면, 성운학인들 어찌 연구하기가 어렵겠는가?

『동자습』이라는 책의 서문에도 비슷한 구절이 나온다.『동자습』은 조선의 역관들이 중국어를 학습하기 위해서 쓰던 어학교재이다.

공부하는 사람이 먼저 훈민정음 몇 글자를 익히고 이 책을 배우게 되면, 열흘 동안에 중국어(원문은 漢語)도 통할 수 있고, 음운학(원문은 韻學)에도 밝아질 수 있을 것이니 사대(事大)에 관한 일도 다 할 수 있다.

---

10 『조선왕조실록』세종 28년 9월 29일자 鄭麟趾 序文. "故智者不崇朝而會, 愚者可浹旬而學."

과연 어리석은 사람도 열흘 만에 한글을 배울 수 있었을까? 그런데 열흘 만에 배울 수 있다고 한 자료들 속에서 또 다른 공통적인 내용을 발견할 수 있다.

　　하늘이 내신 성인이신 세종대왕께서 밝고 넓게 아시지 못하는 바가 없으셔서 성운학의 근원도 밝게 연구하여 (우리가 밝히지 못한 바를) 헤아리시고 결정해 주심에 힘입어서, 칠음(七音)과 사성(四聲)을 배열하여 씨줄과 날줄을 마침내 바르게 만드셨다. 이 결과 우리 동방에서 천년·백년 동안 미처 알지 못하던 바를 열흘이 못되어 공부할 수 있게 되었으니, 진실로 되풀이하여 깊이 생각한 다음 이를 깨우칠 수 있다면, 성운학인들 어찌 연구하기가 어렵겠는가?[11]

　　열흘 안에 공부할 수 있는 것은 성모와 운모 즉 성운학의 근원이다. 『동자습』에서도 마찬가지다.

　　한음을 배우는 이들이 굴러서 전해온 나머지를 얻어서 공부하여, 이렇게(잘못된 것을) 주고 받은 지가 이미 오래라, 잘못된 점이 자못 많게 되어, 세로로는 사성(四聲)의 느리고 빠름이 어지러워지고, 가로로는 칠음(七音)의 청탁(淸濁)을 잃어 버렸는데, 그렇다고 중국 학사가 옆에서 이를

---

11 『홍무정운역훈』 신숙주 서문. "尙賴我世宗大王天縱之聖高明博達 無所不至 悉究聲韻源委 而斟酌裁定之 使七音四聲一經一緯 竟歸于正 吾東方千百載 所未知者 可不浹旬而學 苟能沈潛反復有得乎是 則聲韻之學 豈難精哉"

바로잡아 주는 것도 아니어서, 이름난 선비나 노련한 역관도 종신토록 이런대로 지내다가 고루한 대로 세상을 뜨고 있다.

우리 세종 문종께서 이를 개연(慨然)히 여기시어 이미 훈민정음을 만드시니, 천하의 모든 소리가 비로소 다 기록하지 못할 것이 없게 되었다. 이에 홍무정운을 번역하여 중국어음(원문은 華音)을 바르게 하시고, 또 「직해동자습역훈평화」(直解童子習譯訓評話)는 곧 중국어를 배우는 문이라고 하시어, 지금의 우부승지 신숙주와 겸 승문원 교리 조변안, 행 예조좌랑 김증, 행 사성 손수산 등에게 명하여, 훈민정음으로 한자의 음가(원문은 訓)를 번역하여 가는 글씨로 각 글자(한자)마다 아래에 써 넣게 하고, 또 우리말(원문은 方言)을 써서 그 뜻을 풀이하도록 하셨다.

이상의 문맥을 따라가면, 열흘 만에 배울 수 있다고 한 것은 전혀 새로운 글자인 언문을 익히는 것이 아니라, 한자의 음가를 표현하는 발음기호라고 할 수 있는 훈민정음을 습득하는 것을 말한다. 이미 한자를 알고 있는 사람들이 훈민정음으로 어떻게 한자의 음가를 표기하는지를 열흘이면 알 수 있다고 한 것이다. 한자 음가는 한 글자씩 표기하므로, 문장을 쓰는 것보다 배우기 쉽다. 그러고 보면 『홍무정운역훈』이나 『동자습』이 모두 중국어를 학습하기 위한 교재이다. 열흘 만에 익힐 수 있고 이를 통해서 음운학을 이해할 수 있다고 한 것은 한자의 음운을 이야기한 셈이다.

『동자습』 서문에 나오는 칠음이란 『훈민정음』에 언급하고 있는 아음(ㄱ, 君) 설음(ㄷ, 斗) 순음(ㅂ, 彆) 치음(ㅈ, 卽) 후음(ㆆ, 挹)과 반설음 (ㄹ, 閭) 반치음(ㅿ, 穰)을 말한다. 이는 한자의 성모(聲母)를 분류하는 기준이다. 이에 대해서 사성은 평성(平聲) 상성(上聲) 거성(去聲) 입성 (入聲)이라는 성조를 뜻하기도 하지만, 칠음으로 나눈 성모를 다시 전 청 차청 전탁 불청불탁음으로 구별하는 것이기도 하다.

이렇게 자료들을 살펴보면, 훈민정음에 대해서 칠음과 사성 즉 한 자 음가의 원리와 표기방법을 열흘 만에 익힐 수 있다고 한 것을 그 대로 한글에 적용한 셈이다. 한글에 관한 한 『훈민정음』이라는 책을 통해서 익히는 일은 결코 용이하지 않았을 것이다. 또한 『훈민정음』 『동국정운』 『홍무정운역훈』이라는 책들은 서로 밀접한 관련이 있으 며, 그 연관성의 핵심에는 한자 음가와 관련된 사성·칠음과 같은 말 이 있음을 알 수 있다.

훈민정음은 왜 만들었는가?

세종대왕의 『훈민정음』 서문에서는 우민(愚民)을 위하여 만들었 고, 쉽게 익혀 날로 쓰도록 하기 위한 것이라고 하였다. 그렇지만 현 실은 그렇지 않다. 『훈민정음』 해례본은 말할 나위도 없고, 『훈민정 음』 언해본조차도 한자를 모르는 일반 백성에게는 무용지물에 가까 웠다. 그렇다면 훈민정음을 만든 다른 목적이 있는 것일까?

『훈민정음』 서문만 가지고 판단할 것이 아니라, 실제로 훈민정음이 어떻게 쓰였는지도 살펴볼 필요가 있다. 훈민정음이 사용되었다고 구체적으로 밝히고 있는 자료는 다음의 세 가지가 있다. 이 자료들의 내용을 검토하여 훈민정음이 어떻게 쓰였는지를 확인해 보자.

1. 『동국정운』 서문
2. 『홍무정운역훈』 서문
3. 『동자습직해』 서문

『동국정운』 서문

(전략) 이에 사성(四聲)으로써 조절하여 91운(韻)과 23자모(字母)를 정하여 가지고 어제(御製)하신 훈민정음(訓民正音)으로 그 음을 정하고, 또 '질(質)'·'물(勿)' 둘의 운(韻)은 '영(影, ㆆ)'으로써 '래(來, ㄹ)'를 보완하여 속음을 따르면서 바른 음에 맞게 하니, 옛 습관의 그릇됨이 이에 이르러 모두 고쳐졌다. 글이 완성되자 이름을 하사하시기를, '『동국정운(東國正韻)』'이라 하시고 (중략).

옛사람이 책을 쓰고 그림을 그렸으며 음화 유격 정절 회절의 방법도 대단히 상세하지만, 배우는 이가 그래도 입을 어물거리고 더듬더듬하여 음(音)을 고르고 운(韻)을 맞추기에 어두웠습니다. 정음(正音)이 제작되고 나자 만고(萬古)의 한 소리로 털끝만큼도 틀리지 아니하니, 실로 음(音)을 전하는 중심줄[樞紐]입니다. 청탁(淸濁)이 분별되니 천지의 도(道)

가 정하여지고, 사성(四聲)이 바로잡히니 사시(四時)의 운행이 순조롭게 되었습니다. 진실로 조화(造化)를 경륜(經綸)하고 우주(宇宙)를 주름잡으며, 오묘한 뜻이 현관(玄關)에 부합(符合)되고 신비한 기미(幾微)가 대자연의 소리에 통한 것이 아니면 어찌 능히 이에 이를 수 있겠습니까. 청탁(淸濁)이 돌고 구르며 자모(字母)가 서로 밀어 칠음(七音)과 12운율(韻律)과 84성조(聲調)가 가히 성악(聲樂)의 정도(正道)로 더불어 한 가지로 크게 화합하게 되었도다. 아아, 소리를 살펴서 음(音)을 알고, 음을 살펴서 음악을 알며, 음악을 살펴서 정치를 알게 되나니, 뒤에 보는 이들이 반드시 얻는 바가 있으리로다.[12]

『동국정운』은 『훈민정음』 해례본이 완성된 다음 해에 완성되었기 때문에 훈민정음과 『동국정운』의 관계를 소상하게 밝히고 있다. 그 중에서도 눈길을 끄는 것은 『동국정운』의 한자 음가를 훈민정음으로 기록하였다고 밝힌 점이다. 동국정운에서는 먼저 한자로 『훈민정음』에 보이는 자모(字母) 즉 군(君), 규(虯), 쾌(快), 업(業)과 한자를 음각으로 넣고 그 다음에는 훈민정음으로 한자의 음가를 밝혔다. 그리고 그 음가를 가진 한자들을 나열하고 있다. 이처럼 『동국정운』에

---

12 『동국정운』 서문 (전략) 於是調以四聲, 定爲九十一韻二十三母, 以御製『訓民正音』定
其音。 又於質勿諸韻, 以影補來, 因俗歸正, 舊習訛謬, 至是而悉革矣。 書成, 賜名曰『東
國正韻』, (중략) 古人著書作圖, 音和·類隔·正切·回切, 其法甚詳, 而學者尙不免含糊
囁嚅, 昧於調協。 自正音作而萬古一聲, 毫釐不差, 實傳音之樞紐也。 淸濁分而天地之
道定; 四聲正而四時之運順。 苟非彌綸造化, 軼輠宇宙, 妙義契於玄關, 神幾通于天籟,
安能至此乎? 淸濁旋轉, 字母相推, 七均而十二律而八十四調, 可與聲樂之正同其大和
矣。 吁! 審聲以知音, 審音以知樂, 審樂以知政, 後之觀者, 其必有所得矣。

서 훈민정음은 한자의 음가를 나타내기 위하여 사용되었다. 이처럼
『동국정운』에서는 우리말을 나타내는 것이 아니라, 한자의 발음기호
로 쓰였다. 이는 『홍무정운역훈』에서도 마찬가지다.

『홍무정운역훈』 서문

옛사람이 이르기를, 범음(梵音)은 중국에서 통용되지만, 공자(夫子)의
경서가 발제하(인도와 중국 국경의 강 이름)를 넘어가 행하여지지 않는 것
은 한자가 소리를 쓰지 않기 때문이라고 하였습니다. 무릇 소리가 있은
다음에 글자가 있는 법인데 어찌 소리가 없는 글자가 있겠습니까? 이제
훈민정음으로 한자의 음을 옮기니 성모와 운모가 잘 들어맞아 제대로
자음(字音)을 나타낼 수 있으니, 음화·유격·정절·회절법과 같은 번거로
움과 수고로움 없이 입으로 발음하면 소리를 얻어서 조금도 차이가 나
지 않으니, 어찌 풍토가 같지 않음을 걱정할 필요가 있겠습니까?[13]

이 서문 역시 칠음 사성을 중심으로 한자의 음운에 대해서 이야기

---

13 『홍무정운역훈』 서문 (전략) 往復就正既多, 而竟未得一遇精通韻學者, 以辨調諧紐攝之
妙. 特因其言語讀誦之餘, 遡求清濁開闔之源, 而欲精夫所謂最難者, 此所以辛勤歷久,
而僅得者也. 臣等學淺識庸, 曾不能鉤探至賾顯揚聖謨. 尙賴我世宗大王, 天縱之聖, 高
明博達無所不至, 悉究聲韻源委, 而斟酌裁定之, 使七音四聲一經一緯竟歸于正. 吾東
方千百載, 所未知者, 可不浹旬而學, 苟能沈潛反復有得乎是. 則聲韻之學, 豈難精哉.
古人謂梵音行於中國, 而吾夫子之經不能過跋提河者. 以字不以聲也. 夫有聲乃有字,
寧有無聲之字耶. 今以訓民正音譯之, 聲與韻諧, 不待音和類隔正切回切之繁且勞. 而
擧口得音, 不差毫釐, 亦何患乎風土之不同哉. (하략)

하고, 세종대왕이 이를 알기 쉽게 정리하였다는 사실을 말하고 있다. 또한 이렇게 만들어진 훈민정음으로『홍무정운』의 한자 음가를 나타내었음을 분명히 밝히고 있다. 곧『홍무정운역훈』에서 한자의 음가를 나타낸 수단이 훈민정음인 것이다.

『동자습』서문

우리 세종과 문종께서 이를 개연(慨然)히 여기시어 이미 훈민정음을 만드시니, 천하의 모든 소리가 비로소 다 기록하지 못할 것이 없게 되었다. 이에『홍무정운』을 번역하여 중국음(華音)을 바르게 하셨다. 또『직해동자습역훈평화(直解童子習譯訓評話)』는 곧 중국어(華語)를 배우는 문이라고 하시고, 지금의 우부승지 신숙주와 겸 승문원 교리 조변안, 행 예조좌랑 김증, 행 사성 손수산 등에게 명하여 정음(正音)으로 한자의 음(訓)을 번역(譯)하여 가는 글씨로 각 글자마다 아래에 써 넣게 하고, 또 우리말(方言)을 써서 그 뜻(義)을 풀이(解)하도록 하셨다.[14]

이 서문에서도 훈민정음으로『홍무정운』을 번역하여 한자의 중국음(華音)을 바르게 하고, 또한『직해동자습역훈평화』에 훈민정음으로 한자의 음(訓)을 번역하여 가는 글씨로 각 글자마다 아래에 써

---

14 『동문선』「동자습서문」(전략) 我世宗, 文宗。慨念於此。旣作訓民正音。天下之聲。始無不可書矣。於是。譯洪武正韻。以正華音。又以直解童子習譯訓評話。乃學華語之門戶。命今右副承旨臣申叔舟, 兼承文院校理臣曹變安, 行禮曹佐郎臣金曾, 行司正臣孫壽山。以正音譯漢訓。細書逐字之下。又用方言。以解其義。(하략)

넣게 한 사실을 밝히고 있다. 흥미롭게도 한자의 음을 훈민정음으로 각 글자마다 나타낸 다음에 우리말로 그 뜻을 풀이하였다고 언급하고 있다. 우리말로 그 뜻을 풀이하였다는 것은 한자의 뜻을 적었다고 하였는데, 이때는 훈민정음이라고 하지 않았다.

이 서문에서 훈(訓)이라는 한자는 현재 우리가 쓰는 것처럼 한자의 뜻을 의미하는 것이 아니고 한자의 음가 즉 소리를 뜻한다. 역(譯)도 현재의 번역이라는 의미가 아니고, 한자의 음가를 나타내는 것이다. 이는 『홍무정운역훈(洪武正韻譯訓)』이 한자의 뜻을 풀이한 것이 아니라 한자의 음가만 나타내고 있는 점에서 확인할 수 있다. 한편 한자의 뜻은 의(義)라고 하였고, 그 뜻을 풀이하는 것은 해(解)라고 하였다. 이는 언해(諺解)가 한문으로 된 문장을 우리말로 풀이한 것이라는 점에서 확인할 수 있다. 이처럼 훈민정음은 『동국정운』, 『홍무정운역훈』, 『직해동자습』에서 공통적으로 한자의 음을 나타내는 수단으로 사용되었다.

童 형(形)	
훈(訓) = 음(音)	의(義)
↓	↓
역(譯)	해(解)
↓	↓
동	**아이**
정음(正音)	방언(方言)

【표 5】 한자의 형·음·의

그렇다면 우리말(方言)로 한자의 뜻을 풀이하였다는 것은 무슨 뜻일까? 우리말로 한자의 뜻을 풀이할 때는 무엇을 사용하였을까? 통설에 따르면 당연히 훈민정음이어야 한다. 그러나 이 문장의 구조를 보면 "정음으로써 한자의 소리를 옮겼다(以正音譯漢訓)"와 "또한 방언을 써서 그 뜻을 풀었다(又用方言, 以解其義)"가 대구를 이루고 있다. 한자의 음을 나타낸 것은 정음이고, 한자의 뜻을 풀이한 것은 방언이라고 하였으므로, 정음과 방언은 서로 대비되는 것이라고 할 수 있다. 『동국정운』과 『홍무정운역훈』에서 한자의 음가를 나타내는 데 사용된 훈민정음을 보면, 이는 『훈민정음』 언해본에서 우리말을 나타내는 데 사용된 글자와는 구별되는 특징을 가지고 있다. 따라서 『동자습』에서 한자의 뜻을 우리말로 풀이하는 데 사용된 방언(方言)은 『훈민정음』 언해본의 언해에서 알 수 있듯이 우리말을 뜻하고, 우리말을 뜻하는 언(諺)을 표기하는 문자는 언문이라고 할 수 있다.

네가 운서를 아느냐? 사성·칠음에 자모가 몇이냐?

사성·칠음이라는 용어는 세종대왕께서 직접 하신 말씀 속에도 나온다. 바로 최만리 등의 반대상소를 읽고 하신 말씀이다. 이 짧은 말씀 속에는 운서(韻書), 사성(四聲), 칠음(七音), 자모(字母)라는 전문적인 용어들이 들어 있다. 우리는 알고 있는가? 운서가 무엇이고 자모가 몇인지? 세종대왕의 질문에 답할 수 있는가? 당시 최만리는 집현전의 부제학이었다. 집현전은 학문 연구와 관련된 기관이고, 부제학은 해당 기관의 실질적인 책임자였다. 따라서 최만리는 상당한 학문적인 수준을 갖춘 인물이라고 할 수 있다. 그런 최만리에게 운서를 아느냐고 하셨으니, 우리같은 보통 사람들은 오히려 모르는 게 당연한 일일까? 그렇다고 세종대왕의 꾸중을 듣고 있을 수만은 없다. 운서가 무엇인지, 자모(字母)가 무엇인지 알아보자.

운서(韻書)는 한자를 운(韻)에 따라서 배열한 책을 말한다. 운이란 영어로는 라임(rhyme)이다. 라임은 특히 시를 지을 때 중요한 의미를 지닌다. 시의 운율이라는 말은 운의 규칙이라는 뜻이다. 영시에서 라임을 사용한 경우를 보자. 로버트 프로스트라는 시인의 "Nothing Gold Can Stay"라는 시다.

Nature's first green is gold,

Her hardest hue to hold.

Her early leaf's a flower;

But only so an hour.

Then leaf subsides to leaf.

So Eden sank to grief,

So dawn goes down to day.

Nothing gold can stay.

이 시는 전체 8행으로 이루어져 있다. 각 행의 마지막 단어에 주목해 보자. gold, hold, flower, hour, leaf, grief, day, stay가 나온다. 각 단어의 자음을 빼고 모음부터 발음해 보면, 올드·올드 / 아우어, 아우어 / 이프, 이프 / 에이, 에이와 같이 똑같은 음이 남는다. 이렇게 자음을 뺀 모음 이하가 일치하는 것을 라임 즉 운, 특히 각운이라고 한다. 시의 운율 중에서, 이처럼 운을 맞추는 것을 음위율이라고 한다. 한시에서 운을 맞추는 것을 압운(押韻)이라고 한다. 다음은 두보의 유명한 절구 한 수다.

　　강벽조유백(江碧鳥逾白)
　　산청화욕연(山靑花欲然)
　　금춘간우과(今春看又過)
　　하일시귀년(何日是歸年)

　　이 시를 보면 2행과 4행의 한자가 각각 연(然)과 년(年)이다. 이 경우에도 성모 즉 자음을 빼고 나면, 두 글자가 모두 '연'이라는 발음이 남는다. 거기에 '사성' 즉 성조(聲調)까지 일치해야 운이 맞는 것이다.
　　그런데 한시는 문학의 한 장르이기도 하지만, 과거시험의 과목이기도 하였다. 자신의 인생은 물론이고 가문의 영광이 걸린 출세길에 꼭 필요한 것이 과거시험 합격이고, 한시를 잘 짓는 능력이야말로 과거시험에 합격할 수 있는 보증수표였다. 바로 이런 한시를 짓는데 필요한 책이 운서이다.
　　현재 알려진 운서 중에서 가장 오래된 것은 수나라 때 육법언(陸

法言)이라는 사람이 601년에 완성한 『절운(切韻)』이다. 때마침 607년 부터 과거 제도가 시행되면서 절운은 시문을 짓는데 필요한 한자의 표준적인 음가를 확인할 수 있는 도구가 되었다. 이후 『절운』은 『당운(唐韻)』, 『광운(廣韻)』 등으로 개정되면서, 중국 운서의 기본이 되었다. 또한 『절운』의 한자음은 중국 한자음의 중요한 기준으로도 기능하였다.

이처럼 한자의 음운은 과거시험과도 관련이 있기 때문에 과거시험을 관장하는 예부가 운서를 만들기도 했다. 그것이 바로 송대인 1037년에 정도(丁度) 등이 만든 『예부운략(禮部韻略)』이다. 이 운서는 과거시험에 참고하기 위하여 만들어진 요약본이다. 이 운서는 송대 원대를 거쳐 명대에 『홍무정운(洪武正韻)』이 만들어질 때까지 개정을 거치면서 계속 사용되었다. 예부는 과거시험을 관장하는 부처이기 때문에, 예부라는 말이 들어 있으면 과거시험을 준비하는 사람들이 관심을 가졌을 것이다. 과거 시험이 연상되기 때문에 학생들이 수능시험을 치는데 EBS 교재를 많이 사서 보는 것과 마찬가지다. 그래서 『예부운략』이라는 용어가 들어 있는 운서들이 많이 편찬되었다.

우리나라에서도 고려시대부터 조선시대에 걸쳐서 여러 종류의 『예부운략』이라는 이름의 운서를 사용하였고, 우리 손으로 간행되어 현재까지 전해지는 것도 있다. 이처럼 운서는 중국어의 표준적인 음가를 보여주는 것이기도 하고, 과거시험과도 관련이 있다. 조선의 경우는 외교에 종사하는 관리들의 중국어 학습 및 중국에 보내는 외교문서의 작성에 있어서도 중요한 의미를 갖는 것이었다. 이제 비로소 세종이 최만리에게 '네가 운서를 아느냐'고 물은 까닭은 이해가 된다. 당시로서는 운서가 여러 가지로 중요한 책이었던 것이다.

여기서 세종이 최만리에 운서에 대해서 아느냐고 물은 맥락을 다시 짚어볼 필요가 있다. 세종이 아무런 이유도 없이 운서를 들먹이지는 않았을 것이다. 최만리의 상소문을 읽고 최만리를 비롯하여 상소문에 연명한 정창손 등을 불러들여 힐문하던 자리였기 때문이다.

무계한 언문으로 운서를 고치려고 하시다니

역설적이게도 최만리의 상소문은 훈민정음의 창제과정을 보여주는 극히 중요한 자료다. 훈민정음이 완성되었다는 사실을 보여주는 기사는 있지만, 어떤 과정을 통해서 훈민정음이 창제되었는지는 구체적으로 알 수 없기 때문이다. 그런데 최만리의 상소문을 통해서 세종대왕이 무엇을 하려고 했는지를 알 수 있다. 훈민정음을 이해하기 위해서는 최만리의 상소문을 반드시 읽어보아야 한다. 전체 내용은 상당히 길기 때문에 운서와 관련된 부분만 먼저 읽어 보도록 하자. 최만리는 다음과 같이 발언하고 있다.

무릇 일을 하여 공을 세울 때 가깝고 빠른 것을 귀하게 여기지 않는 법인데, 요즘 나라에서 조치하는 일은 모두 빨리 이루고자 힘쓰니, 정치를 하는 좋은 방법이 아닙니다. 만일 언문을 어쩔 수 없어서 만들어야 한다면,

이는 풍속을 바꾸는 큰 일이므로, 마땅히 재상으로부터 아래로는 여러 관인들에 이르기까지 함께 의논하되, 나라 사람이 모두 옳다 하여도 오히려 일의 앞뒤를 살펴 다시 세 번을 더 생각하고, 제왕(帝王)들이 한 일과 비교하여 어그러지지 않고 중국의 사례를 상고하여 부끄러움이 없으며, 백대 이후에 나타날 성인(聖人)이 보더라도 의심스러운 점이 없는 연후라야 이에 시행할 수 있는 것이옵니다.

그런데 이제 널리 여러 사람의 의논을 채택하지도 않고 갑자기 하급 관리 10여 인에게 가르쳐 익히게 하며, 또 가볍게 옛사람이 이미 이룩한 운서(韻書)를 고치고 무계(無稽)한 언문(諺文)을 끌어다 붙여(원문은 附會) 장인 수십 인을 모아 각본(刻本)하여서 급하게 널리 반포하려 하시니, 천하 후세의 공의(公議)에 어떠하겠습니까.[15]

언문이 필요하다면 두루 조정 관료들의 의견을 수렴한 다음에 해야 할 일이며, 운서를 고치는 일도 마찬가지라고 하였다. 특히 최만리는 무계한 언문을 운서에 끌어다 붙였다고 하였다. 무계는 황당무계(荒唐無稽)하다고 할 때 쓰는 말이고, 부회는 견강부회(牽强附會)에 쓰이는 말이다. 황당무계를 사전에서 찾아보면, 말이나 행동(行動)이 터무니없고 근거(根據)가 없는 것이고, 견강부회는 가당치도 않은 말을 억지로 끌어다 대어 자기의 주장을 합리화하는 것이다. 참으로 언로가 열려 있던 시대였던 모양이다. 이 시대에도 청와대 비서관이 대통

---

15 『조선왕조실록』, 102권. 세종 26년 2월 20일. 최만리 상소문.

령에게 "황당무계한 소리를 하지 마시라"거나, "그건 견강부회입니다"라고 발언했다면 그날로 쫓겨날 법한 수준이다.

무계(無稽)의 어원을 알면 더욱 그렇다. 무계라는 말은 유교 경전의 하나인 『서경(書經)』에 나온다. 『서경』은 한무제가 유교를 국교로 정하고 대학에 오경박사(五經博士)를 두고 가르쳐왔던 경전이다. 과거제가 시행된 이후로는 과거의 시험과목이기도 하였다. 조선에서도 마찬가지다. 성균관에서 오경재(五經齋) 중에 서경을 배우는 서경재(書經齋)가 있었다. 사서와 오경에 있는 내용은 그 자체가 조선이라는 국가의 법제와 마찬가지였다.

그런 『서경』에서 무계한 말을 듣지 말라고 하였다.[16] 『서경』에 따르면, 비록 군주의 말이라고 하더라도 그것이 무계한 것이라면 신하가 따를 필요가 없는 셈이다. 최만리는 그냥 잘못 되었다고 한 것이 아니라 경전을 끌어와서 세종이 하려는 일을 비난한 것이다. 경전의 권위가 절대적인 시대에 사용된 무계하다는 말은 그만큼 무게가 있었다. 최만리 등의 시각으로 보면, 결국 세종대왕이 황당무계한 일을 하신 것이고 세종대왕이 창제한 언문이 무계한 것이었고, 언문을 가지고 운서에 부회하여 고치려고 한 것도 무계한 일이었던 것이다. 최만리 상소문이 보여주는 비난의 강도는 우리의 상상을 넘어선다. 비난할 수 있는 모든 말을 끌어와서 비난한 셈이다.

그렇기 때문에 세종이 최만리의 긴 상소문에 대해서 짧게 답하면

---

16 『書經』 大禹謨. 無稽之言勿聽.

서도 운서에 관한 부분을 그냥 넘어가지 않은 것이다. "네가 운서를 아느냐"라고 한 것은 무계하다는 비난에 대한 대응이었다.

과연 세종은 무계한 언문을 부회하여 운서를 고치려고 했던 것일까? 그렇다. 세종은 동궁과 안평대군을 비롯하여 신숙주 등의 젊은 관리들을 동원하여 『운회』라는 운서를 번역하려고 하였다.

언문으로 운회를 번역하다

최만리가 상소문을 올린 시점은 세종 26년(1444) 2월 20일이었다. 그런데 그날로부터 불과 4일 전인 2월 16일에 다음과 같은 기사가 보인다.

집현전 교리(集賢殿校理) 최항(崔恒), 부교리 박팽년(朴彭年), 부수찬(副修撰) 신숙주(申叔舟), 이선로(李善老), 이개(李塏), 돈녕부 주부(敦寧府注簿) 강희안(姜希顔) 등에게 명하여 의사청(議事廳)에 나아가 언문(諺文)으로 운회(韻會)를 번역하게 하도록 하였다. 동궁(東宮)과 진양대군(晉陽大君) 이유(李瑈), 안평대군(安平大君) 이용(李瑢)이 그 일을 관장하여 모두 성상의 판단에 품의하므로 상(賞)을 거듭 내려 주고 음식물을 넉넉하고 후하게 주었다.[17]

---

17 『조선왕조실록』 세종 26년 2월 16일 丙申, 命集賢殿校理崔恒‧副校理朴彭年‧副修撰申叔舟‧李善老‧李塏‧敦寧府注簿姜希顔等, 詣議事廳, 以諺文譯韻會, 東宮與晉陽大君

직접적으로는 바로 이 일이 최만리 등의 상소문을 촉발한 것으로 보인다. 『운회』라고 하는 책은 뒤에서 다룰 바와 같이 『고금운회거요』라는 운서다. 상소문에서 문제가 된 운서이자, 세종이 네가 운서를 아느냐고 한 바로 그 운서다. 그런데 운서를 번역한다는 일은 어떤 일일까?

지금 번역이라고 하면, 다른 나라의 언어를 우리말로 번역하는 것이 주종을 이룬다. 그러나 조선시대의 번역은 의미가 그리 단순하지 않다. 예를 들어 『홍무정운역훈(洪武正韻譯訓)』이라는 책도 번역한다는 의미의 역(譯)이라는 글자가 들어 있지만, 정작 이 책을 펼쳐보면 드문드문 한자의 음가만 훈민정음으로 밝혀져 있을 뿐이다. 사실 운서라는 책은 운에 따라 한자를 배열한 것이기 때문에 어떤 한자가 어떤 운에 속하는가가 중요하다. 제시된 한자 출전이나 의미가 간략히 밝혀져 있을 뿐이므로 특별한 내용을 담고 있다고 보기 어렵다. 그러므로 『운회』와 같은 운서의 번역은 한자의 음가만 나타내는 작업이라고 할 수 있다. 그런 점에서 『동국정운』도 마찬가지다. 특정한 음가를 가진 한자들이 나열되어 있을 뿐이다. 현재의 번역과 같은 의미로는 언해(諺解), 작해(作解), 주해(注解)와 같이 해(解)라는 표현을 많이 썼다.

이 작업에 동원된 인물들은 보면 세종이 이 사업을 얼마나 중시했는지 알 수 있다. 책임을 맡은 사람은 후에 문종이 되는 동궁과 진양

珛'安平大君瑢監掌其事。皆稟睿斷, 賞賜稠重, 供億優厚矣。

대군, 안평대군이다. 진양대군은 수양대군, 즉 후의 세조이다. 세종과 소헌왕후 심씨 사이에서 태어난 세 아들이 모두 참여한 것이다. 동궁까지 참여하였기 때문에 최만리는 상소문에서 동궁에 대해서도 언급하였다.

> 이제 동궁(東宮)이 비록 덕성을 성취하였다고 할지라도 아직은 성학(聖學)에 잠심(潛心)하여 더욱 그 이르지 못한 것을 찾아야 할 것입니다. 언문이 설령 유익하다고 하더라도 단지 문사(文士)의 육예(六藝)의 한 가지일 뿐이옵니다. 하물며 만에 하나도 정치하는 도리에 유익함이 없는데, 신경을 쓰고 생각을 허비하면서 하루를 마치고 때를 보내니, 실로 시민(時敏)의 학업에 손해가 됩니다.[18]

최만리는 동궁이 언문에 관련된 일을 하느라 신경을 쓰고 시간을 허비하는 것은 성스러운 학문 즉 성리학을 공부하는 데 방해가 되며, 언문은 설령 유익하다고 하더라도 선비들이 배우는 육예의 한 가지에 불과하다고 하였다. 육예는 예, 음악, 활쏘기, 수레몰기(말타기), 글씨쓰기, 산수다. 언문이 왜 육예의 하나가 되는지는 분명하지 않으나, 언문도 쓰는 법을 배워야 하기 때문에 글쓰기(書)에 해당시킨 것으로 보인다.

---

18 『조선왕조실록』 세종 26년 2월 20일 최만리 상소문. "今東宮雖德性成就, 猶當潛心聖學, 益求其未至也. 諺文縱曰有益, 特文士六藝之一耳, 況萬萬無一利於治道, 而乃研精費思, 竟日移時, 實有損於時敏之學也."

그런데 마지막 구절에 보이는 시민(時敏)의 학문이란 무엇일까? 이 구절 또한 『서경(書經)』에 나온다. 『서경』의 설명(說命)이라는 편에는 "오로지 뜻을 겸손하게 하는 것(遜志)을 배우고, 시민(時敏)에 힘써서 닦으면 그 근원이 찾아온다"는 구절이 있다.[19] 시민이 핵심적인 개념이다. 배우는 데 민첩하지 않은 때가 없는 상태를 말한다. 마치 아직 배우지 못한 것이 있는 것처럼 배움에 민감하고 적극적이어야 한다는 뜻이다. 임진왜란 때 진주성 전투에 승리를 거둔 김시민 장군의 이름도 『서경』에서 따온 것이다. 동궁은 군주가 되어 이상적인 정치를 하기 위해서는 성스러운 학문에 힘써야만 한다. 그런데 언문 때문에 시간을 허비하고 정신을 낭비하고 있다는 것이다.

상소문은 여러 가지 내용에 대해서 언급하고 있지만, 마지막 항목은 동궁을 걱정하는 것이었다. 또 그 내용은 철저하게 유교 경전의 가르침에 입각하고 있다. 그렇지 않고서는 군주를 비난할 수 없었기 때문일 것이다. 군주도 경전의 가르침에 따라야 할 존재인데, 경전의 가르침에 어긋난 행동을 하는 군주이므로 신하들이 경계할 수 있었던 셈이다. 당연히 이 구절에 대해서도 세종은 답변하고 있다.

이처럼 최만리가 시간과 정력을 낭비한다고 한 사업은 언문으로 『운회』를 번역하는 일이었다. 이제 『운회』가 어떤 책인지를 살펴볼 차례다.

---

19 『書經』說命 "惟學遜志, 務時敏, 厥修乃來." 蔡沈이라는 사람은 이 문장을 다음과 같이 해석하였다. 뜻을 겸손히 하는 것이 능히 하지 못하는 바가 있는 것처럼 하고, 배우는 데 민첩한 것이 미치지 못한 바가 있는 것처럼 하여, 겸허함으로 사람을 대하고 근면함으로 자신을 독려하면, 곧 그 닦은 바가 샘이 처음 솟아오르는 것처럼, 그 근원으로부터 솟아오른다고 하였다.

『고금운회거요(古今韻會擧要)』

운서는 원래 한시의 운을 맞출 때 쓰기 위해서 만든 책이었다. 그러나 과거시험과 연동되면서 운서 편찬이 국가적인 사업이 되었고, 중국어의 표준적인 음가를 반영하게 되었다. 중국 주변에 위치한 국가들로서는 한자 음가를 익히는 수단이 되기도 하였다. 한편 조선은 조선대로 독자적인 운서를 제작하기도 하였다. 『동국정운(東國正韻)』이나 『규장전운(奎章全韻)』이 그런 사례다. 실제로 조선시대 전시기를 통해서 운서에 대해서 지속적으로 관심을 가지고 있었다.

그 중에서도 세종대왕이 동궁까지 동원하여 번역하려고 했던 운회는 어떤 운서였을까? 운회는 『고금운회거요(古今韻會擧要)』라는 책일 것으로 보고 있다. 이 책은 원나라 때 웅충(熊忠)이라는 사람이 황공소(黃公紹)가 편찬한 『고금운회(古今韻會)』의 요점을 추리고 보완하여 지은 것이라고 한다(1297). 유연(劉淵)이라는 사람이 지은 『임자신간예부운략(壬子新刊禮部韻略)』과 같이 한자의 운을 107종류로 분류한 것이며, 또한 같은 운 안에서는 칠음과 청탁의 순서로 배열하여 운도(韻圖)와 같은 방식을 택하였다. 수록된 한자에 대하여 종래의 자서(字書)와 운서(韻書)의 내용 중에 근거가 될 만한 것들만 모았기 때문에, 참고하기에 편리한 책이었다. 운서는 한자의 운을 찾아보기 위한 것이고, 자서는 한자의 뜻을 찾아보기 위한 것인데, 『고금운회거요』는 두 가지 목적으로 다 쓸 수 있는 장점이 있었다. 범례에 따르면 수록된 한자는 12,652자이다.

그래서 실제로 조선 초기에 이 책은 한자의 뜻이나 전거를 확인할 때 여러 차례 이용되었다. 태종 17년(1417)에 태종은 『대학연의(大學衍義)』의 내용과 관련하여 전에 '환관 진홍지가 청니역(靑尼驛)에 이르러 봉장살(封杖殺)되었다'고 배웠고 봉장(封杖)이라는 말이 석연치 않았는데 『운회』를 찾아보니 봉(封)이라는 글자의 뜻이 경계, 지경이라고 되어 있어서 진홍지가 청니역 지경에 이르러 몽둥이에 맞아죽었다는 뜻임을 알게 되었다고 하였다.[20]

또한 세종 1년(1419) 11월 23일에 상왕인 태종이 부엉이(원문은 鵂鶹)가 우는 소리를 듣고 『운회』에서 유(鶹)라는 글자를 찾아보니 "우는 새 이름인데 울면 흉하다"고 하였으므로 궁을 떠나서 있고자 하였다는 내용이 보인다.[21]

세종 14년(1432) 10월 29일에도 병조에서 궁궐에 입직하는 무관들이 칼을 차는 것이 옳다고 하면서 『운회』의 내용을 인용하고 있다. 『운회』에 따르면 "한나라는 모든 신하가 다 칼을 차되 전계(殿階)에 이르러서는 칼을 풀어 놓았고, 양나라는 황태자로부터 자사에 이르기까지 모두 허리에 칼을 찼으며, 수나라는 모든 관원과 외국의 사신들이 자리에 들어가 두 번 절을 하면, 상공(上公) 한 사람이 서쪽 계단으로 나아가 칼을 놓고 올라가서 하례하고, 계단을 내려오면 다시 칼을 차고 제자리에 돌아갔었고, 당나라 황태자는 옥과 자개로 꾸민 칼

---

20 『조선왕조실록』 태종 17년 윤5월 12일.
21 『조선왕조실록』 세종 1년11월 23일.

을 차고, 1품은 금과 옥으로 꾸민 칼을, 2품은 은으로 꾸민 칼을, 3품은 그냥 꾸민 칼을, 4품은 푸른 끈에 금으로 꾸민 칼을, 5품은 검은 끈에 금으로 꾸민 칼을, 9품 이상은 혁대에 칼을 찬다."고 하였다.[22]

세종 24년(1442) 2월 24일에는 예조에서 왕의 명령을 교지라고 하고, 다만 명이나 여진 등과 관련된 경우에는 왕지(王旨)라고 쓰고 있지만, 『운회』에서 교(敎)를 풀이하여 왕과 왕후의 말이라고 하였으므로 교지라고 하는 것이 옳다고 하였다.[23]

이처럼 『운회』는 단순한 운서가 아니라 한자의 뜻을 알아보기 위한 자서(字書)로서도 자주 활용되었음을 알 수 있다. 그 이후에도 『운회』는 기물의 뜻을 알고 제도의 연원을 파악하는 용도로 사용되었다. 그렇기 때문에 중종 때는 최세진이 『운회옥편』이라는 책을 편찬하여 바치기도 하였다.[24] 원래 운서였던 책을 자서로도 편하게 쓸 수 있도록 체재를 바꾼 것이다. 성종 때는 『운회』의 서문이 읽기 어려우므로 『동국정운』 등의 내용을 참고하여 경연에서 진강하도록 하였다.[25]

세종이 이 책을 번역하고자 한 이유를 짐작할 수 있다. 『운회』가 운서와 자서를 겸할 수 있는 책이기도 하고, 아버지인 태종 때부터 여

---

22 『조선왕조실록』 세종 14년 10월 29일.

23 『조선왕조실록』 세종 24년(1442) 2월 24일.

24 『조선왕조실록』 중종 32년(1537) 12월 15일. "庚申/上護軍崔世珍, 以『韻會玉篇』『小學便蒙』入啓曰: "我國有韻會而無『玉篇』, 故難於考見. 臣玆會字類, 作『韻會玉篇』以進. 若命刊行, 則庶有補於考字也. (이하 생략)"

25 『조선왕조실록』 성종 25년(1494) 2월 2일. 承政院承敎, 書知正韻者李昌臣等啓. 傳曰: "予觀『韻會』序, 多有難解處, 使李昌臣'李琚玫正韻音, 釋凡例, 於後日經筵進講."

러 가지 목적으로 참조하였던 책이기도 하였다. 세종도 『운회』에서 한자의 뜻을 찾아보기도 하였다.

━━ 그림 3 고금운회거요 봉(封) 자 부분.

그림 4 고금운회거요 유(鷗) 자 부분

반절법과 번역

앞의 그림에서 보는 것처럼 『고금운회거요』라는 책은 먼저 한자에 반절법(反切法)을 이용하여 음을 나타내고, 뜻에 대해서는 여러 가지 전거를 인용하는 방식으로 구성되어 있다.

반절법은 두 자의 한자로 제3의 한자의 음을 보여주는 것이다. 일반적인 예를 보면 동(東)의 음가는 '덕홍반(德紅反)'으로 나타내고, 덕의 'ㄷ'과 동의 '옹'을 합쳐서 '동'이라고 발음한다는 뜻이다.

『홍무정운역훈』(그림 5)의 경우를 보면, 음각된 천(穿) 아래 '춘'이라는 훈민정음이 보이고 이어서 춘(春), 춘(椿) 등의 한자가 배열되어 있다. 춘(春) 아래에는 다시 작은 글씨로 두 줄의 주기가 보이는데, "추륜절(樞倫切), 세지시(歲之始), 『춘추설제사』춘준야(春秋說題辭春蠢也)."라고 되어 있다. 추륜절은 추(樞)의 초성인 'ㅊ'과 윤(倫)의 초성을 제외한 부분인 'ㅠ'을 결합하여 '춘'으로 발음한다는 뜻이다. 이렇게 두 개의 한자로 한자의 발음을 보여주는 것을 반절법(反切法)이라고 한다. 이 부분은 '추륜반(樞倫反)'으로 써도 같은 뜻이 된다.[26] 그 다음은 춘(春)의 뜻이 해의 시작이고, 『춘추설제사』라는 책에서는 춘이 일어난다(蠢)라는 뜻이라고 하였다는 내용이다.

마찬가지로 음각된 선(禪) 아래 '쓘'이라고 쓰고 순(純), 순(醇), 순

---

26 反이 謀反의 반자와 같기 때문에 切로 대신하게 되었다고 한다.

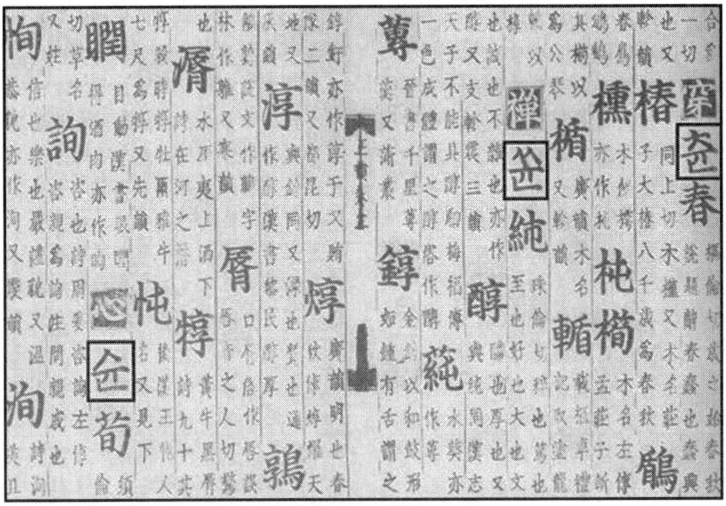

■ 그림 5 『홍무정운역훈』(고려대학교 도서관 소장)

(蓴), 순(蕁), 순(錞) 등의 한자가 배열되어 있다. 순(純) 자 아래에도 "수륜절(殊倫切), 수야(粹也), 독야(篤也), 호야(好也), 대야(大也). 문야 (文也), 성야(誠也), 부잡야(不雜也). 역작순(亦作醇)"이라고 주기되어 있다. 순의 수(殊)의 'ㅅ'과 윤(倫)의 'ㅠ'을 합하여 '슌'으로 발음하 고, 뜻은 '깨끗하다, 돈독하다, 좋다, 크다, 아름답다, 성실하다, 섞이 지 않다'이고, 순(醇)으로도 쓴다고 한 것이다.

그런데 번역(원문은 譯訓)한다는 것은 전체 내용을 우리말로 옮겼 다는 뜻일까? 그렇지 않다. 원래 반절법으로 표시한 한자의 음가만 훈민정음[27]으로 나타내는 것(표음)을 번역이라고 하였다. 『홍무정운역훈』의 예를 보면 알 수 있다. 『홍무정운역훈』에서 한자의 음가를 나타내는 데만 훈민정음이 쓰였고, 나머지 부분은 모두 『홍무정운』과 같다. 신숙주가 쓴 『홍무정운역훈』 서문을 살펴보면, 구체적인 내용이 드러난다.

대저 『홍무정운』은 운을 가지고 합하고 나눈 것은 다 바르게 되었으나 유독 성모(원문은 七聲)만은 순서가 맞지 않는다. 그러나 감히 가벼이 변경할 수 없어서 그것만 그대로 두고, 운을 표시하는 글자들의 위에 성모를 나타내는 자모를 분류하여 기입하고, 훈민정음으로 반절(反切)을 대신하여 음을 표시하였으며, 그 속음과 두 가지 음이 있는 것으로 꼭 알아야 될 것은 해당 글자의 밑에 기입하였다. 또 만일에 이해하기 어려운 음이 있으면 간단히 주를 달고 그 예를 보였다. 또 세종께서 지으신 『사성통고』를 따로 첫머리에 붙이고 다시 범례를 실어서 기준이 되도록 하였다.[28]

이 글에서는 훈민정음으로 반절을 대신하여 음을 표시하였다고

---

27 『운회』를 번역할 때는 언문을 사용하려고 하였고, 『홍무정운역훈』에서는 훈민정음을 사용하였다. 『조선왕조실록』 원문의 표현을 그대로 따랐다.

28 『홍무정운역훈』 서문 (전략) 夫洪武韻 用韻併析 悉就於正 而獨七音先後不由其序 然不敢輕有變更 但因其舊 而分入字母於諸韻各字之首 用訓民正音以代反切 其俗音及兩用之音 又不可以不知 則分注本字之下 若又有難通者 則略加注釋 以示其例 且以世宗所定四聲通攷 別附之頭面 復著凡例爲之指南

하였다. 즉 원래 중국의 전통적인 방식인 반절로 표시된 한자음을 훈민정음으로도 나타낸 것이다. 훈민정음은 『동국정운』이나 『홍무정운역훈』에서 한자 음가를 나타내는 데 쓰였다. 다양한 소리를 나타낼 수 있는 훈민정음은 한자의 음가도 잘 표현할 수 있었던 것이다. 그래서 언문이나 훈민정음을 반절이라고도 하게 된 것이다.

그런데 한자의 음가를 나타내고 있는 훈민정음을 보면 글자의 형태가 이상하다. 츈(春)과 쓘(純)은 'ㅊ'과 'ㅆ'의 오른쪽 다리가 길고, 슌(荀)은 'ㅅ'의 왼쪽 다리가 길게 되어 있다. 이런 글자 형태야말로 훈민정음의 중요한 특징이다.

도대체 이건 어디에 쓰는 글자일까? 사실 이 글자들이야말로 최세진의 『사성통해』에 실려 있는 『사성통고』 범례의 「통고소제지자(通考所製之字)」이며, 『훈민정음』 언해본에 보이는 글자다. 세종이 직접 지었다는 『사성통고(四聲通考)』에서 새롭게 만들어진 글자이며, 이는 『홍무정운』의 한자 음가를 제대로 표기하기 위하여 해례본 『훈민정음』에 추가되었다. 이야말로 훈민정음과 언문을 가르는 지표이기도 하다.

ㅅ ㅆ ㅈ ㅉ ㅊ 와 ㅅ ㅆ ㅈ ㅉ ㅊ

『훈민정음』 언해본 말미에는 중국 소리(원문은 漢音)의 치성(齒聲, 잇소리)은 치두(齒頭)와 정치(正齒)의 구별이 있다고 하였다. 그래서 왼쪽으로 비스듬하게 그은 획이 긴 글자(ㅅ ㅆ ㅈ ㅉ ㅊ)는 치두음에 쓰고, 오른쪽으로 그은 획이 긴 글자(ㅅ ㅆ ㅈ ㅉ ㅊ)는 정치음에 쓴다고 하였다(그림 6 참조). 훈민정음에는 우리말을 표현하기 위한 글자가 아니라, 중국어의 정치음과 치두음을 표현하기 위한 글자도 마련되어 있다. 이건 또 어떻게 된 일일까?

━━ 그림 6 『훈민정음』 언해본의 정치음과 치두음

이 상황을 이해하기 위해서는 『훈민정음』에는 해례본과 언해본이 있고 이 두 책은 성립 시기가 다르다는 점을 상기해야 한다. 『훈민정음』 해례본은 1446년에 완성되었고 『동국정운』에서 한자의 음가를 나타내는 데 쓰였고, 『훈민정음』 언해본은 1447년 이후에 성립된 것으로 보이며 언해본에서 규정된 글자는 『홍무정운역훈』의 음가를 나타내는 데 쓰였다. 『홍무정운역훈』은 『홍무정운』이라는 명의 운서(韻書)에 훈민정음으로 한자 음가를 단 책이다. 『홍무정운』은 명나라가 표준 음가를 드러내기 위해서 편찬한 책이므로, 중국의 한자음을 제대로 나타내기 위해서는 『훈민정음』 해례본에서 규정한 글자만으로 부족하였다. 그래서 치음을 나타내는 글자를 두 가지로 나누어 쓸 수 있도록 변형한 것이다.

그렇다면 정치음과 치두음은 무엇일까? 음운학에서 쓰는 용어들은 시대에 따라서 다르고 특징을 잡는 방법에 따라서도 달라진다.

『홍무정운』에 나오는 한자의 현재 음을 알아보자. '짜'라는 음가 다음에 나무 벨 사(槎), 조사할 사(査), 풀모양 치(茬), 뗏목 사(樝), 풀숲 저(苴), 씀바귀 도(荼), 벼 사백 뭇 타(秅), 차 다(茶), 도랑 도(涂) 등의 한자가 있다. 이 글자들의 현재 중국어 발음을 확인해 보면 다음과 같다. 발음기호로 cha, zha라고 표기된 것은 현재 중국어에서 권설음(捲舌音)이라고 하며, 『훈민정음』 언해본에서 말하는 정치음이다.

한자(≈ㅏ)	현재 중국어 발음			한자음	홍무정운	복원음
槎	chá	zhá		사		
査	chá	zhá		사		
茬	chá	-		치	古槎字	사
楂	chá	zhá		사		
苴				저	魚語馬三韻	
茶			tú	도	魚摸二韻	
秅	chá			타	說文秚也	秚 자
茶	chá			다		
涂			tú	도	摸韻	

【표 6】정치음

정치음은 치경구개 마찰음 및 치경구개 파찰음, 혹은 하부설단경부전구개음·하부설단후부치경음이라고도 부른다. 용어가 어려운 것처럼, 우리나라 사람들이 중국어를 배울 때 가장 어려워하는 발음이기도 하다. 이 음은 혀끝을 윗니의 이 뿌리에 닿게 한 다음 입 천장을 따라 목 쪽으로 이동하여 입 천장의 돌출된 부분까지 끌고 오면서 발음해야 한다.

이처럼 훈민정음은 우리의 예상과 달리 우리말만 표기할 수 있는 것이 아니라, 중국 한자 음가를 표기할 수 있도록 고안되었다. 그것도 『훈민정음』 해례본에서 완성된 것이 아니라 『훈민정음』 언해본에서

개선되었다. 훈민정음을 해례본에 보이는 훈민정음으로만 판단해서
는 충분하지 않다. 언해본의 훈민정음도 훈민정음이다. 훈민정음은
진화하고 있는 중이었던 것이다.

　해례본의 훈민정음은 『동국정운』의 한자 음가 표기에 사용되었
다. 그러나 『동국정운』은 우리나라의 표준 한자음을 목표로 한 것이
므로 우리가 발음할 수 없는 중국어의 치음을 제대로 반영하지 않았
다. 그러나 『홍무정운』은 중국의 표준 한자음이고, 한자음을 구분하
는 기준 자체가 『동국정운』과 달랐다. 따라서 이를 『훈민정음』 언
해본에서 보완하여 치음을 표기할 수 있는 글자를 두 가지로 나누어
『홍무정운역훈』에서 사용한 것이다.

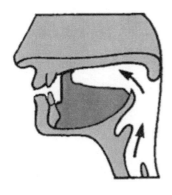

오음		전청	차청	전탁	차탁
치음	치두음	精ㅈ [ts]	淸ㅊ [tsʰ]	從ㅉ [dz]	
		心ㅅ [s]		邪ㅆ [z]	
	정치음	照ㅈ [tɕ]	穿ㅊ [tɕʰ]	牀ㅉ [dʐ]	
		審ㅅ [ɕ]		禪ㅆ [ʐ]	

━━ 그림 7 정치음의 발음　　━━ 그림 8 정치음과 치두음의 구별

사성 칠음에 자모가 몇이냐?

이제 세종대왕이 하신 말씀 속의 자모(字母)가 무슨 뜻인지를 알아볼 때가 되었다. 흔히 자모라고 하면 자음(子音)과 모음(母音)을 줄여서 부르는 자모(子母)를 떠올린다. 그러나 한자가 다르다. 세종대왕이 말씀하신 자모는 글자의 어머니(字母)다. 즉 기준이 되는 한자라는 뜻이다. 그 중에서도 자음(子音) 즉 성모(聲母)의 기준이 되는 한자다. 훈민정음에서는 초성에 해당한다. 성모(초성)는 칠음(七音)으로 분류된다. 바로 아음 설음 순음 치음 후음에 반설음과 반치음을 아울러 칠음이라고 한다.

『훈민정음』 해례본이나 언해본을 보면 훈민정음의 자음(子音)을 칠음을 기준으로 분류하고 있다. 〈그림 9〉에 아음(牙音)과 설음(舌音)을 네모칸에 넣어서 표시하였다. ㄱ, ㄲ, ㅋ, ㆁ는 아음이고, ㄷ, ㄸ, ㅌ, ㄴ는 설음임을 알 수 있다.

그런데 이 글자들은 각각 한자로 그 음가를 나타내고 있다. 선택된 한자는 앞에서도 다루었던 것처럼, 아음의 경우에는 군(君), 규(虯, ㅰ), 쾌(快), 업(業), 설음의 경우에는 두(斗), 담(覃, ㄸ), 탄(呑), 나(那)이다. 『훈민정음』만 보아서는 이 한자들은 그냥 각 글자의 소리를 보여주기 위한 것처럼 생각할 수 있다. 그러나 『동국정운』을 보면 이 한자들이 특별한 의미가 있음을 알 수 있다.(그림 10) 이 한자들이 바로 한자음 분류의 기준이 되는 자모(字母)인 것이다. 이는 중국 운서에서 오래 전부터 사용해 온 방식이었다. 자모를 몇 글자로 하느냐에 따라서 한자음의 분류체계가 달라지는 것이다.

━━━ 그림 9 훈민정음 해례본의 아음(牙音), 설음(舌音)

훈민정음에서 초성을 나타내는 글자는 종래 한자로 나타내던 자모(字母)를 대신하는 기호다. 'ㄱ'는 '군(君)'을 대신하고, 'ㄲ'는 '뀨(虯)'를 대신한다.

『동국정운』을 펼쳐보면, 검은 바탕에 흰 글씨로 임금 군(君)과 쾌(快)가 보인다. 『훈민정음』에서 'ㄱ'와 'ㅋ'의 음가를 보여주기 위해서 선택한 한자들이다. 『훈민정음』에서 선택된 한자들은 그대로 『동국정운』에서 자모(字母)가 된 것이다. 그런 면에서 『훈민정음』은 『동국정운』과 밀접한 관련이 있음을 알 수 있다. 실제로 『훈민정음』 해례본이 완성된 바로 다음 해에 『동국정운』이 완성되었기 때문에, 문헌으로서의 『훈민정음』과 『동국정운』의 편찬은 거의 동시에 진행되었다고 할 수 있다.

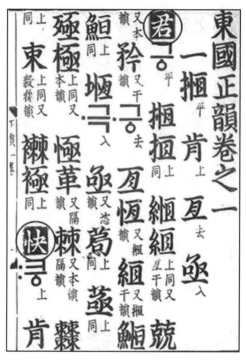

━━ 그림 10 『동국정운』의 자모(字母)

신숙주가 요동에 가서 황찬에게 한자음에 관하여 질의하였다고 했는데, 이 작업은 『훈민정음』과 『동국정운』에 모두 필요하였을 것이다.

『동국정운』 전체의 자모(字母)를 모아보면 【표 7】과 같다. 모두 23개의 한자이다. 이것이 세종대왕이 물어본 자모의 수에 대한 답이다.

다음으로 사성(四聲)에 대해서 살펴보자. 사성은 평성 상성 거성 입성의 성조를 뜻하기도 하고, 칠음을 다시 세분하는 기준이기도 하다. 즉 아음 중에도 전청음, 차청음, 전탁음, 불청불탁음의 4가지로 나누는 것이다. 아래 【표 7】에서 보는 바와 같이 아음은 다시 전청, 차청, 전탁, 불청불탁으로 나누어져 있고, 이를 훈민정음으로 나타내면 그 음가는 ㄱ, ㅋ, ㄲ, ㅇ 가 된다.

'사성 칠음에 자모가 몇이냐'라는 질문에 대한 답은, 사성에 전청·차청·전탁·불청불탁, 칠음에 아음·설음·순음·치음·후음·반설음·반치음이 있으며, 자모는 『훈민정음』과 『동국정운』에서는 23자이고, 『홍무정운』이라는 운서에서는 31자이다.

칠음	전청	차청	전탁	불청불탁	전청	전탁
아음	군(君, ㄱ)	쾌(快, ㅋ)	뀨(虯, ㄲ)	업(業, ㆁ)		
설음	두(斗, ㄷ)	탄(呑, ㅌ)	땀(覃, ㄸ)	나(那, ㄴ)		
순음	볋(彆, ㅂ)	표(漂, ㅍ)	뽀(步, ㅃ)	미(彌, ㅁ)		
치음	즉(卽, ㅈ)	침(侵, ㅊ)	짜(慈, ㅉ)		슗(戌, ㅅ)	사(邪, ㅆ)
후음	흡(挹, ㆆ)	허(虛, ㅎ)	홍(洪, ㆅ)	욕(欲, ㅇ)		
반설음				려(閭, ㄹ)		
반치음				양(穰, ㅿ)		

【표 7】 『동국정운』의 사성·칠음과 한자 자모(字母)

칠음	전청	차청	전탁	불청불탁	전청	전탁
아음	견(見, k)	계(溪, kh)	군(群, g)	의(疑, ŋ)		
설두음	단(端, t)	투(透, th)	정(定, d)	니(泥, n)		
중순음	방(幇, p)	방(滂, ph)	병(并, b)	명(明, m)		
경순음	비(非, f)		봉(奉, v)	미(微, ɱ)		
치두음	정(精, ts)	청(淸, tsh)	종(從, dz)		심(心, s)	사(邪, z)
정치음	조(照, ʧ)	천(穿, ʧh)	상(牀, ʤ)		심(審, ʃ)	선(禪, ʒ)
후음	영(影, ɸ)	효(曉, h)	갑(匣, ɣ)	유(喩, j)		
반설음				래(來, l)		
반치음				일(日, ȵ)		

【표 8】『홍무정운』의 사성·칠음과 자모

그렇다면『동국정운』과『홍무정운』에서 자모의 수가 다른 이유
는 무엇일까? 먼저『홍무정운』의 자모표를 보도록 하자.『동국정운』
의 자모와 비교하면 사용된 한자가 전혀 다르다는 사실을 알 수 있다.
쉽게 말하면『동국정운』은 우리나라의 한자음에 대한 운서이고,『홍
무정운』은 중국인을 위한 운서이기 때문이다. 또한 두 책은 서로 다
른 자모(字母)를 선택하였다.

다만 자모(字母)로 선택된 한자들은 다르지만, 사성·칠음의 분류
는『훈민정음』과 동일하다는 것을 알 수 있다.『훈민정음』에서는 해

례본 단계에서 아음, 설음, 순음(순중음, 순경음), 치음, 후음, 반설음, 반치음으로 나누었고 순경음에 대한 규정도 두었다. 언해본 단계에서는 치음을 다시 치두음과 정치음으로 나누었다. 결국『훈민정음』언해본 단계에 와서『홍무정운』과 완전히 일치하는 체계를 갖게 되었음을 알 수 있다. 훈민정음은 고정되어 있는 것이 아니라 새로운 필요에 따라 얼마든지 변화할 수 있는 발음체계였던 것이다. 순음인 ㅂ, ㅃ, ㅁ, ㅍ 아래 'ㅇ'을 붙여서 ㅸ, ㅹ, ㅱ, 퐁과 같은 순경음을 만들 수 있고, 전청음인 ㄱ, ㄷ, ㅂ, ㅅ 등을 나란히 써서 ㄲ, ㄸ, ㅃ, ㅆ와 같은 전탁음으로 바꿀 수 있다. 세상의 모든 음가를 나타낼 수는 없겠지만, 최소한 한자의 음가는 완전하게 나타낼 수 있도록 고안된 것이다.

여기서 짚고 넘어가야 할 것은 우리말에는 낱말의 첫머리에 순경음(脣輕音)이 쓰이지 않는다는 점이다. 낱말 가운데에서 조건에 따라 순경음이 나타날 수 있을 뿐이다. 물론 정치음과 치두음의 구별도 존재하지 않는다. 또한 각자병서(各字竝書)로 만들어지는 전탁음(全濁音)도 우리말에서는 사용되지 않았던 것 같다. 그런데도『훈민정음』(해례본, 언해본)에는 이러한 여러 가지 자음에 대한 글자를 마련해 두었다. 왜 그런 것일까?

1. 우리말의 입술소리에서 순경음(脣輕音)이 쓰이는가?
2. 우리말의 잇소리에서 정치음(正齒音)이 쓰이는가?
3. 우리말의 된소리는 한자의 전탁음과 같은 것인가?

1과 2는 분명하다. 그런데 우리말의 된소리와 한자의 전탁음을 둘러싸고는 논란이 있다. 복잡한 음운학적인 논의보다는 현재 우리가 쓰고 있는 한자음으로 잠깐 생각해 보도록 하자.

『홍무정운』의 자모 속에 전탁음을 나타내는 자모(字母)는 군(群) 정(定) 병(幷) 봉(奉) 종(從) 상(狀) 갑(匣) 사(邪) 선(禪)의 9자이다. 이들 한자 중 어느 것도 현재 된소리로 발음되지 않는다. 따라서 한자의 전탁음이 우리말의 된소리라고 단정하기 어려움을 알 수 있다. 실제로 『훈민정음』 언해본에서 쓰인 우리말 된소리와 한자의 전탁음을 표시해 보면 〈그림 11〉과 같다. 탁음에 관한 문제는 마지막 장에서 다시 다룰 것이다.

〈그림 11〉을 보면 한자음에는 각자병서만 쓰였다. 열 십(十)은 '씹', 글자 자(字)는 'ᄍᆞᆼ', 편할 편(便)은 '뼌', 나란할 병(並)은 '뼝', 뿔 달린 용 규(虯)는 'ᄁᆗᇹ'라는 음가가 달려 있다. 그런데 우리말의 경우는 사정이 다르다. "제(制, 졩)ᄂᆞᆫ 밍ᄀᆞᄅᆞ실 씨라."나 "서(書, 셩)는 ᄀᆞᆯ 방쓸씨라"와 같이 각자병서 'ㅆ'이 우리말을 나타내는데 쓰인 경우가 있는가 하면, ᄡᅳ, ᄡᅳᆯ, ᄠᅳ, ᄡᅮ, ᄯᆞ 와 같이 합용병서로 된소리를 나타내고 있다. 왜 우리말의 된소리 표기에 각자병서 중 ㅆ만 나타나고, 한자의 탁음 표기에는 ㄲ, ㅆ, ㅃ, ㅉ 등이 고루 나타나는가? 실제로 다른 문헌에서도 우리말 표기에 있어서는 각자병서 'ㅆ'와 'ㆅ'밖에 보이지 않는다.[29]

29 ㅆ는 우리말의 된소리와는 다른 소리일 가능성이 있다. 만약 같은 된소리라면 굳이 구

이 문제를 두고, 1) 우리말의 된소리 표기에 합용병서와 각자병서가 모두 다 쓰였고 한자의 전탁음 표시에는 각자병서만 쓰였다고 볼 수도 있고, 2) 우리말의 된소리 표기에는 합용병서만 쓰이고, 한자의 전탁음 표시에는 각자병서만 썼다고 볼 수도 있다. 어느 쪽이든 한자음가 표기에는 합용병서를 쓰지 않은 것이 분명하다. 그런데『훈민정음』에는 합용병서에 관한 규정은 없고, 각자병서에 관한 규정만 있다. 왜『훈민정음』은 우리말 표기에 대한 규정은 두지 않고, 한자의 전탁음에 관한 규정으로 각자병서를 설명했을까? 왜『훈민정음』은 우리말에는 거의 쓰이지 않는 순경음 규정을 두었을까? 왜『훈민정음』은 우리말에서는 필요 없는 한자의 4성 표시를 위해서 왼쪽에 점을 찍는 규정을 두었을까?

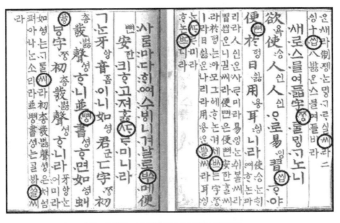

───── 그림 11 『훈민정음』언해본의 된소리와 전탁음

별해서 쓸 필요가 없기 때문이다. ㅆ으로 표기된 글자들은 된소리가 아니라 한자의 전탁음과 비슷하기 때문일 가능성이 있다. 경상도 일부 지역에서 '쌀'을 발음하지 못하고 '살'이라고 발음하는 것과 관련성이 있을 것으로 예상할 수 있다.

── 그림 12 『훈민정음』 성음(聲音)과 사성(四聲) 방점 규정

글자는 반드시 아울러야 소리를 이룬다

이에 대해서 『훈민정음』에는 "무릇 자(字)는 반드시 아울러야 소리를 이룬다(字必合而成音)"는 규정이 있다. 「합자해」에서는 다시 초·중·종 3성이 합하여 글자(字)를 이룬다고 하였다(初中終三聲合而成字). 이 규정은 글자의 음을 표시할 때 초성, 중성, 종성이 아울러야 한다는 뜻이다. 그런데 이 규정에 어울리는 것은 우리말이 아니라 한자다. 한자의 경우는 『훈민정음』 언해본에서 보는 것처럼 초성, 중성, 종성을 다 표시하였다. 그러나 우리말의 경우는 종성이 없는 경우도 많고, 종성이 있는 경우에도 뒷 낱말로 옮겨서 표시한 경우도 많다.

그래서 다시 규정을 보면 아울러 소리를 이루는 것은 자(字)다. 자(字)는 자전(字典), 자서(字書), 설문해자(說文解字), 훈몽자회(訓蒙字會)와 같이 한자(漢字)를 가리키는 말이다. 이를 막연히 우리말도 포함하는 것으로 생각해서는 안될 일이다. 우리말은 분명히 언(諺)이라고 하여 구별하여 쓰고 있다.

한편 ㄱ, ㅋ, ㆁ도 자(字)이다. 「제자해」의 결(訣)에서는 초성자(初聲字)가 17개이고 정음(正音)의 자(字)가 28개라고 하였다. 또한 종성(終聲)은 땅의 음하고 고요한 것과 비교되니 자음(字音)이 이에 정해진다고 하였다. 「종성해」에서는 종성이 초성과 중성을 이어 자운(字韻)을 이룬다고 하였다. 초성, 중성, 종성이 아울러야 소리를 이룬다는 말과 같은 뜻이다. 우리말에는 운(韻)이라는 개념이 없다.

자(字)가 한자를 뜻한다는 것은 『훈민정음』 사례를 통해서도 확인할 수 있다. 'ㄱ'을 설명할 때 군(君) 자(字)가 처음 펴나는 소리와 같다고 하였다. 또한 『훈민정음』의 맥락에서도 알 수 있다. 종성은 초성을 다시 쓴다고 하였고, 순음(脣音) 아래 'ㅇ'을 이어 쓰면 순경음(脣輕音)이 된다고 하였다. 순경음이라는 용어 자체가 한자의 음가에서 순음을 순중음과 순경음으로 나누는 데서 온 것이다. 또한 초성을 합용할 때는 병서하라고 하였는데, 『훈민정음』에서는 한자의 전탁음에 대한 규정만 있기 때문에 이는 한자를 위한 각자병서를 말하는 것이 분명하다. 「제자해」에도 각자병서만 보인다. 또한 왼쪽에 점 하나를 더하면 거성이 되고, 점 둘을 더하면 상성이 되고, 점이 없으면 평성이 되고, 입성은 점을 더하는 방법은 같으나 촉급(促急)하다고 한 것도 한자를 위한 규정이라고 할 수 있다.

만약 이것이 우리말을 위한 규정이었다고 한다면, 우리말을 의미 단위가 아니라 음절 단위로 이해했다는 뜻이 되고, 받침을 뒤로 이어 쓰지 않았을 것이다. 또한 자(字)라고 하지 않고, 언어(諺語) 혹은 어(語)라고 하였을 것이다.

이처럼 훈민정음은 한자의 음가를 위한 것이기 때문에, 앞에서도 언급한 것처럼 우리말과 관련이 없는 글자도 들어 있고, 불필요한 규정도 있는 것이다. 「합자해」에서 ㆆ과 ㅇ은 서로 비슷하므로 우리말(諺)에서는 통용할 수 있다고 하였다. 또한 반설음에는 경음과 중음이 있는데, 운서(韻書)에서는 자모(字母)가 하나라고 하였다. 또한 우리말(國語)에서는 비록 반설음의 경중을 나누지 않지만 음을 이룰 수 있다고 하고, 순경음의 예와 마찬가지로 'ㄹ' 아래 'ㅇ'을 쓰면 반설경음(半舌輕音)이 된다고 하였다. 즉 'ᄛ'과 같이 쓰는 것이다. 이를 굳이 음가로 말하면, 영어의 'r'과 같다고 하겠다.

또한 'ㄱㅣ'나 '기'와 같이 모음의 세로 획을 먼저 쓰고 가로 획을 나중에 쓰는 글자는 우리말에 무용(無用) 즉 쓰임이 없다고 하였다. 이는 '기으', '기ᄋ'로 읽어야 하고, 우리말보다는 역시 한자 발음을 위해서는 필요한 모음의 조합이라고 할 수 있다. 실제로 이러한 모음 조합 방식은 『언해노걸대』 등 조선이 사용한 중국어 교재에서 나타난다. 현재의 말로 예를 들면 도(道)를 'tao'라고 발음하므로, 이를 '퇘(twa)'로 쓰는 것이 아니라, '탸'로 표기하여 '타오'라고 읽을 수 있는 것이다. 이처럼 「합자해」에서는 한자의 발음을 위한 여러 가지 규정이 나타나고 있다.

물론 「용자례」에는 우리말을 표기한 사례가 많이 나타나므로, 이 사실을 가지고 정음이 한자의 음가뿐만 아니라 우리말도 나타내는 것이라고 주장할 수 있다. 그러나 한편으로 우리말 표기의 사례는 정음의 초·중·종성의 합자(合字)하는 방법을 보여주기 위한 것이라고 할 수 있다. 왜냐하면 정작 우리말 표기에 필요한 규정들은 보이지 않는다. 또한 「용자례」에 보이는 우리말 중에는 각자병서는 물론이고 합용병서의 사례도 보이지 않는다. 용례의 배열순서도 철저하게 『훈민정음』 「예의」에 따랐다. 막연하게 우리말을 보여주는 것이 아니라, 아설순치후음의 칠음과, 전청, 차청, 불청불탁의 사성이라고 하는 한자의 음운 원리에 따라 배열한 것이다.

종성 즉 우리말의 받침에 있어서도 ㄱ, ㄴ, ㄷ, ㄹ, ㅁ, ㅂ, ㅅ, ㅇ만 쓰이고, 그 밖에도 우리말에 나타나는 ㅋ, ㅌ, ㅍ, ㅊ, ㅎ 등은 보이지 않는다. 우리말의 용례를 보이기 위한 것이라고 말하기 어렵다.

1. 우리말 된소리를 나타내기 위한 합용병서에 대한 규정이 없다.

2. 음절단위 표기에 대한 규정이 없다. 실제로 우리말의 경우 앞 낱말의 받침을 뒷 낱말의 초성에서 나타낸다는 규정이 있어야 한다. 반면 한자의 음가는 초·중·종성을 조합한 한 글자로 완결되기 때문에 이러한 규정이 필요하지 않았다.

極　鯁　矜　亙　一摑

殛　堙　一　平　平

本　上　韻　平　肯

同　同　又　　上

又　　千　　亙

恆　亘　亙　緪　亙

革　入　恆　絚　去

韻　　　　絚　亙

又　韻　韻　又　上同

隔　又　恭　摑　又

棘　隔　葛　又　亙

隔　本　又　亙同上　入

韻　韻　本　千

上　　韻　又

II

훈민정음은 어떻게 이해되어 왔는가?

이제 우리 학계에서 훈민정음과 언문을 지금까지 어떻게 인식해 왔는지를 되짚어 보고자 한다. 사실 이미 학계에서 제기된 다양한 의견 중에는 훈민정음과 언문의 차이를 인식한 내용들이 적지 않다. 이책에서 훈민정음과 언문이 다르다고 주장하는 것과 마찬가지로, 이미 여러 학자들이 그 차이에 주목해 왔다. 대표적인 학자로는 이동림, 강길운, 김슬옹, 강창석, 정광을 들 수 있다. 이들이 주장한 내용을 정리하면서, 다시 한 번 훈민정음과 언문의 차이를 확인해 보자.

언문과 훈민정음이 모두 우리말을 나타내는 글자로 보는 것이 우리 학계의 통설적인 견해이다. 유창균은 언문은 속칭으로 통용되고, 훈민정음은 공칭으로 통용된 것으로 보았고[30], 권재선은 일반 유신들과 유생들은 아예 한글을 언문이라 하여 속된 글자로 일컬었고 한글에 따로 고유한 이름을 부여하는 것을 거부하여 '언문(속된 글자)'으로

---

30 유창균, 『훈민정음역주』, 형설출판사, 1993, 153쪽.

이름삼아 일컬었다고 하였다.[31] 박종국은 중국 글을 한문, 또는 높여서 진서(眞書)라고 한 데 반해, 우리글이란 말을 낮추어 언문(諺文) 또는 언서(諺書)라고 하였으며 그 당시 정부에서 부른 공식 명칭은 정음(正音)이나 언문(諺文)이 아닌 '훈민정음'이었음을 알 수 있다고 하였다.[32] 김슬옹은 '언(諺)-'은 새 문자 창제 이전부터 조선의 입말, 토박이말의 뜻으로 쓰이고 있었으므로 그러한 말을 담는 문자라는 의미로 자연스럽게 '언문'이 형성되었을 것이다. 또한 '훈민정음'은 통속 칭이던 '언문'과는 달리 문자 창제의 다목적성을 가장 간단하고도 명징하게 드러내려는 창제자 세종의 다중 전략이 나타난 공식 명칭이었다고 하였다.[33] 나아가서 조선시대 한글의 일반 명칭은 언문이었고 언문의 역사적 가치를 더욱 드러내고자 할 때 '훈민정음'이란 용어를 쓴다고 하였다. 그런 맥락에서 훈민정음이 조선의 공식문자였다고 주장하였다.[34] 즉 하나의 실체에 대하여 두 가지 이름이 있었다는 생각이다. 강창석 역시 이와 유사한 견해이다.

한편 '진서'에 대립하여 '언문'이 처음부터 훈민정음을 낮추는 말로 만들어졌다는 이론은 설득력이 없다는 지적도 있다.[35] 다만 이 글에서는 언문이 훈민정음의 속칭이나 비칭이 아니라는 사실을 밝히려

---

31 권재선, 『바로잡은 한글—국문자론—』, 우골탑, 1994, 12쪽.
32 박종국, 『훈민정음 종합 연구』, 세종학연구원, 2007, 16쪽 및 40쪽.
33 김슬옹, 『세종대왕과 훈민정음학』, 지식산업사, 2011, 128쪽.
34 김슬옹, 「조선시대 훈민정음 공식문자론」, 『한글』297, 2012.
35 홍현보, 「우리 사전의 왜곡된 '언문' 뜻풀이에 관한 연구」, 『한글』298, 2012. 98쪽.

는 데 주력하였고, 언문과 훈민정음이 서로 다른 것이라는 이해에 이르지 못했다.

이숭녕

그러나 이러한 통설에 대해서 일찍부터 이의가 제기된 바 있다. 이미 1958년에 이숭녕은 "종래의 국어학사에서 훈민정음 제정에 관한 연구의 최대의 결함은, 세종대왕 개인의 연구와 훈민정음 제정의 배경의 고찰이 결여됨에 따라, 오직 찬사와 비판 없는 서술이 있을 따름이어서 그것으로 진상의 파악은 기대하기 어렵다"고 통렬히 비판하면서, 훈민정음의 창제 과정이 명의 등장과 『홍무정운』의 제정에 따른 한자음의 개신(改新)과 밀접한 관련이 있으며, 그것은 결코 민족적인 자각에 기인한 것이 아니라, 당시의 성리학, 음운학 그리고 외교적인 필요성에 입각한 것이라고 역설하였다.[36] 이숭녕이 지적한 것처럼 훈민정음은 분명히 한자 음가를 나타내기 위한 수단이라는 성격을 가지고 있다.

다만 정음(正音)은 국자(國字)의 총칭이며 훈민정음의 약칭이고, 정음 초성은 곧 국자의 초성이라고 하여, 훈민정음이 국자 즉 우리글이라는 점도 인정하였다. 그러나 스스로도 『훈민정음』에서 언문이라

---

36 이숭녕, 「세종의 언어정책에 관한 연구」-특히 운서 편찬과 훈민정음 제정과의 관계를 중심으로 하여」, 『아세아연구』1-2, 1958, 29쪽 및 44쪽.

는 용어는 보이지 않고 언(諺)만 보인다는 사실이 기이하다고 한 것처럼, 『훈민정음』에는 문(文)과 언(諺)을 구별하고 ㆆ과 ㅇ은 문(文) 즉 문자(文字, 漢字)의 음가에서는 구별되지만, 언(諺) 즉 우리말에서는 구별할 수 없는 글자가 들어 있다. 즉 『훈민정음』에서 정한 글자 중에는 우리말 표기에는 불필요한 글자가 포함되어 있다. 물론 훈민정음이 우리말과 한자 음가를 나타내는 데 아울러 사용되었다고 한다면 훈민정음에 우리말에서 구별할 수 없는 음가를 나타내는 글자가 들어있을 수 있다.

그러나 『훈민정음』에서는 한자 음가의 문제는 자세히 다루었지만, 우리말의 표기에 대해서는 전혀 언급하지 않았다고 해도 과언이 아니다. 『훈민정음』에 우리말 문장 표기에 관한 규정이 없기 때문에 이익섭과 조규태는 각각 「훈민정음 표기법 통일안」과 「옛한글 표기법」을 논의하였다.[37] 언문 표기법의 재구가 필요한 이유가 바로 『훈민정음』에서 우리말 표기법을 제대로 다루지 않았기 때문이다. 과연 우리말의 표기 규정이 결여된 훈민정음을 한자 음가와 더불어 우리말도 함께 표기하기 위한 것이라고 할 수 있을까?

---

37 조규태, 「옛한글 표기법」, 『용비어천가』, 한국문화사, 2010, 317~334쪽.

이동림

한편 이동림은 초성의 음가를 우리말의 음가로 나타내려고 하지 않고, 군(君)·쾌(快)·규(虯)·업(業) 등의 한자를 예로 든 것에 유감을 표명하면서[38], 언문 자모 27자는 『예부운략(禮部韻略)』을 바탕으로 책정된 것이고 이를 훈민정음 창제시의 최초 시안으로 보았다.[39] 즉 세종 25년 이후에 창제된 언문은 훈민정음이라는 정식 명명과의 사이에서 발전적 개편이 이루어졌다고 보았다.[40] 이는 언문을 훈민정음의 시안으로 보아 양자를 구별하였다는 점에서 획기적인 견해라고 할 수 있다.

그는 훈민정음의 정체가 모호하기 그지없다고 하면서 다음과 같은 문제를 제기하였다.[41] ㉠ 세종 25년 계해 12월조에 "주상이 친히 언문 28자를 제정하였는데 ~ 이를 훈민정음이라고 일컬었다"라고 한 "이를 훈민정음이라고 일컬었다"고 한 것처럼, 훈민정음이 세종이 지은 이름일 텐데, 어째서 세종 자신이나 최만리가 갑자년(1444년) 반대 상소에서는 시종 언문이라고 하였는가? ㉡ 최만리의 상소문에서 "27자 언문을 만들었다"고 한 언문 27자는 오자나 오기일까? 『훈

---

38 이동림, 「동국정운 초성 자모 23자의 책정과 그 해석」, 『국어학』 23, 1990, 8쪽.

39 이동림, 「훈민정음 창제경위에 대하여」, 제17회 전국 국어국문학 연구발표대회 발표요지, 61쪽.

40 이동림, 「훈민정음의 창제경위에 대하여 - 언문자모27자는 최초 원안이다 -」, 『국어국문학론집』 64, 1974, 10쪽.

41 이동림, 위의 논문, 10쪽. 논문의 내용을 알기 쉽도록 다소 고쳐서 정리하였다.

민정음』해례본 「용자례」에서나 실제 당시 국어표기와는 아무런 관련이 없을까? ㉢ 주무관서명의 순서가 처음은 언문청, 다음은 정음청으로 되어 있는 것과, 세종 25년의 기록인 '언문 28자'가 세종 28년의 기록에서는 '정음 28자'로 된 것과는 어떤 관련이 없을까? ㉣『훈민정음』해례본에서는 볋(彆) 뀨(虯)로 되어 있는데, (『훈민정음』언해본에서 보이는) '볋' '뀰' 표기 곧 이영보래(以影補來)와 순경음의 조처까지도 세종 25년까지 소급해서 해석할 것인가. ㉤『훈몽자회』권두 부편의 "언문자모 일반적으로 이르는 바 반절(反切) 27자"는 누구의 글이며, 문제의 최만리 상소문의 '27자 언문'과는 하등 관련이 없는 것이며, 또한 과연 언제 만들어진 것일까?

이러한 문제 제기에 이어서 다음과 같은 논의를 전개하였다. ㉠ 주상이 친히 언문 28자를 지었다고 하였지 주상이 친히 훈민정음 28자를 지었다고 하지 않은 점, 훈민정음이라는 호칭이 최만리의 상소문에서는 발견되지 않고, 줄곧 언문으로 일관되며, 세종 자신도 "이 언문은 또한 백성을 편하게 하기 위한 것이 아닌가"라고 하여 당시 상용되고 있는 점으로 미루어 "28자 이를 훈민정음이라고 일컬었다"라는 문장은 이후 추가·개정된 기록일 가능성이 농후하다(사초는 후일 해당 왕의 사후 일대를 지나서 최종 정리 인쇄되는 것). ㉡ "나누어 초성 중성 종성을 만들었다"고 하였는데, 분명『훈민정음』예의본에서 초성과 중성만 제시하였고, 종성은 복용초성법(復用初聲法, 終聲復用初聲)으로 기본적인 규정만 제시하여 놓았으며,『훈민정음』해례본 「종성해」에 가서야 'ㄱ ㅇ ㄷ ㄴ ㅂ ㅁ ㅅ ㄹ' 8자로 충분히 쓸 수 있다는 설을 대두시키고 있다. 반면 언문자모(반절 27자)에서는 오히려 더 분명하게 "나누어 초성 중성 종성을 만들었다"고 하고 있는 것과는 무관할 수 없다고 하였다.

결론적으로 『훈몽자회』의 「언문자모」(반절 27자)는 세종 25년 계해 12월에 친제했다는 원초적 초안으로서 민간에 전해온 문헌으로 판단된다고 하였다. 즉 세종 25년 12월에 언문 27자가 창제되었고, 훈민정음이란 것은 나중에 27자를 28자로 고치면서 추가한 기록으로 보았다.

또한 언문 자모 27자에 『동국정운』의 개신한자음 표기체계에 필요하였던 'ㆆ'만 추가하고, 단자음이라야만 했던 전탁 표기자를 "전청자를 병서하면 전탁이 된다"는 원칙에서 특정 자형을 독립시켜 제정하지 않았다. 실제로 초성이 23자나 되어야 하는 것을, 초성 17자만의 자형으로 충당하여, 외형상으로는 1자만 증가한 28자의 훈민정음이 된 것을 중시한다면 당연히 34자를 만들었다고 했어야 하는데, 그렇게 하지 않아서 국문 창제의 경위에 혼동을 불러일으켰다고 보았다.[42]

다만 언문은 국어 및 속한자음(俗漢字音, 전통 한자음) 본위인 데 대하여, 훈민정음은 국어 및 개신한자음(改新漢字音)까지를 고려한 것이라고 하여, 언문과 훈민정음이 모두 국어와 한자음을 표기하기 위

---

42 이동림, 위의 논문, 21쪽.

한 것이고 훈민정음은 언문의 발전적 양상으로 보았다.[43]

그러나 언문과 훈민정음의 쓰임새는 분명히 구별되고 있다. 양자가 모두 우리말과 한자음을 표현하는 데 사용될 수 있는 것이고, 전자가 훈민정음의 시안에 불과하였다면, 훈민정음이라는 용어가 우리말을 나타낸 경우든 한자 음가를 나타낸 경우든 구별없이 널리 쓰여야만 한다. 그러나 실제로 훈민정음의 용례는 극히 한정되어 있다. 또한 불경이나 경전을 우리말로 번역한 경우에도 언해(諺解) 즉 언문으로 풀었다는 말을 사용하였고, 이를 정음해(正音解)라고 하지 않았다. 따라서 언문이 훈민정음으로 완성된 다음 언문이 폐기되었다는 주장은 성립할 수 없다. 또한 훈민정음을 약칭할 때는 조선 전기에는 원칙적으로 정음(正音)이라고 하였고 언문으로 부르지 않았다. 훈민정음이 언문의 발전적 형태라면 일반적으로 언문이라고 불러도 훈민정음을 나타낼 수 있었을 것이다. 그렇지만 이동림이 언문을 발전시켜 훈민정음이 되었다는 점을 지적한 것은, 양자의 기능적 동일성을 가정한 점을 제외하면, 언문과 훈민정음의 관계를 설명하는 중요한 단서가 될 수 있는 것이다.

---

43 이동림, 위의 논문, 12쪽.

강길운

강길운은 훈민정음의 자모체계가 고유 국어를 표기하기 위한 음운체계라기보다는 오히려 『동국정운』의 편찬을 위한 주음체계(注音體系)라고 보았다. 그래서 고유어를 기록하는 데 절실하게 필요한 초성의 합용병서는 다루지 않으면서, 한자의 탁음(濁音)을 표기하기 위한 각자병서는 『훈민정음』 예의본에 규정되어 있다는 점 등을 지적하였다. 그는 『동국정운』의 성모 23자와 훈민정음의 초성자 23자(전탁음 포함)가 서로 꼭같은 한자(字母)로 되어 있고, 그 배열 순서도 꼭같으며, 『훈민정음』 해례본의 「초성해」에서 "정음의 초성은 곧 운서의 자모(字母)"라고 한 것도 해석에 따라서는 정음의 초성 체계가 『동국정운』의 자모 체계와 동일하다는 사실을 의미하는 것이라고 보았다. 따라서 훈민정음의 창제는 그 근본에 있어서 『동국정운』 등 운서 간행사업과의 연계사업이라고 보았다.[44]

또한 그 세부적인 논거로는 다음과 같은 항목을 열거하고 있다. ㉠ 'ㆆ'(挹의 첫 소리, 影母)는 우리말을 기술하는 데 실질적으로 불필요하고 'ㅅ'이나 'ㄷ'으로 대체할 수 있는데 굳이 초성 체계에 넣었다. 이 사실은 훈민정음이 한자 주음 위주의 체계임을 가리켜 준다. ㉡ "ㄲ, ㄸ, ㅃ, ㅉ, ㅆ, ㆅ" 중에서 'ㅆ, ㆅ'을 제외한 나머지 네 전탁음

---

44 강길운, 「훈민정음창제의 당초목적에 대하여」, 『훈민정음과 음운체계』, 형설출판사, 1992, 342~361쪽. 훈민정음이 한자 음가를 표기하기 위한 것이라는 측면을 상밀하게 분석하였다.

자는 고유어(우리말)의 기술에 애초에는 필요하지 않았던 것인데, 초성 체계에 들어있다. ⓒ 이와는 반대로 고유어를 기술하는 데 절실히 필요한 초성의 합용병서 즉 "ㅺ, ㅼ, ㅽ, ㅄ, ㅷ, ㅳ, ㅲ, ㅴ, ㅶ"은 초성 체계 속에 들어 있지 않다. ⓔ "무릇 문자字, 한자는 반드시 합하여 음을 이룬다"는 규정은 한자음의 주음에서는 지켜졌으나, 고유어의 기술에서는 "ㅇ의 소리는 맑고 비어, 반드시 종성에 쓸 필요가 없으며 중성으로 소리를 이룬다"는 보조규정을 따라서 'ㅇ'가 종성으로 쓰인 바가 없다. 만약 훈민정음이 고유어 기술을 주목적으로 했다면, 무릇 문자는 반드시 합하여 음을 이룬다는 규정은 필요하지 않았을 것이다. 이 또한 한자음의 기술이 일차적인 목적이었다는 증거가 된다. ⓜ『훈민정음』「중성해」에서 "ㅛ와 ㅑ는 또한 함께 ㅣ에서 나왔다. 그러므로 합하면 ㆇ가 된다. ㅠ와 ㅕ는 또한 함께 ㅣ에서 나왔다. 그러므로 합하면 ㆋ가 된다."는 구절은 국어 표기에는 불필요한 것이다. 한자음의 주음에는 필요한 중성이지만 그것도 현실음이 아닌『동국정운』과 같은 운서에나 필요하다. 국어에는 그런 음운이 당시에도 존재하지 않았다. ⓑ『훈민정음』의 판본(언해본)에 따라서는 치음장(齒音章)이 따로 붙어 있는 것이 있는데, 치두음과 정치음을 구별한 것은 중국음의 주음을 위한 것이다. 이는 훈민정음이 고유어의 표기 위주로 만든 것이 아니라는 증거가 되는 동시에 치음장 이외의 부분이 국속한자음(國俗漢字音)의 주음(注音)을 위한 체계였음을 시사한다.

또한『조선왕조실록』의 1443년 언문 및 훈민정음 기사에서도

"문자(文字)와 본국 이어(俚語)를 모두 쓸 수 있다"고 한 것도 고유어를 뜻하는 본국 이어보다 한자 한어를 뜻하는 문자를 앞세워 기록되었다는 것은 훈민정음 창제의 주목적인 한자음의 표기에 있었다는 심리적인 반영이고, 『훈민정음』 서문에서 "나라의 어음(語音)이 중국(中國)과 달라, 문자(文字)와 서로 흐르듯이 통하지 않는다"고 한 것도 훈민정음 창제가 전적으로 한자의 표음만을 위한 것이라고 단정하기 어렵더라도 그것에 중점을 두었다는 심리적인 표시라고 하였다.[45]

훈민정음이 한자의 음가를 표기하기 위한 것이라는 지적은 타당하다. 그러나 훈민정음과 한글(언문)을 같은 것으로 보고, 『훈민정음』 해례본 단계에서 국어표기에 대한 고려가 엿보이며 고유어도 기록할 수 있게끔 그 용도가 확대되었다고 보는 것에는 찬성할 수 없다. 이는 우리글을 표현하려는 의도가 처음에는 없었다고 판단하는 것인데, 『용비어천가』의 경우 『훈민정음』 해례본이 나오기 전에 우리말 시가 부분이 이미 완성된 것만 보더라도 언문이 원래 우리말을 표기하려는 수단이었음을 알 수 있다.[46] 또한 『훈민정음』 반포 이전에 이미 언

---

45 강길운, 앞의 책, 347~348쪽.

46 『용비어천가』의 우리말 노래 부분과 한시(龍飛詩) 부분의 완성시기에 대하여 후자가 먼저 1445년에 완성된 것으로 보는 강신항(1958), 조흥욱(2001) 등의 견해가 있으나, 강신항의 이기문(1962)에 대한 반론이 있었다. 또한 『용비어천가』에 대한 정인지의 전문(箋文)과 최항의 발문(跋文)에서 가(歌)가 먼저 이루어지고 시(詩)가 나중에 이루어졌음을 밝히고 있으므로 우리말 가사가 먼저 이루어진 것은 의문의 여지가 없다. 조흥욱은 1446년 11월까지 '용비시'의 첨입이 문제되고 있는 점을 들어 우리말 가사가 완성되지 않은 것으로 보았다. 그러나 1447년 2월에 한시가 완성되었다면, 우리말 가사는 불과 두 달만에 완성된 셈이다. 『용비어천가』의 체제를 보아도 우리말 가사가 중심이고 한시는 그 뜻을 전달하기 위한 보조수단에 불과하다. 설령 『용비어천가』라는 명칭이 1447년 4월

문과 언자에 대한 기록이 나오고 있다는 점도 간과할 수 없다. 최만리의 상소문도 분명하게 우리글인 언문을 만든 사실을 비판하고 있다.

이처럼 이숭녕과 이동림·강길운의 논의에서는 공통적으로 훈민정음의 한자 음가 표기 기능에 주목한 반면 언문의 위상을 충분히 평가하지 않았다. 이숭녕은 언문에 대해서 훈민정음 제정 때부터 한글을 뜻하는 것이라고 보았으나[47] 언문과 훈민정음의 관계에 대해서는 명확하게 지적하지 않았다.[48] 이동림은 언문이 훈민정음의 초안에 불과하며 훈민정음의 완성과 더불어 폐기되었다고 보았다. 실제로는 언문 언자 언서와 같은 용례는 『조선왕조실록』에서 1000차례 전후가 확인된다.[49] 강길운은 훈민정음이 원래 한자 음가를 표기하기 위한 것이고 『훈민정음』해례본 단계에서 우리말 표기 기능을 부가적으로 갖게 된 것이라고 하였다. 이들 견해는 훈민정음에 한자 음가를 표기하는 기능이 있다는 사실에 주목한 점에서는 『훈민정음』의 본질을 꿰뚫어 본 것이라고 할 수 있으나, 훈민정음에 대하여 언문이 갖는 가치를 상대적으로 주목하지 않는 점에서는 한계가 있다.

이후에 보이는 것이 사실이라고 하더라도, 우리말 가사만으로는 의미를 제대로 전달할 수 없기 때문에 공식적인 명칭을 쓰지 않은 것이라고 할 수 있다. 이기문이 지적한 것처럼 언문의 표기상의 특징상으로도 『훈민정음』해례본 완성 이전에 성립된 것으로 보는 것이 옳다.

47 이숭녕, 「언해의 고전적 가치」, 『민족문화』1, 1975, 43쪽.

48 필자의 입장도 결국 이숭녕·강창석의 견해를 발전시켜 언문과 훈민정음의 구분을 명확하게 하려는 것이다.

49 김슬옹, 『조선시대 언문의 제도적 사용 연구』, 한국문화사, 2005, 22쪽.

강창석

이에 대해서 언문이 우리말의 표기 기능을 가지고 있다는 의의를 분명히 인정하고, 훈민정음은 『동국정운』과 같은 한자음의 주음(注音)을 위하여 언문을 보완한 것이라는 강창석의 견해가 주목된다. 강창석은 『훈몽자회』에 인용된 '언문자모'의 작성과 그 주체를 밝히는 과정에서 "언문은 본래 고유어 표기를 위해 만든 것이다. 그런데 언문을 완성해 공개한 후에 한자음 교정 즉 『동국정운』 한자음의 주음 방침이 추가되면서 언문의 용도와 체계에 변화가 생겨났다. 그래서 언문이라는 이름 대신 훈민정음이라는 이름을 새로 짓고 해설서도 다시 편찬하게 된 것으로 보인다."고 하였다. 나아가서 "언문과 훈민정음이라는 명칭의 차이에서 특별히 주목한 논의는 별로 없다. 두 가지 명칭의 사료적 가치 즉 그 안에 담긴 중요한 정보들을 간과해 온 것"이며 "훈민정음은 공식 명칭이고 언문을 비공식 명칭이거나 비칭이라는 통념을 의심없이 받아들이기 때문에 명칭에 대해서는 별로 관심을 보이지 않은 것"이라고 지적하였다.[50]

그래서 "언문이라는 이름은 요즘의 국문에 해당하는 말로서 우리 말을 적는 글자라는 의미를 가지고 있다. 그에 비해 훈민정음은 (한자의) 속음(俗音)에 대비되는 말로서 고유어 표기보다는 한자음과 더 관련이 있는 이름이다. 즉 언문이라는 이름에서는 이두와의 관련성 즉

---

50 강창석, 「언문자모의 창제 주체와 시기에 대하여」, 『언어와 정보 사회』 22, 2014, 39~40쪽.

이두를 언문으로 대체하려고 했던 의도를 볼 수 있다면, 훈민정음에서는『동국정운』을 편찬해서 한자음을 바로 잡으려고 했던 세종의 의지를 읽을 수 있다.""즉 언문이 본명에 해당하고 훈민정음은 별명이라고 보는 것이다."라고 하였다.[51]

언문을 보완하여 훈민정음을 만들었다고 보는 것은 전적으로 옳은 지적이다. 또한『훈몽자회』에 보이는「언문자모」가 세종이 창제한 언문의 원형을 보여주는 것이라는 견해도 타당하다. 그러나 언문과 훈민정음을 본명과 별명의 관계라고 하여, 훈민정음이 한자 음가에 중점을 둔 명칭이라고 보는 데 그쳤다. 양자가 전혀 다른 실체라고 보지는 않았다. 그러나 이숭녕·강창석의 견해는 필자의 생각과 대부분 일치하며 이를 좀 더 진전시켜 보려는 것이다.

정광

훈민정음과 파스파문자의 관련성을 의욕적으로 파고 든 정광은, 여러 가지 면에서 훈민정음이 파스파문자 혹은『몽고자운』에서 영향을 받은 것이라는 사실을 밝혔다. 예를 들어『훈민정음』에서 전탁자를 만들 때 모두 전청자의 각자병서로 나타내었는데, 후음에서만 차청자를 사용한 것이『몽고자운』의 영향이라고 하였다. 아음의 전탁

---

51 강창석, 앞의 논문, 41쪽.

음은 전청자인 'ㄱ'를 각자병서하여 'ㄲ'와 같이 나타내었는데, 후음에서만 전청자인 'ㆆ'가 아니라 차청자인 'ㅎ'를 써서 'ㆅ'로 쓴 것이다. 그런데『몽고자운』에서도 후음의 전청자가 자모 효(曉)를 나타내는 Ⅰⵁ이고, 전탁자는 자모 영(影)을 나타내는 ⵃ로 되어 있다. 원래 중국 운서에서는 후음의 전청자가 영(影)이고 차청자가 효(曉)이다.『훈민정음』에서도『몽고자운』에 따라서 효(曉, ㅎ)를 전청자로 간주하고, 이를 각자병서하여 전탁자(ㆅ)를 만들었다는 것이다.[52] 정광의 말처럼 후음에서만 차청자를 각자병서하여 전탁자를 만든 사실을 지금까지 설명하지 못했는데, 그가『몽고자운』과의 관련성을 지적한 것은 중요한 성과라고 할 수 있다.

또한 정광은 훈민정음 초성자가 몽고운의 36자모에 의하여 결정되었다고 보고,『몽고자운』의 32성모에 의거하여 치음의 치두음과 정치음의 구별을 없애고(5자), 설음 중 설두음인 니(泥) 모와 설상음인 '냥(娘)' 모를 합하고(1자), 순경음의 전청음인 비(非) 모와 전탁음인 봉(奉) 모를 합하여(1자) 모두 7자를 줄여서『동국정운』23자모를 만들었고, 다시 전탁자 6개를 뺀 것이 훈민정음 초성 17자라고 하였다.[53]

나아가서 훈민정음이 독창적으로 창제되었다는 통념에 의문을 품고, 주변 민족의 기존 표음문자에 의거하여 초성과 중성 종성으로

---

52 정광,『훈민정음과 파스파 문자』, 역락, 2012, 303~304쪽.

53 위와 같음. 다만『몽고자운』의 32성모를 7자를 줄이면 25자모가 된다. 여기에 다시 순경음인 非母와 敷母를 사용하지 않음으로써 23자모가 된다.

나누고, 그 각각에 새로운 기호를 마련한 것이 정음 문자이며, 그것으로 우리 한자음을 되도록 정확하게 표음한 것이라고 하였다. 초성뿐만 아니라 훈민정음의 중성 역시 『몽고자운』의 7개의 유모자(喩母字)를 기반으로 하여 11글자를 만들었다고 보았다. 실제로 훈민정음의 중성은 'ㅣ'계의 이중모음인 재출자(ㅑ, ㅕ, ㅛ, ㅠ)를 제외하면, 기본자 3자(ㆍ, ㅡ, ㅣ)와 초출자 4자(ㅏ, ㅓ, ㅗ, ㅜ)로 그 수가 파스파문자의 중성(모음)과 같은 숫자가 된다는 것이다.[54]

이처럼 훈민정음에서 초성과 중성으로 나누어 문자를 제정하고 종성은 초성을 다시 쓰는 방법으로 문자를 제정하였는데, 이것은 파스파문자의 제정과 같은 방식이므로, 파스파문자는 훈민정음 제정의 이론적인 바탕이 되었다고 보았다.[55]

결론적으로 훈민정음은 한자음의 정리나 중국어 표준발음의 표기를 위하여 제정되었다가, 고유어 표기에도 성공한 것이다. 전자를 위해서는 훈민정음 또는 정음으로 불리었고, 후자를 위해서는 언문이라는 이름을 얻게 된 것이라고 하였다.[56] 훈민정음의 초성자는 한국어의 자음 음운에 맞추어 만든 것이 아니고, 한자음의 동음(東音, 조선의 당시 한자음)에 근거하였으며, 그렇기 때문에 한국어에 존재했던 된소리들은 문자화되지 못하고 된시옷을 붙여 사용하기에 이르렀다

---

54 정광, 앞의 책, 335쪽.

55 정광, 앞의 책, 259~263쪽.

56 정광, 『몽고자운 연구』, 박문사, 2009, 239쪽.

고 하였다.[57]

　정광의 견해는 언어학적인 입장에서는 논리정연한 것이라고 할 수 있다. 파스파문자와의 관련성이나 『몽고자운』의 영향을 밝혔다는 점에서는 훈민정음 연구사에 큰 획을 그었다. 다만 역사적인 사실은 전혀 고려하지 않은 문제점을 안고 있다. 언문이 만들어진 것은 1443년이고 이듬해인 1444년에 최만리가 언문 반대 상소를 올렸다. 그리고 1446년에 『훈민정음』이 만들어졌고, 세종대왕 영릉 신도비 등에서도 1446년에 훈민정음이 만들어진 사실을 분명히 밝히고 있다. 언문에는 후음의 'ㆆ'이 없고, 『훈민정음』에는 들어 있다. 「언문자모」가 『훈민정음』보다 먼저 만들어졌다는 사실도 움직이기 어렵다. 따라서 훈민정음에서 언문이 만들어진 것이 아니고, 언문으로부터 훈민정음이 만들어진 사실은 부정하기 어렵다. 만약 훈민정음이 먼저 만들어졌다면 왜 아음의 'ㅇ'은 왜 후음의 형태로 만들어졌을까? 오히려 한자의 음가를 제대로 나타내기 위해서 만들어진 훈민정음은 『몽고자운』 등의 운서와 정합성을 갖는 것이 당연하다. 파스파문자 및 『몽고자운』의 영향을 강조한 나머지, 언문이 갖는 의의를 지나치게 폄하해 버린 점은 아쉽다.

---

57 정광, 『몽고자운 연구』, 256~257쪽.

	이숭녕	이동림	강길운	강창석	정광
언문		국어와 한자음 표기	훈민정음 제자해에서 국어 표기를 위한 고려가 나타남	고유어 표기	훈민정음 중 고유어 표기를 위해 선택
훈민정음	한자 음가 및 우리말 표기	국어와 한자음 표기	한자 주음 체계·주음기호	한자 음가 표기	파스파문자 영향
제정 순서	-	언문 → 훈민정음	훈민정음 (→언문)	언문 (→훈민정음)	훈민정음 (→ 언문)
논점	훈민정음은 한자 개신음 표기	언문은 훈민정음을 위한 시안	고유어 기록으로 용도 확대	한자 음가 표기를 위해 언문을 보완	훈민정음이 우리말 표기 기능을 갖게 됨

【표 9】 언문과 훈민정음에 대한 다양한 견해

　이상과 같이, 언문과 훈민정음에 대한 여러 연구들을 정리해 보면, 의외로 훈민정음이 한자 음가 표기를 위한 것이라는 주장이 만만치 않음을 알 수 있다. 훈민정음에 대한 일류 연구자들이 훈민정음이 우리말 표기를 위한 것이 아니라 한자 음가 표기를 위한 것이라고 보는 상황을 어떻게 이해하면 좋을까? 심지어 언문이 따로 만들어진 것이 아니라, 훈민정음이 만들어진 뒤 그것이 우리말도 표기할 수 있게 되었다는 논의도 있을 정도이다. 물론 이런 논의는 성립될 수 없다.

　언문이 훈민정음보다 먼저 만들어진 것이 분명하기 때문이다. 훈민정음 자체가 한자 음가 표기를 위주로 한 체계이기 때문에 여기에만 주목하다 보면, 언문이 갖는 가치에 소홀해질 수밖에 없다. 훈민정음에 대해서는 자세한 해설서가 있지만, 언문은 『훈몽자회』에 실린 「언문자모」 2쪽밖에 없는 실정이기 때문이다. 그러므로 이동림이 주장하는 것처럼 언문이 훈민정음을 위한 시안이라고 보는 견해가 나올 수 있다. 다만 훈민정음이 순수하게 한자 음가를 나타내기 위한 '발음기호'라는 것을 인정하는 경우에만 그렇다.

원래 언문은 우리말뿐만 아니라 한자의 음가를 나타내려고 만든 것이다. 언문 창제에 관한 기사에서 언문은 분명히 문자(文字)와 본국이어(俚語)를 다 쓸 수 있다고 하였다.[58] 훈민정음이 한자의 음가를 나타내기 위해서 만들어졌다고 한 연구는 언문이 양쪽 기능을 다 가지고 있었다는 가장 기본적인 사실을 간과한 것이다. 그렇지만 언문의 그러한 범용성이 한편으로는 한자의 음가를 나타내는 특정 분야에서는 문제가 될 수밖에 없었다. 한자 음가를 나타내는 데 충분하지 않다고 지적한 것이 최만리 등의 상소문이다. 따라서 언문의 여러 기능 중에서 한자 음가를 위해서 특별히 분화시킨 것이 훈민정음이라고 보면, 언문은 그런 점에서 훈민정음의 모태라고 할 수 있는 것이다.

그러나 훈민정음이 우리말을 나타내는 기능도 가지는 것으로 생각한다면, 언문이 훈민정음의 시안일 수 없다. 우리말을 나타내는 데

---

58 『세종실록』 권 102, 세종 25년 12월 30일. 是月, 上親制諺文二十八字, 其字倣古篆, 分爲初中終聲, 合之然後乃成字, 凡于文字及本國俚語, 皆可得而書, 字雖簡要, 轉換無窮, 是謂訓民正音.

필요 없는 글자들을 만들었기 때문이다. 계속 논란이 되고 있는 'ㆆ'이나 각자병서에 의한 전탁자(ㄲ ㄸ ㅃ ㅉ ㅆ ㆅ), 정치음(ㅅ ㅈ ㅊ), 치두음(ㅅ ㅈ ㅊ)을 나타내는 글자들이 바로 그것이다. 언문은 기본적으로 우리말을 나타내는 문자인데, 우리말을 나타내는 데 필요가 없는 문자를 포함시킨 훈민정음과 관련시켜 연속성을 전제로 한 '시안'이라는 표현을 쓸 수 있겠는가? 처음 만든 것의 장단점을 보완하여 원래의 목적을 충족시키는 경우에나 원래 만든 것의 시안이라고 할 수 있지 않은가? 지우개 달린 연필을 만들어서 쓰기도 하고 지우기도 하려고 했는데, 누가 지우는 기능이 약하다고 지적하자, 지우는 기능만 강화한 지우개를 만들고 나서, 지우개 달린 연필을 지우개의 시안이라고 말하는 것과 같다.

필자는 언문이 우리말을 나타내는 우리의 글자이며, 훈민정음은 한자 음가를 나타내는 발음기호로 양자를 분명하게 구분해 보고자 한다. 즉 언문에서 훈민정음이 갈라져 나오면서, 언문이 우리말을 나타내는 데 주로 사용되었고, 훈민정음은 한자의 음가를 나타내는 데만 쓰였다. 이렇게 나누어 보면, 이숭녕·강길운 및 정광처럼 훈민정음이 한자 음가 표기를 위한 것이라는 주장도 옳은 것이다. 언문=훈민정음이라는 등식을 버리고, 언문과 훈민정음을 분리하기만 하면, 모든 선행 연구들은 정합성을 찾게 된다. 그래야 언문도 제자리를 찾고, 훈민정음도 제대로 이해할 수 있다. 언문=훈민정음이라는 전제야말로, 우리글에 대한 논의를 극단적으로 비틀어 놓았다.

憓 欻
舊 攜
許齘二僧韻
同上
僧嶺許
嗾
鹽
又軷
韻 同上
畦 艤
去
𩋑
去
慧
轠
叡 鐉 翩 殢
靥 又 又僧 又本
韻 洪 嶺
二 𩋑
同上 同上
平
銳 蠆 嗉
韻又 嶺又 嗢
僧 𩋑 同
惠

III

훈민정음이란 무엇인가?

　　II장에서 살펴본 바와 같이 훈민정음이 우리말의 표기가 아니라 한자의 음가를 표기하는 데 더 관심을 두고 있다는 점을 확인할 수 있다. 이는 이미 이숭녕선생 이래로 많은 학자들이 제기한 문제이다. 『훈민정음』 해례본은 원문이 한문으로 작성되어 있고 각 글자의 음가를 나타내는 자모(字母)도 한자가 사용되었다. 나아가서 오음(五音) 오행(五行) 삼재(三才) 등 음운학적 지식과 성리학적 논리로 구성되어 있다.

　　현재의 일반인들도 초성이 아·설·순·치·후음의 오음으로 구성되어 있다는 것을 쉽게 이해하기 어렵다. 더욱이 그것이 각각 목·화·토·금·수의 오행에서 비롯되었다는 설명을 받아들일 수 있을까? 음운학에 어느 정도의 지식이 있어야 오음을 이해할 수 있다. 백성들에게 그런 설명이 도움이 되었을까? 우민(愚民)[59]을 통설처럼 일반 백성으로 생각한다면, 그들은 한자·한문을 해득할 수 없었을 것

---

59 愚民이라는 표현 때문에 이는 일반 백성을 위한 것으로 생각하기 쉽지만, 『동국정운』에 나타나는 群蒙과 연관시켜 보면, 한자의 음가를 제대로 알지 못하는 사람들 특히 최만리와 같은 사대부들도 포함하는 용어라고 볼 수 있다.

이므로,『훈민정음』해례본은 물론이고 언해본조차도 있으나마나 한 것이라고 할 수 있다. 참으로 일반 백성들을 위한 것이라면 음가의 예시도 한자가 아니라 우리말 어휘 혹은 한자라도 쉬운 글자를 선택했을 것이다.[60] 그런 점에서 훈민정음은 애초부터 일반 백성들이 익힐 것을 염두에 두지 않은 것이라고 할 수 있다.

그러나 시점을 바꾸어『훈민정음』의 서술방식이 이미 한자를 알고 있는 사람들에게『훈민정음』속의 기호가 갖는 정확한 음가를 이해시키기 위한 것이라고 보면, 한자를 중심으로 한 설명방식을 쉽게 납득할 수 있다.

한편『훈민정음』서문에서 "국지어음이호중국, 여문자불상류통(國之語音異乎中國, 與文字不相流通)"의 어음(語音)이 '한자어음(漢字語音)' 즉 우리말의 한자에 대한 음가가 당시 명나라와 다르다는 뜻으로 보아야 한다는 주장조차 제기될 정도다. 만약 어음이 우리말이라면 중국과 다른 것이 당연하고 문자 즉 한자와 서로 통하지 않은 것도 당연한 것이다. 그런 점에서 어음은 우리말을 뜻하는 이어(俚語)에 대하여 한자의 음가를 말하는 것이라고 할 수 있다는 것이다.[61] 이러한 논란이 있는 것도『훈민정음』이 그만큼 우리말을 표기하는 문제를

---

60 『훈몽자회』의 「언문자모」는 음소 단위가 아니라 음절 단위로 음가를 나타내고 있다는 점에 주목할 필요가 있다. 예를 들어 '가'는 家로, '각'은 各으로 음가를 제시하였고, 모음은 阿 也 於 余 吾 要 牛 有 應 伊 思로 들었다. 『훈민정음』에서는 'ㄲ'은 虯, 'ㄸ'을 覃, 'ㅂ'은 彆, 'ㅍ'은 漂 등과 같이 상대적으로 어려운 한자를 다용하였다.

61 강길운, 「훈민정음창제의 당초목적에 대하여」, 『국어국문학』55-57, 1972, 6쪽.

소홀히 하였기 때문이다.[62]

『훈민정음』의 표기 체계 속에 보이는 글자 중에 현재 쓰이지 않
는 글자 혹은 우리가 발음할 수 없는 글자가 들어있는 것도 한자의 음
가를 나타내기 위함이다. 예를 들어 중국어의 음가에서는 순음(脣音)
에 순중음(脣重音)과 순경음(脣輕音)이 있고, 치음(齒音)에 치두음(齒
頭音)과 정치음(正齒音)이 있고 설음(舌音)에는 설상음(舌上音)과 설
두음(舌頭音)의 구별이 있었다. 이 때문에 순경음을 표현하기 위하여
ㅸ, ㅹ, ㅱ, ㆄ을, 치두음을 표현하기 위해서 ᄼ, ᅎ, ᅏ, ᅔ(언해본) 등의
새로운 기호를 만들었다. 또한 아음과 후음에서도 청탁의 구별을 위
하여 ㆁ, ㆆ, ㆅ, ㅇ 등 현재 ㅇ과 ㅎ으로 통합된 글자들을 만들었다.
『훈민정음』 해례본에서 'ㆆ'[63]의 경우 "초성의 ㆆ와 ㅇ은 서로 비슷
하여, 우리말(諺)에서는 통용된다."라고 하여 ㅇ과 비슷하므로 우리
말에서는 구별하지 않는다고 하였다. 통용될 수 있는 음을 위해 두 글
자를 다 드러내었다는 것 자체가 쉽게 익혀 쓰도록 하겠다는 원칙에
어긋난다고 할 수 있다.

아울러 각자병서에 대한 규정 역시 한자 음가 중 탁음(濁音)을 위
한 것이다. 『훈민정음』에서 말하는 탁음이 정확히 어떤 음가인지를

---

62 語音은 우리말의 발음 체계로 보아야 할 것이다. 즉 우리말의 발음 체계가 중국의 발음
　체계가 달라서 조선에서 쓰는 文字(漢字)에 대한 음가가 중국과는 달라졌다는 뜻이다.
　『동국정운』 서문에서 어음과 문자음을 분명히 구별하고 문자음 즉 조선의 한자의 음가
　가 명과 다른 것은 우리말의 발음 체계가 중국과 다르기 때문임을 지적하고 있다. 그렇
　기 때문에 훈민정음에는 우리말에 없는 음가를 표기하는 기호가 필요하게 된 것이다.
63 『훈민정음』 해례본. "挹字初發聲." 이 글자는 韻書의 字母로 따질 때는 影母라고
　한다.

알 수 없지만, ㅆ, ㆅ을 제외하면 우리말에서 쓰이지 않았고, 우리가 발음하기 어려운 음가임이 분명하다.[64]

이러한 글자들을 만들 수밖에 없었던 이유가 바로 우리말의 발음 체계와 중국어의 발음 체계가 다르기 때문이다(國之語音異乎中國). 같은 문자(文字, 漢字)를 두고도 우리와 중국이 서로 다르게 발음하므로 한자(漢字)를 매개로 한 의사소통이 불가능하였던 것이다(與文字不相流通).

아울러 문자(文字)라는 용어도 지금처럼 일반적인 문자를 뜻하는 것이 아니라 한자(漢字)를 지칭하는 용어였고, 이에 대하여 우리말은 언어(諺語)·이어(俚語)라고 하였다. 그러므로 우리말을 나타내는 글자는 언문(諺文)·언자(諺字)라고 하는 것이 당연하다. 즉 『훈민정음』의 자모체계는 우리말을 표기하기 위한 것이 아니라 차라리 『동국정운』의 편찬을 위한 주음체계(注音體系)라고 할 것이며, 그렇기 때문에 『훈민정음』과 『동국정운』은 그 음운체계가 대부분 일치한다고 한 지적도 타당하다.[65] 『훈민정음』 언해본에서 『홍무정운역훈』에 쓰기 위한 정치음과 치두음을 구별하는 기호를 추가로 삽입한 것도 훈민정음이 한자의 음가를 표현하기 위한 수단이라고 생각하면 오히려 당연한 결과다.

---

64 강길운, 「초성각자병서고」, 『훈민정음과 음운 체계』, 형설출판사, 1992, 135~145쪽. 강길운은 평음(전청음)과 경음의 間音으로서 자칫하면 평음으로 변동하는 불완전한 음으로 보았다.

65 강길운, 「훈민정음창제의 당초목적에 대하여」, 『훈민정음과 음운체계』, 형설출판사, 1972, 11쪽.

정음(正音)이란 무슨 뜻인가?

훈민정음의 의미를 생각할 때 정음(正音)의 의미부터 따져야 한다. 우리말을 표기하는 문자에 대하여 과연 정음(正音)이라는 표현이 필요하였을까? '바른 소리'는 잘못된 소리나 틀린 소리 등을 전제로한 용어다. 훈민이라는 말에서 훈(訓)도 교(敎)와는 다소 구별되는 의미다. 교(敎)는 새로운 것을 가르치는 것이고 훈(訓)은 알고 있지만 제대로 익히지 못한 것을 다시 가르친다는 의미를 담고 있다고 한다. 만약 새로운 문자를 만들어서 가르치는 경우라면 마땅히 교민(敎民)이라고 하였을 텐데 훈민(訓民)이라고 한 것은 관행적으로 쓰고 있는 것이 잘못되었으므로 바로잡는다는 의미가 들어 있는 것이고, 정음(正音)과 아울러 생각하면 사음(邪音)이나 속음(俗音), 변음(變音)의 잘못을 바로잡아서 정음(正音)으로 나아가게 하는 것이라고 할 수 있다.

또한 정음(正音)은 『동국정운』 『홍무정운』의 정운(正韻)과는 통용되는 말이다.[66] 실제로 정음이 어떻게 쓰이고 있는지 살펴보고자 한다. 음악과 관련되어 사음(邪音)과 대비되는 정음(正音)도 훈민정음과 관련되어 있지만 이 글에서는 제외하고자 한다.

---

66 『조선왕조실록』 세조 10년 9월 21일조. 『승정원일기』 영조 45년 5월 9일조. 각각 『東國正韻』을 東國正音, 『洪武正韻』을 洪武正音으로 기록하였다. 이는 正韻과 正音이 다르지 않음을 보여준다. 한자의 음가는 初聲(聲母)의 발음에 비하여 中聲과 終聲(韻母)의 음가가 복잡하기 때문에 바른 소리를 내기 위해서는 韻母를 정확히 파악하는 것이 중요하다. 그래서 한자의 음가와 관련된 문헌들은 처음부터 『切韻』 『廣韻』과 같이 '韻'을 파악하는 데 중점을 두었다.

먼저 최세진의 『사성통해』 범례에서는 『정운(正韻)』(『洪武正韻』) 의 범례를 인용하여, "사람이 각기 서로 다른 곳에 살게 되면서 오방 (五方)의 습속이 서로 다르게 되었으며, 소리도 빠르고 급하고 무겁고 느려지는 등의 차이가 생겨 글자의 발음들이 상당히 다르다. 어떤 것 이 표준음인지 알고자 한다면, 오방의 사람이 모두 알아들을 수 있는 것이 바로 정음(正音)"이라고 하였다.[67]

또한 최세진은 "무릇 글자(한자)에는 정음이 있고, 또 속음이 있으 므로, 『사성통고(四聲通考)』에서는 먼저 정음을 위에 적고, 다음으로 속음을 아래에 적었다. 지금 중국인이 말하는 것을 보면, 한자를 혹은 속음으로 읽기도 하고, 혹은 정음으로 읽기도 하고, 혹은 두세 개의 속음으로도 읽는데, 『사성통고』에는 기록하지 않은 것이 많다."고 하였다.[68]

이러한 정음에 대하여 "정음은 당시 중국 사람들이 사용하는(今 中國人所用) 바로서 운도(韻圖)와 운서(韻書) 등 여러 서적에 사용되 던 어음(語音)을 말하며, 속음(俗音)은 정음과 마찬가지로 중국에서 널리 사용되고 있는 중국현실어음(中國時音所廣用)으로서, 이것이 바로 당시의 구두 어음, 즉 정음에서 일부 변화되어 운도와 운서 등

---

67 주성일, 『사성통해』 범례고(II), 『중국문학연구』39, 2009, 231쪽. 『사성통해』 범례 23조, "正韻凡例云人居異區, 五方殊習, 而聲之所府乃有剽疾重遲之別. 故字音之呼萬有不 同也. 欲知何者爲正聲, 五方之人皆能通解者斯爲正音也.

68 주성일, 『사성통해』 범례고(II), 『중국문학연구』39, 2009, 233쪽. 『번역노걸대·박통사』 凡例 正俗音條. 凡字有正音, 而又有俗音者, 故通考先著正音於上, 次著俗音於下. 今見 漢人之呼, 以一字而從俗音, 或從正音, 或一字而呼有兩三俗音, 而通考所不錄者多.

에 부합하지 않게 된 어음을 말하고 있는 것"으로 이해하는 견해가 있다.[69]

이처럼 정음이라는 용어는 중국의 일반적인 한자 음가인 속음, 우리나라의 한자 음가인 국음(國音) 혹은 국속음(國俗音)과의 맥락 속에서 문제가 된다. 이러한 용어를 굳이 선택하여 훈민정음이라고 하였다면, 정음은 역시 이상적인 한자 음가를 염두에 둔 것이라고 하지 않을 수 없다.

『조선왕조실록』에 보이는 정음의 첫 사례는 세종 21년(1439) 9월 18일에 사간원이 서울 안의 의관자제로서 8세 이상을 모아 장성할 때까지 모두 정음(正音)을 배우도록 하자고 상소한 내용이다. 화어(華語) 즉 중국어를 배우는 문제에 대한 것이므로 이는 중국어 즉 당시로서는 한자의 바른 음가를 정음이라고 한 것이다.[70]

다음으로 문종 즉위년 10월 18일에 세자의 서연에서 정음으로 진독(進讀)하니 세자가 경전의 의미를 제대로 알지 못하므로 속운(俗韻)으로 익히도록 하였다.[71] 이는 유교경전의 한자 음가에 관한 논의

---

69 주성일, 『사성통해』 범례고(II), 『중국문학연구』 39, 2009, 233쪽.

70 『조선왕조실록』 세종 21년 9월 18일(계해), (전략) "我國之人, 當其年幼舌本未强之時, 皆學福建省音訓, 迨其年長舌本旣强之後, 欲同華語, 入於承文司譯院初終異習, 成效爲難. 今後京中衣冠子弟八歲以上, 皆聚中央一部, 自幼至長, 皆學正音何如?" (하략)

71 『조선왕조실록』 문종 즉위년 10월 18일(무자), 戊子/視事. 執義魚孝瞻啓, "帝王學問, 須以理會義理, 涵養本源爲貴. 今世子於書筵, 以正音進讀, 不專精於義理, 且血氣未定, 而徒習正音, 恐非保養之道. 宜隨俗韻." 上曰, "先王己立之法, 予敢擅改?" 孝瞻又啓曰, "然則世子讀書時, 誤讀俗韻, 書筵官不必一一隨讀改正. 苟能持久, 自然習熟矣." 上曰, "此則然矣."

이고 속운과 정음을 대비시키고 있으므로, 역시 한자의 바른 음가 즉 『동국정운』에서 정한 음가로 보아야 할 것이다. 성종 6년 6월 21일의 신숙주 졸기에 그가 정음을 알고 한어에 능통하여 『홍무정운』을 번역하였다고 하였다.[72] 이는 훈민정음 혹은 한자의 바른 음가라는 뜻으로 볼 수 있다.

영조 44년 4월 24일에는 조선의 한자음이 모두 『홍무정운』을 따랐는데 속음으로 고쳐 간행하게 되었다고 하고 속음으로 강습하더라도 정음(正音)을 참고하여 보도록 하였는데, 이 또한 한자의 음가에 속운과 정음이 있다는 뜻이다. 정조 4년 4월 19일에도 『홍무정운』을 새로 간행하면서 신음(新音)을 따랐는데 정음을 회복할 것을 동지부사(冬至副使) 홍검(洪檢)이 아뢰었다. 정조 7년 7월 18일에는 한인의 말이 곧 중화(中華)의 정음(正音)이라고 하였다. 역시 한자의 음가와 관련된 용례다.

그 이외에도 정음 정운의 사례는 문헌 이름에서 확인되는데, 최석정의 『경세정운』은 운서의 성격을 가진 것이고, 박성원의 『화동정음통석운고(華東正音通釋韻考)』도 역시 조선 한자음과 중국 한자음의 현격한 차이를 밝혀놓은 운서이다.[73] 신경준의 『운해훈민정음(韻解訓民正音)』의 경우는 서명 자체가 『운해(韻解)』라고 보는 설도 있으나, 강신항 등은 『운해훈민정음』이라는 제목으로 이를 번역하였다. 이 책도 한자 음가와 훈민정음의 원리를 설명하였다.

---

72 『조선왕조실록』 성종 6년 6월 21일 무술조의 영의정 신숙주 졸기.
73 정경일, 「화동정음의 성격과 초성체계에 대하여」, 『어문론집』29, 1990, 16쪽.

『직해동자습(直解童子習)』서문에서 "배우는 사람이 진실로 먼저 정음(正音) 몇 글자를 배우고 나면, 열흘 안에 한어(漢語, 중국어)에 통할 수 있고, 운학(韻學)에 밝아질 것이니 사대(事大)를 능히 다할 수 있다."라고 하였다.[74] 정음(正音) 즉 훈민정음은 한어를 익히고 한자의 음운을 알기 위한 수단으로 간주되고 있다.

또한『홍무정운역훈(洪武正韻譯訓)』서문에서도『훈민정음』의 창제와 관련하여 세종대왕이 "성운(聲韻)의 근원과 말단을 모두 연구하여, 참작하여 제정하니, 7음과 4성의 종횡이 모두 바르게 되었다. 우리 동방에서 천년 백년 동안 알지 못하던 바를 열흘이 되지 않아 알 수 있다."고 하여[75], 한자의 성운을 바로잡았으며, 종래에 제대로 알지 못하던 한자의 음가를 열흘 안에 알 수 있게 되었다고 평가하였다. 이어서 "이제 훈민정음으로써 이를 역(譯)하니 성과 운이 모두 맞았다."고 하였다.

이를 통하여『훈민정음』정인지 서문에서 "28자로써 전환이 끝이 없으니, 간단하면서 긴요하고 자세하면서도 널리 통한다. 그래서 지혜로운 자는 아침나절에 이해할 수 있고, 어리석은 자도 열흘이면 통할 수 있다."고 한 것은[76] 훈민정음으로 우리말을 쓰는 방법을 익힌

---

74 『直解童子習序』. "學者苟能先學正音若干字, 次乃於斯, 則浹旬之間, 漢語可通, 韻學可明, 而事大之能事畢矣."

75 『洪武正韻譯訓序』. "悉究聲韻源委, 斟酌裁定之, 使七音四聲一經一緯竟歸于正, 吾東方千百載所未知者, 可不浹旬而得."

76 『訓民正音序』. "以二十八字, 而轉換無窮, 簡而要精而通. 故智者不終朝而會, 愚者可浹旬而學."

다는 뜻이 아니라, 한자의 정확한 음가를 나타내는 훈민정음의 음운 체계를 이해하고 이를 한자 음가를 표현하기 위하여 초성 중성 종성 을 합자(合字)할 수 있다는 뜻임을 확인할 수 있다.[77] 훈민정음을 통해 서 중국어를 알 수 있고 운학에 밝아져서 사대에 필요한 일을 다할 수 있게 되는 것이다.

정음은 어디에 쓰였는가?

실제로 『용비어천가』의 주해, 그리고 『동국정운』과 『홍무정운역 훈』을 보면 한자의 음가로 쓰인 훈민정음의 쓰임새를 확인할 수 있 다. 『용비어천가』에 보이는 지명 한자 중 알기 어려운 것을 '정음지 자(正音之字)'로 썼다고 하였고,[78] 『동국정운』이나 『홍무정운역훈』 의 한자 음가도 모두 훈민정음으로 표기한 것이다.[79] 이것이 가장 중 요한 점이다. 훈민정음이 무엇인지를 알려면 『용비어천가』에 보이는 지명 등의 난통자(難通字)에 대한 주해, 그리고 『동국정운』과 『홍무

---

77 강길운, 「훈민정음창제의 당초목적에 대하여」, 『훈민정음과 음운체계』, 형설출판사, 1972, 350~351쪽.

78 조규태, 「외국어 어휘」, 『용비어천가』, 한국문화사, 2007, 277쪽.

79 『동국정운』의 서문에서는 "於是調以四聲, 定爲九十一韻二十三母, 以御製訓民正音定 其音."이라고 하여 훈민정음으로 그 음을 정하였다는 사실을 분명히 밝히고 있다. 또한 『홍무정운역훈』 서문에서도 "用訓民正音, 以代反切"이라고 하여 옥편 이래 한자의 음 가를 나타내는 전통적인 방법이었던 反切法을 대신하여 훈민정음을 써서 한자 음가를 표시한다고 하였다.

정운역훈』에 한자 이외에 무엇이 쓰여 있는지를 보면 될 일이다. 훈
민정음은 두 운서 속에서 한자의 음가를 나타내기 위하여 사용되었
다. 아울러 조금만 주의를 기울이면, 이들 문헌에 보이는 훈민정음이
그대로 언문일 수 없음을 알 수 있다.

먼저 『동국정운』과 『홍무정운역훈』이라는 두 운서의 한자 음가
표기에 사용된 것이 훈민정음임을 인정할 수 있다면, 이것이 과연 언
문과 같은지를 검증함으로써 언문과 훈민정음의 관계가 밝혀질 것이
다. 실제로 두 운서에 사용된 글자 즉 훈민정음은 현재 우리말의 음가
로 그대로 읽을 수 있는 것이 아니다. 예를 들어 『동국정운』에서 유
(蹂)의 음가를 나타내고 있는 '슣'(그림 13)나[80] 혜(慧)의 음가를 나타내
고 있는 '뿽'(그림 14)는 어떻게 발음해야 할까?

---

[80] 이 경우 '슣'이 받침이 있는 글자인지 모음으로 끝난 글자인지가 문제가 된다. 여기서
는 모음으로 끝난 것으로 보고 조사를 '이나' 대신 '나'를 사용하였다. '뿽' 역시 마찬
가지다.

━━ 그림 13 『동국정운』의 유(蹂) 음가 표기

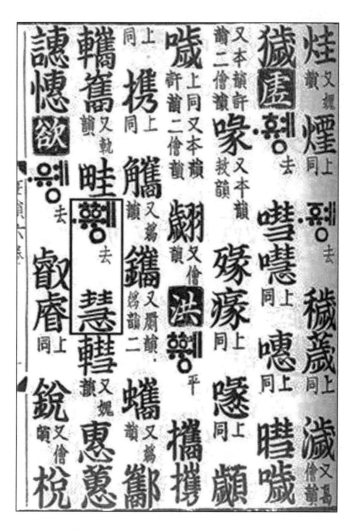

━━ 그림 14 『동국정운』 혜(慧) 음가 표기

'슗'의 초성으로 쓰인 'ㅿ'은 우리말의 초성에서는 사용되지 않았으며 유성적인 환경에서만 나타난다. 초성으로는 아예 발음할 수 없었던 셈이다. 또한 종성으로 쓰인 'ㅱ'은 우리말 음가를 나타내는 글자가 아니다. 원래는 미(微)라는 한자의 초성을 나타내기 위해서 만들어진 순경음(脣輕音) 기호의 하나이다. 물론 우리로서는 발음하기 쉽지 않다. 그런데 더욱 문제를 복잡하게 하는 것은 이 기호가 종성에 있을 때는 순경음의 음가를 갖는 것이 아니라, 장음을 표시한다는 사실이다.[81] 『번역노걸대·박통사』에서는 구체적으로 소운(蕭韻)·효운(爻韻)의 종성으로 온 'ㅱ'은 '오'와 같이 발음하고, 우운(尤韻)의 종성으로 온 'ㅱ'은 '우'와 같이 발음한다고 하였다. 결국 슗은 '슘'이나 "쥼"이라고 발음하는 것이 아니라 '쥬우'와 비슷하게 길게 발음해야 한다. 현재 유(蹂)의 음가는 '유'이다.

ㅭ의 ㆆ 역시 조선에서 당시 ㄹ 받침으로 발음하는 한자들이 입성(入聲)이므로 입성으로 발음해야 한다는 사실을 상기시키는 기호일 뿐 음가를 가지는 것이 아니다. 실제로 『훈민정음』 해례본에서는 별(彆)이 '볃'으로 표기되어 있지만, 언해본에서는 '볋'로 되어 있다. 『훈민정음』 언해본이나 『동국정운』 등에서 'ㅇ'을 한자 음가의 종성 표기로 쓴 경우도 역시 음가를 가지는 것이 아니라 종성의 자리를 나타내는 기호에 불과하다. 『노걸대·박통사』 범례에서 한자 치음의 종성으로 쓰인 'ㅿ' 역시 음가를 가지고 있다기보다는 치음 발음에서

---

81 임용기, 「훈민정음의 한자음 표기와 관련된 몇 가지 문제」, 『인문과학』 96, 2012, 32~41쪽.

입과 혀를 움직이지 않아야 한다는 사실을 환기시키는 기호라고 할 수 있다.[82]

종성의 'ㅇ'이 기호에 불과하다는 사실은 『훈민정음』 언해본의 조사 사용에서도 확인할 수 있다. 예를 들어 '여문자로(與文字로)'는 훈민정음식 표기로 보면 '영문쫑로'로 되어 있다. '쫑'는 글자 형태 와는 달리는 종성 'ㅇ'의 음가가 없는 것으로 간주하였기 때문에 '로' 가 붙은 것이다. 형태를 중시해서 종성이 있는 것으로 보았다면 '으 로'가 붙었을 것이다.

'뼁'의 경우도 마찬가지다. 'ㆅ'은 우리말을 나타내는 데도 일시 적으로 사용되었지만, 곧 사라지고 오로지 한자 음가를 나타내기 위 한 것이며 어떻게 발음해야 되는지 잘 알 수 없다. 또한 중성 부분의 'ㆌ'는 당시에도 현재에도 우리말에서는 사용되지 않는 음가다. 이 는 한자 음가를 나타내기 위해서 고안된 것이라고 할 수 있다. 한자 한 글자의 발음을 훈민정음 한 글자로 표현하려는 원칙이 작동된 결 과로 생긴 중성이라고 할 수 있다. 우리말이었다면 자연스럽게 두 개 의 음절을 이루었을 것이다. 『동국정운』 등에서 종성의 위치에 있는 'ㅇ' 역시 우리말 표기에는 사용되지 않는 것이다. 한자의 음가를 표 현할 경우에는 종성의 음가가 없음을 나타내는 것이고, 우리말의 경 우에는 사용하지 않는다. 바로 이것이 언문과 다른 훈민정음의 표기 원칙이다. 결국 '뼁'도 현재는 '혜'로 우리가 발음체계대로 발음할 수

---

82 임용기, 위의 논문, 41쪽.

밖에 없는 것이다. 현재 혜(慧)의 중국어 표준발음 'hui' 즉 '후이'이 며 우리가 듣기에는 2음절이다. 그러나 이를 다시 훈민정음식으로 표 기하면 '훼' 아래에 종성의 음가가 없다는 뜻으로 'ㅇ'을 더한 형태가 될 것이다.

　『홍무정운역훈』의 경우는 중성의 용법도 우리말의 모음과 다소 다른 것으로 생각된다. 예를 들어『훈민정음』해례본 용자례에서 뫼 는 산(山)이라고 하였다. 이 경우에는 'ㅚ'는 현대 국어에서 단모음으 로 발음되고 있으며, 복모음이었다고 하더라도 'ㅁ'과 함께 한 음절 을 이룬다. 그러나 한자의 음가인 경우에는 우리말처럼 반드시 한 음 절로 발음하지 않았을 것이다. 예를 들어『홍무정운역훈』에서 대(隊) 는 '뛔'라고 표기하였으나 이는 현재 중국어에서 '뚜이'라고 읽는다. 우리말의 '뛔'와 다르다. 태(泰)는 '태'라고 되어 있으나, 이는 현재 중국어에서 '타이'라고 발음한다. 황(況)은 '황'이라고 표기하였으나, 현재 중국어에서는 '쿠앙'이라고 발음한다. 즉 'ㅘ'는 '오아'와 같이 두 개의 모음으로 발음해야 한다.

　이러한 생각은 필자의 독창이 아니다. 이미 1824년에 쓰인 유희 의『언문지』라는 책에 보인다. 동시에『몽고운략』에도 보이는 방식 이다. 이는 한자의 글자는 1자인데, 소리는 2음절로 나는 경우가 있기 때문이다. 그러나 한 한자의 음을 두 음절로 나타내면 한자의 기본적 인 속성을 무시하게 된다. 한자 한 글자에 대해서 그 음가를 길게 써 버리면 무엇보다 공간을 많이 차지한다. 시각적인 공간도 그렇고, 물리적인 공간도 그렇다. 실제로 파스파문자나 일본어의 가나도 한자 음가를 표기할 때는 한 글자로 수렴되지 않는 경우가 발생한다.

『몽고자운』에서는 경(庚)이라는 한자의 음가를 ㄸ(ㄱ)+ㄴ(ㅓ)+ㄹ(ㅣ)+ㄲ(ㅇ)의 네 글자를 써서 ㄸㄴㄹㄲ 과 같이 나타내었다. 륙(六)도 ㄳ(ㄹ)+ㅆ(ㅓ)+ㅇ(ㅜ)의 세 글자를 써서 ㄳㅆㅇ로 나타내었다. 이를 세로로 썼기 때문에 아래위로 길어진 것이다.(그림 15)『동국정운』에서 훈민정음을 이용하여 같은 네 글자를 써서 경(庚)을 '깅(庚)'으로 나타낸 것과는 크게 다르다. 우리글을 네모꼴 안에 수렴시키는 표기방식은 한자의 음가를 한자의 글자 수와 바로 대응시키기 위해서 고안된 것이라고 볼 수 있다.

사실 한자의 음가를 표시하기 위해 사용된 훈민정음은 형태로서는 언문과 대부분 같다. 그러나 언문과 다른 것(ㆆ, ㄲ, ㄸ, ㅃ, ㅆ, ㅉ, ㆅ)도 있고 같은 글자라도 사용방법도 다르다. 즉 언문과 달리 훈민정음은 그 초성 중성 종성으로 합자(合字)된 음가를 발음하는 방법이 따로 정해져 있다. 우리말은 다음절어도 있기 때문에 굳이 모음을 복잡하게 발음할 필요가 없지만, 한자의 음가를 나타내는 경우에는 한자 한자에 그 음가를 표시하는 한 글자를 대응시키기 위해서는 복잡한 모음을 사용할 필요가 생겼고, 그것이『훈민정음』의 특수한 중성 체계로 이어졌다고 할 수 있다.『훈민정음』에서 정한 중성의 글자 중 우리말 표기에 사용되지 않은 것들이 많다는 점도 우리말을 나타내는 문자인 언문과 다른 점이다(ㅑ,ㅒ,ㅚ,ㅟ,ㅕ,ㅖ 등).

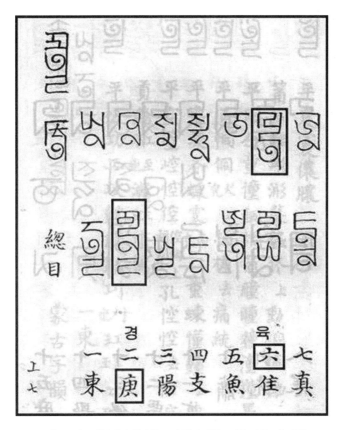

━ 그림 15 파스파문자의 한자음 표기(정광, 『몽고자운 연구』에 의함)

한편 『용비어천가』는 우리말 가사 부분과 한자로 표기했지만 발음하기 어려운 지명 등에 부기되어 있는 음가의 차이에 주목할 필요가 있다. 주로 여진과 관련된 지명에서는 우리말 가사에서는 볼 수 없는 글자나 글자의 조합이 확인된다. 인출활실(紉出闊失)에는 '닌춰시', 해관성(奚關城)에는 '훤잣', 고복아알(高卜兒閼)에는 '감불어',

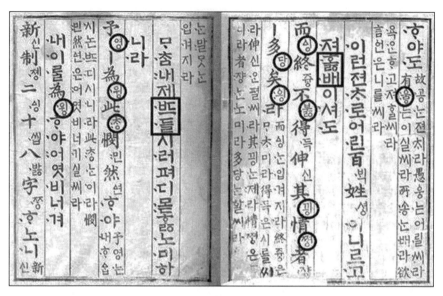

—— 그림 16 『훈민정음』 언해본. ○ 안은 훈민정음, □은 언문이다. 읽는 방법이 서로 다르다.

보역막올아주(甫亦莫兀兒住)에는 '뵈모월쥬'라고 주음(注音)하였다.
ㅸ과 ㆄ은 『훈민정음』의 순경음 규정에 의한 것이고 우리말의 음가
를 표기하기 위한 것이 아니다. '쥬' 역시 우리말을 표기하기 위한 글
자 조합이라고 할 수 없다. '뼈' 역시 훈민정음에 규정되어 있는 중성
이며 우리말 표기를 위한 것이라고 할 수 없다. 만약 1443년에 언문
이 창제되고 1446년에 훈민정음이 제정되었다는 관점에 서면, 『용비
어천가』의 우리말 가사 부분은 언문으로, 한시 및 주해 부분은 훈민
정음으로 표기한 것으로 이해할 수 있다.[83] 그런 점에서 필자는 『용비

---

83 다만 『용비어천가』가 최종 완성된 시기는 『훈민정음』이 완성된 이후이므로, ㅸ과 ㅆ 등

어천가』는『훈민정음』언해본과 더불어 언문과 훈민정음을 함께 사용한 최초의 사례로 보고자 한다.

이렇게 언문과 훈민정음을 구별해서 보면,『훈민정음』언해본에서는 우리글인 언문, 한자, 한자의 음가 표기인 훈민정음 세 가지가 함께 쓰인 것임을 알 수 있다.(그림 16) 이 경우 언문과 훈민정음을 구별하는 방법은 우선 본문에서 글자의 크기가 서로 다르다는 점이다. 본문에서 언문과 한자는 같은 크기인데 대하여, 훈민정음은 한자 아래 그보다 작은 글씨로 나타난다. 다음으로 언문과 훈민정음은 읽는 방법이 다르다. 언문은 소리나는 대로 그대로 읽으면 되고 그에 따라서 조사가 사용된다.

그러나 훈민정음으로 쓰인 부분은 훈민정음을 읽는 방식에 따라야 한다. 오른쪽 첫 번째 줄에 있는 유(有)의 훈민정음 표기는 '윰'이다. '윰'의 종성에 있는 'ㅱ'은 음가가 없고 '우'의 중성을 길게 발음하라는 기호다. 따라서 그 다음의 조사는 '은'이 아니고 '는'이다.

불(不)의 아래 쓰인 '붏'은『훈민정음』해례본의 정보로는 읽을 수 없고,『동국정운』의 규정을 이해해야 한다.『훈민정음』해례본에서는 입성을 'ㄷ'으로 해야 된다고 규정하였지만,『동국정운』은 'ㄹ'로 끝나는 입성 한자를 'ㄷ'으로 표기하지 않고, 'ㅭ'으로 나타내었

일부『훈민정음』에서 보이는 글자들을 사용하였다. 이는 우리말의 음가를 정확히 나타내려는 의도로 생각된다. 후술할 바와 같이, 이에 대해서 언문으로 한자 음가를 표기한『훈몽자회』에서는 전혀『훈민정음』단계에서 제정된 글자가 사용되지 않았다.

다. 'ㆆ'은 현실음은 'ㄹ'이지만 입성(入聲)임을 상기하라는 기호다. 따라서 『동국정운』과 『훈민정음』해례본을 종합하면 그 음가는 '붏'이고 빠르게 소리를 닫아야 한다. 음가를 나타내는 동시에 읽는 방법도 규정하고 있는 것이다. 이에 대해서 언문으로 쓰인 '홇배'의 '홇'은 '홀'로 읽으면 된다. 'ㆆ'은 끝소리가 'ㄹ'인 경우에 붙는 사잇소리다.[84] 똑같은 'ㅭ'이 받침으로 사용되었지만, 읽는 법이 다르고, 기능도 전혀 다르다.

훈민정음 해례본을 읽기 위해서는 우리말의 표기법과 한자의 표기법이 다르다는 점을 먼저 알고 있어야 한다. 우리말을 표기한 것은 언문이고, 한자를 표기한 것은 훈민정음이다. 언문은 '뜨들'과 같이 '뜯'과 '을'이 만나면서 앞 말의 'ㄷ' 받침이 '을'과 합쳐져서 '들'로 표기되었다. 그러나 한자의 음가를 나타내는 경우는 그런 현상이 일어나지 않는다. 한자는 한 글자 한 글자의 발음을 중심으로 표기하였기 때문이다. '欲욕은'이 그러한 예다. 우리말 표기와 같다면 이 부분도 '요근'으로 표기되어야 하지만, 欲 아래 '욕'은 어디까지나 한자의 음가일 뿐이고 우리말과 뒤섞여서는 안되는 것이다.

언문과 훈민정음이 같은 것이라면 이처럼 같은 문장 속에서 다른 원리나 원칙으로 사용되어서는 안될 것이다. 이러한 표기법 상의 구별이야말로 언문과 훈민정음이 다르다는 가장 직접적인 증거다.

기(其)와 정(情)의 발음인 '끵'과 '쪙'은 한자 음가를 나타내기 위

---

84 조규태, 『용비어천가』, 한국문화사, 2007, 30쪽.

한 각자병서(各自竝書)를 사용한 예이다. 『훈민정음』의 각자병서는 한자 음가의 탁음(濁音)을 나타내는 것이며, 우리말의 된소리가 아니다. 우리말의 된소리는 '쁘들'과 같이 합용병서로 나타내었다. 따라서 각자병서가 청음의 배음(倍音)[85] 혹은 탁음(유성음)[86]이라는 설에 따르면 '끵'는 '끠'가 아니라 ㄲ을 ㄱ 두 글자만큼 늘여서 발음하거나 성대를 떨면서 발음하라는 의미로 생각할 수 있으며, 'ㄱ~ㅢ', '쪙'은 'ㅈ~ᅧᆼ'과 같은 소리가 될 것이다.

이렇게 훈민정음은 한자의 음가와 결부되어 쓰이기 때문에 단독으로 언문과 함께 쓰일 수 없다. 만약 한자를 매개로 하지 않고 훈민정음만 쓸 경우는 우리말 표기를 교란시키게 된다. 예를 들어 '有웋'가 아니라 '웋'만 쓸 경우 이를 언문과 같은 것으로 간주하면 종성 즉 받침이 있는 셈이고, 그렇다면 '有웋는'이 아니라 '웋은'이 될 것이기 때문이다. 이처럼 언문은 본래 이름, 훈민정음의 별명에 그치는 것이 아니라, 언문과 훈민정음은 그 표기방식을 달리하는 별개의 문자 체계로 이해해야 한다.

『훈민정음』 언해본, 『동국정운』과 『홍무정운역훈』의 한자 음가 표기에 사용된 문자 체계가 훈민정음임을 인정하면 다른 의문들은

---

85 「똥[똥×·도오옹○]…훈민정음 번역오류?」, 뉴시스, 2009-08-26. 대종언어연구소 박대종 소장이 『자치통감』을 근거로 濁音은 淸音의 倍音이라는 주장을 소개하고 있다. 다만 倍音이 되는 것은 중성 즉 모음이 아니고 초성이다. 따라서 'ㄸ'는 'ㄷ'보다 길게 발음해야 하는 것이다. 같은 글자를 중복해서 쓴 점에서도 倍音은 주목할 가치가 있다.

86 각자병서가 전탁음 즉 한자, 일본어, 영어, 산스크리트의 유성음을 나타낸다는 설이 옳다고 보아야 한다. 이는 VI장 남은 문제들에서 다시 다룰 것이다.

모두 쉽게 풀린다. 언문은 우리말을 표기하는 문자이고, 훈민정음은 한자의 음가를 나타내기 위한 발음기호 체계인 것이다.

우리는 언문과 훈민정음의 유사성에 이끌려, 혹은 훈민정음이 우리글의 품위 있는 호칭이기를 바라는 욕구에 이끌려, 지금까지 언문과 훈민정음의 차이를 무시해 왔다. 언문과 훈민정음을 같은 것으로 보는 폐단은, 훈민정음이 우리말을 표현하기 위한 것이 아니라 한자의 음가를 표기하기 위한 것이라는 논의에서 한걸음 더 나아가 심지어 언문이 우리말을 표현하려고 창제되었다는 사실마저 부정하는 상황을 초래하기도 한다.[87] 훈민정음은 강길운 등이 지적하는 바와 같이 우리말의 정확한 표현에는 무관심하며 오로지 한자의 음가를 나타내려고 한 것이 사실이다. 그러나 훈민정음이 곧 언문은 아니다. 언문이야말로 우리말을 나타내려고 한 문자이다.

이를 방증하는 근거로 훈민정음은 우리말의 표기와 관련되어 사용된 용례가 단 한 차례도 없다는 점을 들 수 있다. 『훈민정음』 창제에 대한 두 기사를 제외하면 세종 28년에 이과(吏科)와 이전(吏典) 취재(取才) 때 『훈민정음』을 시험토록 한 기사를 시작으로, 세종 29년 4월 20일에는 함길도 자제의 식년시에 『훈민정음』을 시험하여 입격한 자에게만 다른 시험을 보게 한 기사, 『동국정운』의 신숙주 서문, 세조 6년 5월 28일의 『동국정운』·『홍무정운』과 함께 『훈민정음』을 언급한 기사, 세조 6년 9월 17일에 『훈민정음』·『동국정운』·『홍무정운』

---

87 강길운, 「훈민정음 창제의 당초목적에 대하여」, 『훈민정음과 음운체계』, 형설출판사, 1972, 351~361쪽.

이문(吏文)을 오경(五經) 등과 함께 시험하게 한 기사, 세조 10년 9월 21일에 식년(式年)에 거자(擧子)에게 『훈민정음』과 『동국정운』을 강할 수 있도록 하자는 기사, 성종 13년 2월 13일에 『훈민정음』 『동국정운』 등의 중요한 서적을 춘추관과 사고에 보관토록 할 것을 건의한 기사 등이 있다. 이 경우는 모두 운서(韻書)들과 함께 언급한 것이다.

이후 『조선왕조실록』에는 정조 7년 7월 18일에 훈민정음은 화인(華人, 중국인)에게 물어도 곡진하고 미묘한 것이라고 언급한 기사가 유일한데, 이 기사도 우리말의 표기방법이라기보다는 한자 음가를 나타내는 데 훌륭하다는 점을 언급한 것으로 보아야 할 것이다. 500년 조선 왕조의 역사를 다룬 『조선왕조실록』에서 훈민정음이라는 표현이 딱 10차례만 쓰였다는 사실을 어떻게 판단해야 할까? 이에 대해서 언문 언자 언서 등 언(諺)이 들어간 용어는 『조선왕조실록』에서 1000여 차례가 확인된다. 훈민정음과 언문의 사용 빈도를 비교하면 1:100이다. 훈민정음이 '세종대왕이 우리글의 공식적인 이름으로 정한 것'이라는 통설에 따라도 될까?

『승정원일기』의 용례를 포함해도 훈민정음이라는 용어는 단 한 차례도 우리말의 표기와 관련되어 사용된 적이 없다. 따라서 훈민정음이 우리글의 공식적인 호칭이라는 주장은 근거가 없다고 하겠다.

왜 정음이 필요하였는가?

만약 훈민정음이 한자의 바른 음가(正音)를 나타내기 위하여 만들어진 것이라면 그 이유는 무엇일까? 우선 조선 내부의 상황에서 보면 한자의 음가가 통일되어 있지 않았다는 점을 들 수 있을 것이다. 특히 한자 어휘의 기원에 따라서 같은 한자라도 다른 음가로 읽히는 경우가 적지 않았을 것이다. 종래에는 조선 초기의 한자 음가가 중국의 한자음과 다르거나 같은 성부(聲符)를 가진 글자가 서로 음이 다른 경우를 주로 생각하였으나, 일본의 상황과 마찬가지로 동일한 한자가 서로 다른 음으로 읽히는 경우 즉 한 한자가 복수의 음가를 가지고 있는 경우도 상정해야 할 것이다.

특히 불경 등에서 사용한 한자음은 불경이 우리나라에 전래되는 단계부터 한자 한 글자 한 글자가 구별되어 읽히는 것이 아니라 어휘 단위로 묶여서 발음되었을 것이고 그 음가는 개별 한자의 음가가 변화한다고 바로 변화하지 않는 성격을 가지고 있다. 또 시대마다 빈번하게 쓰이는 용어들이 그대로 우리나라에서 유입되어 쓰이게 될 경우는 유입된 당시의 중국 음가가 그대로 쓰였을 가능성이 있다. 유교 경전은 경전대로 원의 영향을 받은 한자 음가를 예상할 수 있다. 이것이 『동국정운』이 편찬된 이유 중 하나일 것이다.

대외적으로는 조선과 명과의 관계에 주목할 필요가 있다. 『훈민정음』의 창제 배경에 대해서는 정다함의 견해가 참고가 된다. 그는 훈민정음을 "조선이 중화(中華)라는 보편제국의 언어 문자 표준을 수용하는 동시에 조선 스스로의 언어 문자 표준을 확립하는 과정의 결과물"로 보았다. 즉 "명이 제시한 한어(漢語)의 표준을 수용하기 위해서는 한어의 소리를 나타낼 수 있는 표음문자 체계가 필요하게 되었다. 때문에 중국 음운학의 원리를 터득하고 이를 응용하고 보완하여 한자의 표준음을 나타낼 수 있는 표음문자 체계를 고안하게 되었다. 당연히 세종이 훈민정음으로 가장 먼저 착수한 작업이 『홍무정운』의 역훈(譯訓)이었다(세종 26년 2월 경). 또한 한어습독관들이 홍무정운의 표준 한어 발음을 언문 즉 훈민정음을 사용하여 익히게 된다."[88]

즉 『동국정운』의 편찬 목적은 『홍무정운』의 음가를 반영하려는 목표와 조선에서 동일한 한자에 대한 음가가 서로 다른 상황을 극복하고 음가를 통일하려는 의도가 동시에 있었던 것으로 볼 수 있을 것이다. 이에 대해서 『홍무정운역훈』은 명의 홍무제가 정한 이상적인 음가를 규정하려는 것이었다.

이제 정음의 효용을 짚어보고자 한다. 정음(正音)은 두 가지 용법이 있다. 하나는 훈민정음을 줄여서 부르는 것이고 다른 하나는 한자의 바른 음가를 뜻하는 것이다. 다음 기사들은 한자 음가와 훈민정음과 『홍무정운』 및 『사성통고』의 상호관련성을 여실히 보여준다.

(신숙주는) 정음(正音)을 알고 한어(漢語)에 능통하여 『홍무정운(洪武正

---

[88] 정다함, 2009, 「여말선초의 동아시아 질서와 조선에서의 漢語, 漢吏文, 訓民正音」, 『한국사학보』 36.

韻)』을 번역하였으며, 한음(漢音)을 배우는 자들이 많이 이에 힘입었다.[89]

세종조(世宗朝)에 신숙주(申叔舟)·성삼문(成三問) 등을 보내어 요동에 가서 황찬(黃瓚)에게 어음(語音)과 자훈(字訓)을 질정(質正)하게 하여 『홍무정운(洪武正韻)』과 『사성통고(四聲通考)』 등의 책을 이루었기 때문에, 우리나라 사람들이 이에 힘입어서 한훈(漢訓)을 대강 알게 되었습니다.[90]

임금이 대신과 비국 당상을 인견하였다. 좌의정 한익모(韓翼謨)가 말하기를, "우리나라의 한음(漢音)은 일체 『홍무정운(洪武正韻)』에 따라 정리하였습니다.(하략)[91]

신숙주의 경우처럼 정음에 관한 지식이 한어의 습득 및 『홍무정운』의 역훈에 필요한 것임을 알 수 있다. 이러한 발언들은 조선시대의 『홍무정운』에 대한 일반적인 인식을 반영하고 있다고 하겠다. 나아가 『훈민정음』이 일반 백성을 위한 것이 아니라는 점은 그 자체가 과거의 시험과목으로 운용되었다는 점에서도 쉽게 짐작할 수 있다.

아래의 사료를 통해서도 『홍무정운역훈』의 의도를 대강 짐작할

---

89 『조선왕조실록』 성종 6년 6월 21일조(무술).
90 『조선왕조실록』 성종 18년 2월 2일조(임신).
91 『조선왕조실록』 영조 44년 4월 24일조(신사).

수 있다. 이는 한자의 바른 음가와 한자의 글자 모양까지 학습하기 위한 책이었다.

> 본조(本曹)는 의정부(議政府), 사역원 제조(司譯院提調)와 더불어 다소 연소한 문신(文臣)과 의관 자제를 선정하여 원액(元額)에 충당하고 한음(漢音)과 자양(字樣)을 익히려 하니, 청컨대『증입언문(增入諺文)』과『홍무정운(洪武正韻)』을 으뜸으로 삼아 배우게 하소서."하니, 그대로 따랐다.[92]

먼저 세조 2년(1456년)의 기사 속에 보이는『증입언문(增入諺文)』은 어떤 책인지 분명하지 않다. 그러나 어떤 내용을 증입(增入)한 것이고 그것이 언문과 관계있는 것이라면, 이는『훈민정음』언해본을 지칭할 가능성이 높다. 즉 증입되고 언문으로 언해된『훈민정음』을 뜻하는 것으로 볼 수 있다. 우선『홍무정운』(1455년)을 익히는 데 필요한 사전지식은 다른 자료에서 알 수 있듯이『훈민정음』일 수밖에 없다.

세조 6년에도『훈민정음』,『동국정운』과『홍무정운』이 모두 세종이 짓거나 찬정(撰定)한 것이므로 과거시험 중 문과(文科) 초장(初場)에서 세 책을 강(講)하고 사서오경의 예에 의하여 푼수를 주라고 한 것을 보면,『동국정운』과『홍무정운역훈』의 한자 음가를 이해하기 위해서는『훈민정음』이 규정한 음가에 대한 지식이 필요하다. 그

---

92 『조선왕조실록』세조 2년 4월 9일조(무신).

러나『동국정운』은『훈민정음』해례본의 내용으로 충분하지만,『홍무정운역훈』은『훈민정음』언해본의 내용이 추가로 필요하다. 그래서 이를『훈민정음』해례본과 구분하여『증입언문(훈민정음)』으로 부른 것으로 보인다.

한편『조선왕조실록』을 편찬한 양반사대부들의 입장에서 훈민정음을 '증입언문'이라고 불렀을 여지도 있다. 훈민정음 자체가 실제로 언문을 증입한 것으로 볼 수 있기 때문이다. 즉 세종이 처음으로 창제한 언문은 우리말을 표현하는 수단이었으므로, 최만리의 지적처럼 한자의 중국 음가를 다 표현할 수 없었다. 때문에 이를 보완하여 한자 음가를 나타내는 데 주력한 것이 훈민정음(ㆆ 및 각자병서)이다.『홍무정운역훈』을 편찬하는 과정에서 다시 정치음과 치두음을 구별하기 위하여 새로운 기호를 만들었고, 이를『훈민정음』언해본에 반영하였다. 이처럼 추가로 넣은 기호가 있기 때문에 증입이라고 한 것이다. 그러나 그 바탕은 언문이었기 때문에 당시 사대부들로서는 훈민정음을 곧 증입언문이라고 부를 수 있었을 것이다. 언문에는 정치음과 치두음의 기호가 없기 때문에 이와 구별하기 위해서도 증입언문으로 불렀을 수도 있다. 이처럼 '증입언문'이라는 용어를 통하여 언문과 훈민정음의 관계도 짐작할 수 있다. 훈민정음은 우리말을 표기하기 위한 언문으로 한자를 표기하기 위하여 보완한 것[增入]이라는 사실을 보여주고 있는 것이다.

『훈민정음』은『동국정운』및『홍무정운역훈』의 합자법을 이해하기 위한 단서였고, 그렇기 때문에 이들을 함께 시험하도록 한 것이다.

예조에서 아뢰기를, "『훈민정음』은 선왕(세종)께서 손수 지으신 책이요, 『동국정운』・『홍무정운/홍무정운역훈』도 모두 선왕께서 찬정하신 책이요, 이문(吏文)도 또 사대에 절실히 필요하니, 청컨대 지금부터 문과 초장에서 세 책을 강하고 사서・오경의 예에 의하여 푼수를 주며, 종장에서 아울러 이문도 시험하고 대책의 예에 의하여 푼수를 주소서."하니, 그대로 따랐다.[93]

매 식년(式年)의 강경(講經)할 때를 당하거든 사서(四書)를 강하고, 아울러 『훈민정음』・『동국정운』・『홍무정운』・이문(吏文)과 또 오경 및 여러 사서(史書)를 시험하되(후략),[94]

예조에서 아뢰기를, "앞서 있었던 과거 때에는 단지 『예부운(禮部韻)』만을 썼으니, 청컨대 이제부터는 『홍무정운』을 아울러 쓰도록 하고, 역과(譯科)에는 아울러 『동자습(童子習)』을 시험하게 하소서."[95]

이처럼 『훈민정음』이 『동국정운』이나 『홍무정운』과 더불어 과거 시험의 초장에서 사서오경과 함께 그 내용의 숙지도를 시험하는 과목이었음을 알 수 있다. 『훈민정음』이 과거 시험의 과목이었다고 한다면, 문헌으로서의 『훈민정음』만이 아니라 문자로서의 훈민정음도

---

93 『조선왕조실록』 세조 6년 5월 28일조(계묘).
94 『조선왕조실록』 세조 6년 9월 17일조(경인).
95 『조선왕조실록』 세조 8년 6월 10일조(계유).

이미 한자와 한문을 잘 알고 있는 사람들을 위한 것이라고 볼 수 있다. 또한 『동국정운』이나 『홍무정운』과 같은 한자에 대한 운서와 함께 시험을 본 점에서, 『훈민정음』이 한자의 음운과 밀접한 관련이 있다는 점도 확인할 수 있다.

언문과 훈민정음 사이

『조선왕조실록』과 『승정원일기』에 언문이나 언자 등의 용어가 계속 사용되고 있는 한편, 훈민정음이라는 용어도 드물게 사용되었다. 그러나 언문과는 분명히 다른 뜻임을 기억할 필요가 있다. 우선 훈민정음은 주로 『훈민정음』 즉 책의 이름이라는 점이다. 그렇기 때문에 앞에서 언급한 것처럼 과거나 취재의 시험과목이 될 수 있었다. 또한 『훈민정음』은 『동국정운』이나 『홍무정운역훈』을 이해하는 데 필요한 기초적 혹은 전단계의 지식이었다.

최만리의 상소문을 살펴보자. 역설적으로 이 상소문이야말로 1443년에 창제된 언문에 대하여 가장 자세하게 언급하고 있는 사료다. 최만리는 상소문을 통하여 거듭해서 우리말을 나타내기 위한 글자로서 언문 27자를 창제한 사실에 대하여 비난하고 있다.[96] 새로운

---

96 최만리가 언문 27자라고 발언한 사실은 중요하다. 최만리의 상소문은 여러 사람이 연명한 것이기는 하지만, 최만리가 상소문 내용의 정확성을 책임져야 할 위치에 있었다. 그러므로 세종 25년에 언문 28자를 만들었고 이를 훈민정음이었다고 한 실록의 기사에 대해서 편찬자들이 집단적인 책임을 지는 것과는 다른 상황이었다.

문자의 창제가 한 가지 기예에 불과하다고 하여 세종의 분노를 사기도 하였다. 그 상소문에서는 단 한 차례도 훈민정음이라는 용어가 등장하지 않는다. 상소 2달 전에 이미 훈민정음이 완성되었다는『조선왕조실록』의 기록에도 불구하고. 최만리는 다음과 같은 세 가지 점을 들어 세종의 언문 창제를 비판하였다.

1. 우리가 오랑캐냐? 왜 우리 글자인 언문을 만들었는가?
2. 이미 설총이 이두를 만들었다. 다시 만들 필요가 있는가?
3. 무계(無稽)한 언문으로 운서를 번역해서는 안된다.

이처럼 최만리의 상소문이야말로 세종이 언문이라는 우리말을 표현하는 우리의 글자를 만든 사실을 입증하는 강력한 증거다. 세종은 분명히 우리말을 위한 글자인 언문을 만든 것이다. 만약 언문 = 훈민정음이라는 전제에서 훈민정음이 한자의 음가를 표기하기 위한 것이라고 이해하게 되면, 최만리의 상소문은 전혀 이해할 수 없는 것이 된다. 그렇기 때문에 최만리가 지적한 대로 언문은 몽골, 위구르, 여진, 거란, 일본의 문자와 마찬가지로 우리의 글자였다.

한편 훈민정음은 분명히 한자의 음가를 표기하는 수단으로 고안된 것이다.『훈민정음』에는 우리말은 전혀 고려하지 않았거나 한자의 관련 속에서만 문제가 되었을 뿐이다. 초성의 음가를 나타내기 위해 선택된 것도 군(君) 이하의 한자(漢字)이고 중성의 음가도 탄(呑) 등의 한자로 나타내었고, 종성의 음가로 한자 음가에 존재하지 않는 것만 우리말로 예를 들었을 뿐이다. 각자병서로 한자 음가 중 하나인 탁음(濁音)을 나타낸 것도 그렇고, 종성의 음가가 없는 경우라도 ㅇ으로 표시하도록 한 것도 그렇다. 『훈민정음』의 내용을 보고도 이것이 우리말을 표기하기 위한 글자라고 주장한다면, 자료를 있는 그대로 보지 못한 것일 뿐이다. 『훈민정음』이 우리말을 위한 것이 아니라면, 최만리가 그렇게 비난했던 우리말을 표현하는 우리의 글자 즉 언문은 어디로 간 것일까?

역시 최만리 상소문에 답이 들어 있다. 최만리는 상소문의 대부분에서 우리 문자를 만든 사실을 비난하였지만, 딱 한 곳에서 "무계한 언문을 운서에 부회하다(無稽之諺文 附會韻書)"라고 하여 터무니없는 언문을 운서에 끌어다 붙이려고 한다고 언급하고 있다. 운서와 관련된 이야기는 이 한 구절밖에 없지만, 세종은 이 발언에 대노하였다. 바로 유명한 "너희들이 운서를 아느냐. 사성·칠음에 자모가 몇이냐?"라고 하며, 최만리 등을 힐난하였다. 『훈민정음』 서문에 보이는 우민(愚民)은 가장 좁은 의미로는 최만리 등 언문 창제 반대 상소를 올린 사대부를 지칭한다고 봐도 무방할 것이다.

사실 최만리의 상소문은 우리 글자를 만든 점과 언문으로 한자의 음가를 단 운서를 만들려고 한 점, 두 가지를 비난하고 있다. 물론 우리 글자를 만든 사실에 대한 비난이 대부분을 차지하지만, 그 언문으로 운서(『韻會』)의 한자 음가를 나타내려고 한 점도 함께 비난하였다. 훈민정음 탄생의 비밀은 바로 여기에 있다.

'무계한 언문'이라는 비판을 받은 세종은 최만리로 대표되는 사대부들에게 한자의 음가를 표시할 기호가 결코 황당무계한 것이 아님을 보여줄 필요가 있었을 것이다. 최만리가 세종이 운서의 음가를 표현하려고 한 사실에 대해서는, 단지 무계한 언문을 사용하는 것은 잘못이라고 지적한 것밖에 없다는 사실에도 주목하자.

한자의 음가를 나타내려는 데 쓴다고 한다면, 이에 대해서 사대부들로서도 크게 반대할 필요가 없는 일이었을 것이다. 『홍무정운』이라고 하는 명의 한자음 통일에 대응하는 방법이 되기 때문이다. 최만리 등 양반사대부들의 입장에서 보아 황당무계한 언문을 성리학의 논리(皇極經世書의 성음론, 삼재와 오음 오행론 등)를 제대로 갖춘 발음기호로 만든 결과가 바로 훈민정음인 것이다.

최만리 등의 반대상소에 민감하게 대응하고 있다는 사실은, 최만리가 상소문에서 설총의 이두를 언급하자, 세종이 "설총의 이두도 역시 음을 나타낸 것이고 또한 설총은 옳다 하고 내가 한 일은 그르다고 하느냐?"라고 되묻고 있는 사실에서 알 수 있다. 그러자 다시 최만리는 이두는 어디까지나 한자를 바탕으로 한 것이며 한자에서 벗어나지 않는 것이라고 답하고 있다. 나아가서 『훈민정음』 정인지 서문에서도 설총이 만든 이두는 지금도 쓰고 있지만 한자를 빌려 쓰는 것이기 때문에 어렵고 답답하며 비루하고 근거가 없는 것이고 한자의 음도 제대로 표현할 수 없다는 점을 지적하고 있다. 이를 통해서도 『훈민정음』의 제정이 최만리 등 사대부들의 반대에 논리적으로 대응하려는 측면이 있음을 확인할 수 있다.

따라서 정인지가 『훈민정음』 해례본의 서문에서 1443년에 세종이 정음 28자를 처음으로 만들어 예의(例義)를 간략하게 들어보였다고 한 것은, 언문이 한자의 음가를 표현하기에는 논리적인 근거도 갖추지 않았고 한자의 음가를 제대로 나타낼 수 없었다는 사실을 덮어주기 위한 정인지의 세종에 대한 충정으로 이해해야 할 것이다.

언문은 우리말을 표현하는 글자로 만들었으므로, 발성체계가 다른 한자의 음가 표기에 그대로 사용할 수 없는 것은 당연한 일이다. 그래서 훈민정음에서는 후음의 사성 체계를 갖추기 위하여 ㆆ을 새로 만들고, 탁음(濁音)을 나타내는 각자병서(各字竝書) 등 추가적인 규정을 만들었다. 초성과 중성이 어떤 한자의 음가에 대응하는지도 분명히 밝혔다. 그리고 각 기호들은 천·지·인이라는 삼재(三才)와 음양오행설에 입각해서 정해진 것임을 소상히 밝혔다. 중성(모음)의 기본자는 천·지·인에서 비롯된 ·, ㅡ, ㅣ를 만들었고 이들이 조합되는 방법도 보였으며 자음은 각각 목화토금수(木火土金水)의 오행(五行)에 입각하였음을 밝혔다.[97]

즉 훈민정음은 우리글인 언문을 두 가지 방향에서 새롭게 다듬은 것이다. 우리말보다 발성체계가 복잡한 한자의 음가를 나타내기 위해서 더 많은 기호 혹은 기호의 조합이 필요하였으므로 이를 보완하였다. 한편으로는 최만리가 비난한 무계함을 보완하기 위하여 음양오행설이라는 성리학적인 설명논리를 갖추었다.

---

97 김완진, 「훈민정음 창제에 관한 연구」, 『한국문화』5, 1984. 원래 한자의 차자표기에 따라 篆書 등에서 만들어진 제자원리가 상형(象形) 및 음양의 논리로 전환되었음을 밝혔다. 이는 언문에서 훈민정음 단계로 이행하는 과정과 맞물려 있는 것으로 판단된다.

이렇게 완성된 『훈민정음』은 한자의 음가를 나타내는 수단으로 사대부들도 인정하지 않을 수 없었고, 이에 대한 교육과 활용은 즉각적으로 이루어졌다. 사대부들도 한자의 발음기호로 사용할 『훈민정음』을 반대할 명분이 없었던 것이다. 그러나 언문은 그렇지 않았다. 우리말을 나타내는 데 언문이 사용되기 시작하였고, 지역적인 범위와 계층을 넓혀갔지만 사대부들의 기록이라고 할 수 있는 『조선왕조실록』은 거의 침묵하고 있다. 언문의 창제를 비난한 최만리의 상소문은 자세하지만, 언문 창제에 대한 내용은 극히 소략하고 『훈민정음』의 정인지 서문을 요약한 것에 불과하다.

그러나 훈민정음의 창제에 대해서는 『훈민정음』의 서문을 그대로 실었다. 이처럼 세종대왕의 언문 창제에 대한 기록은 소략하기 그지없다. 이는 사대부들이 언문 창제에 대하여 부정적으로 인식하였기 때문에, 『조선왕조실록』에 제대로 반영되지 않은 결과일 가능성이 있다.[98]

이에 대해서 『훈민정음』은 과거 시험의 과목으로 등장할 뿐만 아니라, 『홍무정운』의 음가를 조회(朝會)하는 자리나 공좌(公座)에서 세종이 강제하였지만 이에 대해서는 양반사대부들이 반대하지 못하고 따랐던 것으로 생각된다. 그래서 영조 정조 대까지도 『홍무정운』의 음가를 알고 있는 사람이 있었고, 그 음가로 다시 한자 음가를 바르게

---

98 『세종실록』의 편수자 중에는 최만리의 상소문에 연명하였고, 세종이 특별히 지명하여 비난하였던 정창손이 포함되었던 사실과도 연관이 있을 것이다.

하자는 논의도 나오는 상황이었다. 이러한 사대부들의 태도가 언문과 훈민정음의 이해를 왜곡시키는 결과를 낳았다.

우리글이 분명히 있는데, 그와 관련된 직접적인 저술은 『훈민정음』밖에 없다. 당연히 『훈민정음』이 바로 언문이라고 생각할 수밖에 없었다.[99] 그렇지만 언문과 『훈민정음』은 다르다. 그리고 언문은 1443년에, 『훈민정음』은 1446년에 완성된 것이다.

시기	우리말 (本國俚語)[100]		한자음가 (文字)	
1443	언문(27자)[101]		언문	
1444		용비어천가		韻會 번역
	언문 27자	최만리 상소		최만리 상소
1445		용비어천가 歌		
1446	(초성 16자)		훈민정음 제정[102]	초성 23자
1447		용비어천가 주석		동국정운
1455				홍무정운역훈
1527	언문자모 27자	훈몽자회		
		사대부 반대		사대부 긍정

【표 10】 언문과 훈민정음

---

99 훈민정음이 곧 언문이라는 인식은 영조대에도 부분적으로 나타난다. 그러나 『조선왕조실록』이나 『승정원일기』에서는 전체적으로 훈민정음과 언문은 분명히 구별된다.

만약 언문에 대한 공식적인 명칭이 훈민정음이 되었다면, 세종대에 훈민정음 제정 이후에도 계속 언문청을 정음청으로 고치지 않은 이유는 무엇일까? 당연히 언문이라는 명칭은 폐기되고 정음이라는 말을 써야할 것이고 기관의 이름도 정음청이 되었어야 한다.

언문과 훈민정음이 구별되고 있는 사례는 다른 자료에서도 확인할 수 있다. 『명황계감언해』가 그 대표적인 사례이다. 그 서문에서는 "여러 서적을 두루 상고하여 겨우 첨개(添改)하였고, 이어서 음의(音義)를 묶고 아울러 사적 중 가사에 들어가지 못한 것을 첨부하여 다문(多聞)의 자료가 되게 하였으며, 또 유생들을 모아 언문[諺語]으로 풀이하게 하였다."고 하였다.[103] 세종이 군주의 음일(淫佚)을 경계하고

---

100 『조선왕조실록』 세종 25년 12월의 기사에서는 분명히 언문 28자가 문자와 본국 이어를 모두 쓸 수 있다고 하였다.

101 언문은 27자였고, 훈민정음이 제정되면서 28자가 된 것을 『조선왕조실록』 편수하면서 수정한 것으로 보아야 할 것이다(이동림, 「훈민정음 창제경위에 대하여 – 언문 27자는 최초 원안이다」, 11쪽). 최만리 상소문 및 『훈몽자회』에 보이는 '27자 언문'이 강력한 증거가 된다.

102 훈민정음에서는 해례본 초성해에서 명기되어 있는 것처럼 初聲이 23자이다. 또한 중성은 중성해에 들고 있는 29자라고 할 수 있다. 『홍무정운역훈』에서는 초성이 31자가 쓰이고 있으며, 이는 『훈민정음』 언해본에서 추가된 글자들을 포함한다. 중성은 『동국정운』에서는 23자가 쓰이고 있으나(남광우, 『동국정운식 한자음 연구』, 한국연구원, 1966, 176쪽), 한자 음가를 표현하기 위하여 준비하였다는 점에서는 29자 모두가 훈민정음의 글자수에 포함되어야 할 것이다. 그렇다면 훈민정음의 글자수는 52자라고 할 수 있다. 이는 언문의 27자를 거의 배 가까이 늘이면서 한자의 복잡한 음가에 대응한 결과라고 할 수 있다. 『홍무정훈역훈』에서는 ㅒ, ㅣㅑ 등이 더 쓰이고 있다.
이처럼 『훈민정음』은 『동국정운』과 『홍무정훈역훈』에서 사용된 글자수가 달라지고 이에 따라서 글자를 새롭게 만들기도 하였다. 이는 훈민정음이 한자의 음가를 나타내는 데 목적이 있으므로, 사용하는 글자의 수가 유동적일 수 있는 것이다. 이 또한 언문과 다른 점이다. 언문에서는 음가가 소멸되기는 하였지만 새롭게 만들지는 않았다.

103 『東文選』 「명황계감서」 "旁攷諸書, 僅就添改, 仍係音義. 幷附事蹟之不入歌詞者, 用

자 하여 남긴 가사 168장을 아들인 세조가 귀감으로 삼고자 하여 편찬한 책이 『명황계감』이다. 스스로가 『운회』의 번역 등에 참가하기도 한 세조에게 올리는 『명황계감』의 서문에서도 훈민정음이라는 용어는 보이지 않고, 오히려 언어(諺語)라는 표현만 보인다. 그 언어는 현재의 『명황계감언해』가 보여주는 것처럼 (우리말로) 풀이한 것이다. 이 또한 훈민정음과 언문이 구별되었음을 보여주는 것이다.

최세진의 『훈몽자회』는 한자의 음가를 언문 자모로 나타내었다. 『동국정운』이나 『홍무정운역훈』에서 훈민정음으로 한자의 음가를 나타낸 것과 다르다. 이는 어린아이들에게 한자를 가르치고자 하는 최세진의 의도를 반영한 것으로, 초학자들에게 중국의 한자 음가를 자세히 가르칠 필요가 없다고 생각하였기 때문일 것이다. 그래서 『훈몽자회』에서는 ㆆ,ㅸ과 각자병서가 전혀 쓰이지 않았고, 초성에서 ㅇ을 쓰지 않았다.[104] 즉 『훈몽자회』는 순수한 언문으로 한자의 음가를 나타낸 것이다. 훈민정음이 만들어지고 언문의 음운체계가 더 이상 쓰이지 않게 되었다고 한다면, 최세진의 이러한 방식은 국가의 시책을 역행하는 처사였을 것이다.

후대의 자료로는 홍계희의 『삼운성휘(三韻聲彙)』(1751) 범례에서 언자의 「초중종성도」에서는 초종성통용팔자(ㄱ,ㄴ,ㄷ,ㄹ,ㅁ,ㅂ,ㅅ,ㅇ)와 초성독용팔자(ㅈ,ㅊ,ㅌ,ㅋ,ㅍ,ㅎ)가 있는데, 훈민정음에는 ㅇ, ㅿ, ㆆ이

資多聞. 又會儒士, 譯以諺語."

104 박태권, 「훈몽자회와 사성통해 연구 - 표기와 음운의 대조」, 『국어국문학』21, 1983, 19~20쪽.

더 있다(訓民正音又有ㅇㅿㆆ三初聲)고 하였다. 이는 언문과 훈민정음의 자모가 다름을 지적한 것이다.

다만 홍계희는 언자(諺字)가 어제훈민정음(御製訓民正音)이라고 하고(그림 17), 언자를 가지고 한자의 속음과 정음을 표시하였다고 하였다(그림 19). 그런데 실제 내용을 보면 언자(언문)으로 당시 조선의 한자 음가를 적고 다시 한자 아래 훈민정음으로 된 한자 음기 표기를 남겨놓고 있다(그림 18). 한편 홍계희가 언자로써 한자의 음가를 나타내고, 또 훈민정음의 본래 글자 순서가 아니라 반절(언문)의 글자 순서에 따랐다(此圖不因訓民正音本次 而用俗所謂反切之次)고 한 것은 당시 언문의 보급 정도를 짐작케 하는 대목이기도 하다. 홍계희 자신이 「언자초중종성지도(諺字初中終聲之圖)」에 든 것을 언자 즉 언문이라고 한다면, 그 밖의 글자 ㆆ, ㅹ와 같은 글자는 언자일 수 없다. 그런데 한자 음가 표시에 이러한 글자들이 들어 있는 것이다. 이로써 판단하면 홍계희 단계에 이르러 훈민정음과 언문을 구별하는 의식이 약화되었다고 할 수 있다. 「홍무정운자모지도(洪武正韻字母之圖)에서도 훈민정음을 쓰고 있고, 한자의 음가에서도 정음(正音)의 표시는 훈민정음을 사용하고 있으면서도, 한자의 음가를 언자로 나타내었다고 주장하는 모순된 인식을 보이고 있다.

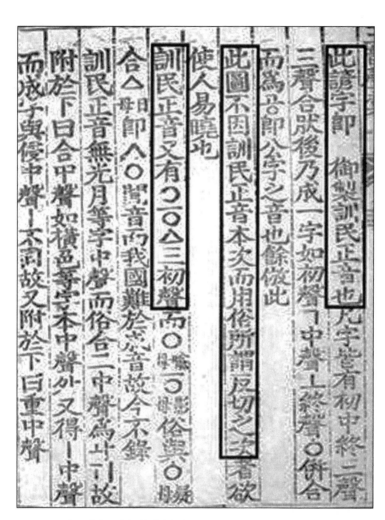

그림 17 『삼운성휘』 훈민정음과 반절

그림 18 『삼운성휘』 본문

그림 19 『삼운성휘』 언자초중종성지도

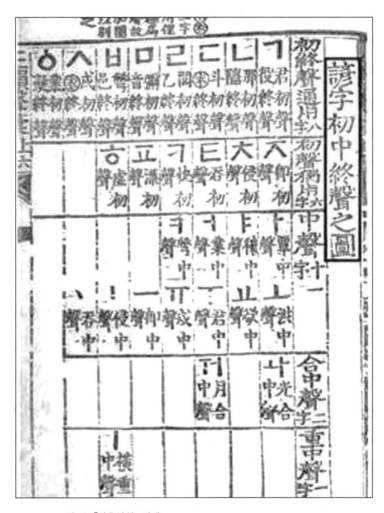

그림 20 『삼운성휘』 범례

IV

언문청과 정음청은 동일한 기관인가?

　　언문청과 정음청은 이름이 다르다. 이에 대해서 일반적으로 같은 기관을 다르게 부른 것이라고 본다. 이런 이해의 전제는 언문과 훈민정음이 같다는 것이다.[105] 그런데 언문청과 정음청이 같다고 볼 때 생기는 문제점은 두 기관이 폐지된 시기가 서로 다르게 나타난다는 사실이다. 『조선왕조실록』에서 정음청은 단종 즉위년(1542)에 폐지되었고, 언문청은 중종 1년(1506)에 폐지되었다고 하였다. 그러나 이런 사실은 가볍게 처리된다. 즉 중종대의 언문청 폐지 기사가 잘못되었다고 하면 된다. 한편 언문청과 정음청이 1444년 경에 함께 세워진 것으로 보는 견해가 있는데, 언문청은 정확히 그 기능을 알 수 없고, 정음청은 운서 연구와 훈민정음의 제작 등을 목적으로 세워진 것으로 보았다.[106] 그러나 사실 이러한 견해는 언문청과 정음청이 같다고 보는 견해에서 파생된 것이다.

---

105 김동욱, 「정음청시말」, 『서울대논문집』5, 1957, 109면 및 이근수, 「조선조의 국어정책사」, 『논문집』3-1, 한성대학교, 1979, 7쪽.

106 천병식, 「언해문학 연구초 – 번역문학사의 정립을 위하여」, 『인문논총』1, 아주대학교 인문과학연구소, 1990, 29~30쪽.

그러나 여기서 주목해야 할 것은 우리가 먼저 언문과 훈민정음이 같다는 전제를 세웠다는 사실이다. 같다는 전제를 세웠기 때문에 언문청 폐지 기사가 잘못된 것이라고 추정하지 않을 수 없게 되었다. 이야말로 논리학에서 흔히 말하는 부당전제의 오류는 아닐까?『조선왕조실록』의 기사가 잘못되었다고 하기 전에, 우리가 세운 전제가 옳은지를 따져보는 것이 순서가 아닐까? 언문과 훈민정음이 같다는 전제를 세웠더니『조선왕조실록』의 기사가 잘못되었다고 해야 하는 상황이라면, 그 전제를 바꿔볼 필요도 있다.

필자는 언문이 최초에 27자로 만들어졌는데 최만리의 언문 반대 상소 이후 문자의 이론적 보강과 한자 음가에 대한 정확한 전사능력 제고를 위하여 다시 훈민정음이 만들어졌다고 본다. 그래서 훈민정음은 한자 음가나 여진어 등을 나타내는 수단으로 특화되었고, 언문은 원래 목적대로 우리말을 표기하는 수단으로 계속 사용되었다고 생각한다.[107] 언문은 창제할 당시에 한자와 우리말을 다 나타내려는 의도를 가지고 있었다. 그러나 최만리가 무계한 언문으로 운회를 번역하여 인쇄하려고 한다는 비판에 직면하여, 중국 운서의 논리에 충실한 훈민정음을 새롭게 만든 것이다.[108] 그렇기 때문에 언문은 우리말을 표현하는 수단으로 유지되었고, 훈민정음은『동국정운』『홍무

---

[107] 졸고,「언문과 훈민정음 사이」, 동북아문화학회 2015년 추계국제학술대회, 2015.

[108] 훈민정음이 한자의 음가를 표현하기 위하기 만들어졌다는 견해는 필자의 독창이 아니다. 이미 유창균에 의해서 제기되었고, 정광 역시 파스파문자와의 관련성 속에서 훈민정음이 한자 전사를 위한 것이라고 보았다. 정광,『훈민정음과 파스파 문자』, 역락, 2012.

정운』 등과 함께 한자 음가와 관련해서 나타날 뿐이라고 보았다. 만약 언문과 훈민정음이 다른 것이라면, 언문청과 정음청도 다른 것일 수밖에 없다. 이 글에서는 언문과 훈민정음이 다를 수 있다는 필자의 가정을 언문청과 정음청을 통해서 다시 검증하려고 한다.

만약 언문과 훈민정음이 다르다는 전제를 세우면, 언문청과 정음청은 서로 다른 기관이 되고, 그 폐지 시기가 다른 것도 당연하다. 『조선왕조실록』의 언문청 폐지 기사가 잘못된 것이라고 볼 필요도 없다. 사실, 『조선왕조실록』과 같은 사료에 기록된 내용이 잘못되었다고 하려면, 그냥 우리가 세운 전제와 다르기 때문이 아니라 잘못되었다고 판단할 만한 충분한 근거가 있어야 한다. 『조선왕조실록』보다 당시의 상황을 잘 보여주는 문서이거나 당시 사람들의 증언 같은 근거가 필요하다. 우리가 어떤 전제를 가지고 사료를 보면 엉뚱한 결론에 도달할 수 있다. 『조선왕조실록』에서 세종이나 최만리가 언문을 두고 논란하였음에도 불구하고, 우리는 언문이 아니라 훈민정음을 중심으로 생각해 온 것도 그런 사례다. 『조선왕조실록』의 기사가 이상하게 보이는 것은 우리의 전제가 잘못되었기 때문일 수 있으며, 모순된 것처럼 보이는 기사야말로 의외의 진실을 전해줄 수도 있다.

이제 언문청과 정음청이 서로 다른 기관일 수도 있다는 새로운 전제를 가지고 접근해 보고자 한다. 언문청은 언제 설치되었을까? 그 시점은 대개 1447년 11월로 보고 있다.[109] 만약 그렇다면 참으로 이상

---

109 천병식, 앞의 논문, 28쪽.

한 일이다. 무엇보다도 1446년 9월에 훈민정음이 공식적으로 반포되었는데, 왜 정음청이 아니고 언문청이라는 기관이 설치되었을까? 이 시점이라면 당연히 정음청이라는 기관이 설치되어야 할 것이다. 그런데 이 또한『조선왕조실록』의 오류라고 보아 언문청은 정음청을 잘못 표기한 것이라고 해야할 것인가? 과연『조선왕조실록』은 오류투성이의 사료인가?

그러나 언문청의 설치 시기를 1447년 11월로 보는 견해는『조선왕조실록』을 잘못 해석한 결과일 뿐이다. 언문청은 그 시점에 이미 설치되어 있었다. 이처럼 언문청과 정음청에 대한 논의가 관련 사료의 해석조차 제대로 이루어지지 않은 상태에 머물러 있는 것은 대단히 유감스러운 일이다.

언문청은 언제 설치되었는가?

언문청에서 진행된 가장 중요한 작업으로『용비어천가』를 들 수 있다.『용비어천가』야말로 1443년에 창제된 언문으로 이루어진 최초의 편찬물이다.『용비어천가』에 앞서는 언문으로 쓰인 저작물은 존재하지 않는다.『용비어천가』가 그 모습을 드러낸 것은 1445년 4월 5일이다. 권제 정인지 안지 등이『용비어천가』10권을 올렸다고『조선왕조실록』이 기록하고 있고『국조보감』에도 1445년에『치평요람』과『용비어천가』를 찬술하게 하였다는 내용이 보인다.

그런데『용비어천가』가 일단 완성된 다음 다시『태조실록』을 바탕으로「용비시(龍飛詩)」를 첨입하도록 하는 일이 있었다. 세종 28년 (1446) 11월 8일조에 『태조실록』을 내전에 들여오도록 명하고 언문청을 설치하여 사적을 상고해서「용비시」를 첨입하게 했다는 것이다. 종래 이 기사를 언문청이 처음으로 설치된 사실을 보여주는 것으로 이해하였다. 이러한 해석은 우선 훈민정음이 완성되었는데 왜 정음청이 아니라 언문청이라는 용어를 썼는가라는 의문을 낳는다. 또한 당시까지 진행된 『용비어천가』의 편찬 작업은 언문청과 무관한 작업이 되어 버린다. 그러나 이 기사를 언문청의 설치 기사로 보는 것은 원문의 오독에 불과하다. 『조선왕조실록』의 내용은 다음과 같다. 이 번역에는 오역이 포함되어 있지만, 오역 자체가 사실 판단과 밀접하게 연관되어 있기 때문에 그대로 옮겨 보았다(오역을 밑줄을 그어 표시하였다).

임신, 태조실록(太祖實錄)을 내전(內殿)에 들여오기를 명하고, 드디어 언문청(諺文廳)을 설치하여 사적(事迹)을 상고해서 용비시(龍飛詩)를 첨입(添入)하게 하니, 춘추관(春秋館)에서 아뢰기를, "실록(實錄)은 사관(史官)이 아니면 볼 수가 없는 것이며, 또 언문청(諺文廳)은 얕아서 드러나게 되고 외인(外人)의 출입이 무상(無常)하니, 신 등은 매우 옳지 못하였다고 여깁니다."고 하였다. 임금이 즉시 명령하여 내전(內殿)에 들여오게 함을 돌리고, 춘추관 기주관(記注官) 어효첨(魚孝瞻)과 기사관(記事官) 양성지(梁誠之)로 하여금 초록(抄錄)하여 바치게 하였다.

壬申, 命太祖實錄入于內, 遂置諺文廳, 考事迹, 添入龍飛詩. 春秋
館啓, "實錄, 非史官, 不得見. 且諺文廳淺露, 外人出入無常, 臣等
深以謂不可." 上卽命還入內, 令春秋館記注官魚孝瞻˙記事官梁誠
之抄錄以進.[110]

통설에서는 이 내용을 언문청의 설치에 관한 것이라고 본다. 그러
나 그렇지 않다. 이 기사는 『태조실록』을 비치한 장소를 문제 삼는 것
이지, 언문청의 설치를 보여주는 것이 아니다. 『태조실록』은 먼저 내
(內) 즉 금내(禁內)로 들어왔다. 궁중으로 들어온 것이다. 일단 궁중으
로 들어온 『태조실록』을 마침내 언문청에 두도록 한 것이다. 이는 언
문청이 『용비어천가』에 관한 일을 맡고 있었기 때문일 것이다. 그런
데 춘추관에서 『태조실록』을 두기에 언문청이 위치가 얕고 사람들에
게 노출되어 있다고 하니, 다시 『태조실록』을 궁중으로 들였다는 것
이다.

이 기사를 언문청을 처음으로 설치한 기사로 읽으면, '수(遂)'와
'환(還)'이라는 글자의 의미를 이해할 수 없게 된다. 이 기사는 물론
여러 날 사이에 진행된 사건을 압축한 것이겠지만, 언문청의 설치기
사로 보기는 어렵다. 언문청이 이때 설치되었고, 『태조실록』을 둔 장
소가 그대로 궁중이었다면, 세종이 다시 궁중으로 들이라고 명령하
는 일은 있을 수 없기 때문이다.

---

110 『세종실록』 세종 28년 11월 8일(임신).

또 바로 언문청으로 하여금 사적을 살펴서 「용비시」를 첨입하게 하는 작업을 지시했다는 것도 이해하기 어렵다. 언문청을 설치할 위치나 건물을 정하고, 언문청에 속할 관인을 선정해야 하기 때문이다. 그런데 바로 「용비시」를 첨입하는 작업을 맡도록 한 것이다. 「용비시」 첨입을 위한 인선도 되지 않은 상태에서 문제가 노정되어 춘추관에서 계문을 올렸다고 보기 어렵다. 실록은 사관만 보아야 한다면, 「용비시」 첨입을 사관에게 맡기면 될 일이다. 그런데 이렇게 반대한 것은 이미 그와 관련된 조직과 인력이 정해져 있었기 때문이라고 할 수 있다.

따라서 "수치언문청(遂置諺文廳)"의 '치(置)'는 설치한다는 뜻이 아니고 비치한다는 뜻이며, "수치(태조실록우)언문청(遂置(太祖實錄于)諺文廳)"과 같이, 『태조실록』을 보완하여 읽는 것이 옳다. 즉 언문청은 1446년 11월 8일 이전 시점에 이미 설치되어 있었던 것이다. 실제로 『훈민정음』 해례본을 최종적으로 완성시킨 기관이 언문청일 가능성도 있다. 이렇게 보면 『훈민정음』이 완성된 이후 언문청을 설치하였다는 사료의 부자연스러움도 해소될 수 있다.

그렇다면 과연 '치(置)'라는 한자는 목적어와 전치사에 해당하는 우(于)를 갖지 않고 '비치하다'라는 뜻으로 쓰일 수 있을까? 그러한 용례는 『조선왕조실록』에서 많이 확인할 수 있다. 『태조실록』에 실린 권근의 상서(上書)에 보이는 '소환우조, 탁치추부(召還于朝, 擢置樞府)'라는 구절은, 권근을 "조정으로 돌아오게 하여 (그를) 발탁하여 추부(樞府)에 두었다는 뜻이다.[111] 추부를 설치한 것이 아니라 권근을 추부에 배치한 것이다(擢置權近于樞府). '봉위강녕대군, 치대왕비전(封爲江寧大君, 置大王妃殿)'[112] 역시 대왕비전을 설치한 것이 아니고 강녕대군을 대왕비전에 있도록 한 것이다. '범명지원자이헌, 명치사복시(梵明持猿子以獻, 命置司僕寺)'[113]도 사복시를 설치한 것이 아니라, 범명이라는 승려가 가져온 원숭이 새끼를 사복시에 두었다는 뜻이다. 최무선의 졸기에 보이는 '유일상이조지대, 청치기가(有一商以粗知對, 請置其家)'[114] 역시 집을 설치한 것이 아니라 화약 제조법을 대충 안다고 한 중국 상인을 최무선 자기 집에 둘 수 있도록 청한 것이다. 세종실록에서도 '상서사마패, 분치본조(尙瑞司馬牌, 分置本曹)'라는 구절은 본조(本曹)를 설치한 것이 아니고, 상서사의 사마패를 본조(병조)에 나누어 비치하였다는 뜻이다. 따라서 '치언문청(置諺文廳)'을 앞에 보이는 태조실록을 언문청에 둔 것이라고 해석하는 것은 '치(置)'의 의미와 용법에서 벗어나지 않는다.

물론 '치(置)'를 일반적인 용례에 따라서 해석하면 언문청을 설치하였다고 볼 수도 있다. 과연 그렇게 해석할 수 있는지 기사의 후반부 내용을 통하여 다시 한 번 검증해 보자. 춘추관의 계문은 두 가지 사실을 지적하고 있다. 하나는 실록은 사관이 아니면 볼 수 없다는 것

---

111 『태조실록』, 태조 6년 12월 24일(임인).
112 『태조실록』, 태조 2년 1월 12일(무오).
113 『태조실록』, 태조 3년 7월 13일(경술).
114 『태조실록』, 태조 4년 4월 19일(임오) 최무선졸기.

이고, 다음은 언문청이 천로(淺露)하여 외인의 출입이 무상하다는 것이었다. 이 두 가지 지적에 대해서 세종은 즉시 두 가지 조치를 취하였다. 첫째는 『태조실록』을 '환입내(還入內)'한 것이고, 둘째는 사관인 어효첨과 양성지로 하여금 『태조실록』의 초록을 만들어 바치라고 한 것이다. 춘추관이 지적한 두 가지 문제점을 해결하기 위한 조치를 취한 것이다. 언문청의 위치가 천로(淺露)하고 외인의 출입이 무상하다고 하였으므로, 궁내로 다시 들여오도록 한 것이고, 사관 이외에는 볼 수 없다고 하였으므로, 사관이 『태조실록』을 읽고 그 초록을 작성하여 올리도록 한 것이다. 사관 이외에는 실록을 볼 수 없다는 원칙을 지킨 것이다.

세종은 「용비시」의 첨입을 원래 『용비어천가』 편찬에 참여한 신숙주·이현로 등에게 맡기고자 하였을 것이다. 그러나 이들은 사관이 아니었기 때문에 『태조실록』을 살피는 일은 어효첨과 양성지에게 시키고 그 초록을 통해서 「용비시」 첨입 작업을 진행할 수밖에 없었던 것이다.

흥미롭게도 『조선왕조실록』의 번역본(고전번역원 및 국사편찬위원회)에서는 '환입내(還入內)'를 '내전에 들어오게 함을 돌리고'라고 번역하였다. 이는 『태조실록』을 궁 안으로 들여오도록 한 명령을 취소하였다는 뜻이고, 그렇다면 『태조실록』은 처음부터 전혀 움직이지 않고 춘추관에 그대로 있었던 셈이다. 이렇게 번역한 이유는 앞부분의 '치언문청(置諺文廳)'을 '언문청을 설치하다'로 해석하였기 때문이다. 그러나 이러한 해석이 성립하려면 우선 '환입내(還入內)'라는 구절이 그렇게 쓰인 용례가 있거나, '환(還)'에 '어떤 행위를 되돌리다'와 같은 뜻이 있어야 한다.

『조선왕조실록』에서는 '환입내(還入內)'가 모두 39차례 검색되는데, 문제의 이 언문청 기사를 제외하면 모두 '도로 안으로 들어가다' 혹은 '도로 안으로 들이다'라는 뜻으로 쓰였다. 결과적으로는 '입내(入內)'하는 것이지, 입내하지 않았다는 뜻으로 쓰인 사례는 없다. 즉 '환(還)' 다음에 동사가 오면 '다시' 또는 '도로'와 같은 부사적인 뜻을 갖는 것이 일반적이다. 따라서 언문청 기사의 '환입내(還入內)'만 일반적인 용례와 반대되는 뜻이라고 보기 어렵다. 다른 경우와 마찬가지로 '다시 안으로 들였다'고 해석해야 한다.

물론 사관들이 국왕이 실록을 보는 것을 극도로 꺼렸기 때문에 『태조실록』이 아예 궁 안으로 들어가지 못했다고 볼 수도 있다. 그러나 이 또한 온당하지 않은 듯하다. 이미 세종은 20년 1월 27일에 『태조실록』을 궁으로 들이게 하였고, 20년 2월 30일에 다시 춘추관으로 돌려보낸 바가 있다.[115] 세종 대의 사관들은 세종이 『태종실록』을 보는 것은 반대했지만, 『태조실록에』 대해서는 이의를 제기하지 않았다. 심지어 『태조실록』은 세종의 명령에 의하여 총서 부분이 크게 개수되었다.[116] 그러므로 실록을 사관만 볼 수 있다고 한 것은 세종을 염두에 두고 한 발언이 아니고 언문청 학사들을 의식한 것이다.

궁으로 들인 『태조실록』을 어효첨 등에게 초록하도록 한 이유는

---

115 『세종실록』세종 20년 1월 27일(임자) 및 2월 30일(갑신).
116 김슬옹, 『조선시대 언문의 제도적 사용 연구』, 66~91쪽.

두 가지로 생각할 수 있다. 초록을 함으로써 『태조실록』을 언문청의 학사들이 직접 보는 일을 막을 수 있다. 한편 『태조실록』의 내용에는 세종도 깊은 관심을 가지고 있었지만, 이 시기에는 건강상의 이유 등으로 정사를 대부분 동궁에게 위임한 상태였다. 『태조실록』의 많은 내용을 세종이 직접 읽기는 어려웠을 것이다. 또한 초록을 하면서 실록의 글씨보다 크게 썼다면 세종이 읽기에 한결 수월하였을 것이다.

그렇다면 언문이 창제된 직후 언문으로 『운회(韻會)』를 번역하게 한 시점이 언문청 설치의 상한선이라고 할 수 있다.[117] 그러나 실제로 언문청의 존재를 확인할 수 있는 시점은 1446년 11월 8일이다. 과연 그 사이에는 언문청의 존재를 보여주는 자료가 없을까?

『조선왕조실록』에 의하면 집현전 부수찬이었던 신숙주로 하여금 요동에 가서 운서에 대하여 질문하고 오도록 한 시점이 세종 27년(1445) 1월 7일이다.[118] 신숙주의 신도비명[119]이나 행장[120]을 보면, 공통

---

117 『세종실록』 세종 26년 2월 16일(병신). 命集賢殿校理崔恒, 副校理朴彭年, 副修撰申叔舟·李善老·李塏, 敦寧府注簿姜希顔等, 詣議事廳, 以諺文譯韻會, 東宮與晉陽大君瑈´安平大君瑢監掌其事. 皆稟睿斷, 賞賜稠重, 供億優厚矣.

118 『세종실록』 세종 27년 1월 7일(신사). 遣集賢殿副修撰申叔舟´成均注簿成三問´行司勇孫壽山于遼東, 質問韻書.

119 『保閑齋集』 附錄 李承召撰 碑銘. "世宗以諸國各製字. 以記國語. 獨我國無之. 御製字母二十八字. 名曰諺文. 開局禁中. 擇文臣撰定. 公獨出入內殿. 親承睿裁. 定其五音淸濁之辨, 紐字諧聲之法. 諸儒受成而已. 世宗又欲以諺字翻華音. 聞翰林學士黃瓚以罪配遼東. 命公隨朝京使入遼東. 見瓚質問. 公聞言輒解. 不差毫釐. 瓚大奇之. 自是往返遼東凡十三."

120 『保閑齋集』 부록 강희맹찬 문충공행장. "上以本國音韻與華語雖殊. 其牙 , 舌 , 脣 , 齒 , 喉淸濁高下. 未嘗不與中國同. 列國皆有國音之文. 以記國語. 獨我國無之. 御製諺文字母二十八字. 設局於禁中. 擇文臣撰定. 公實承睿裁. 本國語音訛偽. 正韻

적으로 언문(諺文)을 창제한 직후에 금중(禁中)에 서국(書局)을 설치하고 신숙주가 훈민정음과 관련된 일을 맡았다는 내용이 보인다.

세종께서 여러 나라가 각기 글자를 제정하여 자기나라 언어를 기록하고 있는데, 유독 우리나라만 없으므로 자모(字母) 28자를 제정하여 이름을 언문이라 하고, 서국(書局)을 금중(禁中)에 설치하고 문신(文臣)을 선택해서 찬정(撰定)하게 하였다. 공이 홀로 내전(內殿)에 출입하여 친히 성지(聖旨)를 받들어 그 오음(五音) 청탁(淸濁)의 분별과 유자(紐字) 해성(偕聲)의 법을 정하고 여러 유사(儒士)는 수성(守成)할 따름이었다. 세종께서 또 언문 글자로써 화음(華音)을 번역하고자 하여 한림학사 황찬(黃瓚)이 죄를 지어 요동에 유배되었다는 말을 듣고 공에게 명하여 조경사(朝京使)를 따라 요동에 들어가서 황찬을 만나서 질문하게 하였다. 공은 말만 들으면 문득 해득하여 털끝만큼도 틀리지 아니하니 황찬은 크게 기이하게 여겼다. 이로부터 요동에 다녀온 것이 무릇 열세 번이었다.[121]

주상께서 우리나라의 음운이 중국어와 비록 다르지만, 그 아·설·순·치·후음, 청탁과 고하가 중국과 더불어 같지 않음이 없으며, 여러 나라가 모두

失傳. 時適翰林學士黃瓚以罪配遼東. 乙丑春. 命公隨入朝使臣到遼東. 見瓚質問音韻. 公以諺字翻華音. 隨問輒解. 不差毫釐. 瓚大奇之. 自是往還遼東凡十三度."

121 『續東文選』권20 신숙주 문충공 묘비명. "世宗以諸國各製字, 以記國語. 獨我國無之. 御製字母二十八字, 名曰諺文. 開局禁中, 擇文臣撰定. 公獨出入內殿, 親承睿裁. 定其五音淸濁之辨. 紐字偕聲之法. 諸儒守成而己. 世宗又欲以諺字飜華音. 聞翰林學士黃瓚以罪配遼東. 命公隨朝京使入遼東 見瓚質問. 公聞言輒解, 不差毫釐. 瓚大奇之. 自是往返遼東凡十三."

나라말의 문자가 있어서 그 나라말을 기록하는데, 오직 우리나라만 없으므로, 언문 자모 28자를 직접 지으시고, 금중(禁中)에 국(局)을 설치하고, 문신을 택하여 찬정토록 하였는데, 공이 실로 주상의 선택을 받았다. 우리나라의 어음이 그릇되고 잘못되어, 올바른 운이 전해지지 않았다. 이때 마침 한림학사 황찬이 죄를 지어 요동에 유배되었다. 을축년 봄에 공에 명하여 입조 사신을 따라 요동에 가서 황찬을 만나 음운을 질문하게 하였다. 공이 언자(諺字)로 중국음을 옮겼는데, 물으면 곧 답하여 털 끝만큼도 틀림이 없으니, 황찬이 크게 기이하게 여겼다. 이때부터 요동을 왕래한 것이 무릇 열세 차례였다.[122]

이 두 자료에 의거하면 언문을 제정하고 나서, 바로 서국 혹은 국을 금중에 설치하고 문신을 선택하여 찬정하게 하였다는 내용이 보인다. 그런데 서국을 설치한 시점이 신숙주가 요동의 황찬을 찾아간 시점보다 앞선다. 즉 언문을 창제한 1443년 12월 30일 이후 1445년 1월 이전에 이미 궁중에 서국이 설치되고 그곳에서 신숙주가 찬정(撰定)하는 일을 맡은 것이다. 이때 설치된 서국이 언문청일 가능성이 있으며, 설치 시점을 1444년 중으로 보아야 할 것이다.

한편 『용비어천가』의 완성 시기는 1445년 4월이다. 그리고 다시

---

122 『保閒齋集』卷十一附錄 行狀(晋山 姜希孟 撰). 上以本國音韻與華語雖殊, 其牙舌脣齒候淸濁高下, 未嘗不與中國同. 列國皆有國音之文. 以記國語, 獨我國無之. 御製諺文字母二十八字, 設局於禁中, 擇文臣撰定. 公實承睿裁, 本國語音, 註僞正韻失傳. 時適翰林學士黃瓚, 以罪配遼東. 乙丑春, 命公隨入朝使臣到遼東, 見瓚質問音韻. 公以諺字翻華音, 隨問輒解, 不差毫釐, 瓚大奇之. 自是往還遼東. 凡十三度.

이미 완성된 『용비어천가』에 한자로 된 「용비시」를 첨입하는 일을 시작한 것이 1446년 11월 8일이고, 그 일을 맡은 기관은 언문청이다. 그렇다면 1445년 4월에 『용비어천가』를 완성시킨 기관 역시 언문청일 가능성이 크다. 1445년 4월에 『용비어천가』의 언문 가사가 완성되었다면 그 작업은 1444년 단계에서는 진행 중이었던 셈이고, 언문은 우리말로 『용비어천가』를 짓는 유용한 수단이 되었다고 하지 않을 수 없다.

언문청과 관련된 자료로는 그 밖에도 다소 문제점이 있지만 성현의 『용재총화』를 들 수 있다. 성현(1439~1504)은 세종이 언문청을 설치하고 신숙주 성삼문 등에게 명하여 언문을 만들게 하였다고 기록하였다.[123] 물론 이 내용에는 오류가 있다. 예를 들어 성현은 언문으로 『홍무정운』을 썼다고 하였고, 설음에 정반(正反)의 구별이 있다고 하였으므로 이는 『훈민정음』 언해본의 지식을 반영하고 있고, 또 『홍무정운역훈』은 그 서문에서 분명히 정음으로 그 음가를 나타내었다고 하였다. 따라서 언문이라고 한 것은 훈민정음이 분명하다. 따라서 첫머리에서는 언문청을 설치하고 언문을 만들었다고 한 것은 훈민정음을 잘못 말한 것이다. 그렇지만 언문청은 어떨까? 언문청에서 언문을 만들었다는 내용은 이상하지만, 언문청의 설치 시점으로는 별 문제

---

123 『용재총화』 "世宗設諺文廳 命申高靈成三問等製諺文 初終聲八字 初聲八字 中聲十二字 其字體依梵字爲之. 本國及諸國語音文字. 所不能記者. 悉通無礙. 洪武正韻諸字. 亦皆以諺文書之. 遂分五音而別之. 曰牙·舌·脣·齒·喉. 脣音有輕重之殊. 舌音有正反之別. 字亦有全淸·次淸·全濁·不淸·不濁之差. 雖無學婦人無不瞭然曉之 聖人創物之智 有非人力之所及也."

가 없는 것이 아닐까? 신숙주 행장 등에 보이는 언문 창제 후에 설치된 서국이 언문청이었음을 반영하고 있을 가능성이 있다. 그런데 그가 언문과 훈민정음을 착각한 것은 그가 활동하던 시기에 이미 정음청은 없어지고 언문청만 남아있었고, 과거나 취재에서도 더 이상 훈민정음을 시험하지 않았기 때문에 언문이라고 하였을 가능성도 있다.

한편 언문청과 관련된 인물로 이현로와 최읍이 보인다. 이현로와 최읍이 만난 것이 언문청이고, 이현로는 언문청을 처음 설치할 때 참여하였다고 하였다.[124] 이현로는 초명이 이선로(李善老)였다. 이선로는 1444년에 집현전 부수찬으로서 최항, 신숙주 등과 함께 『운회』를 번역하는 일에 참여하였다.[125] 1446년에 『훈민정음』 해례본이 완성되었을 때 정인지가 쓴 서문에 역시 집현전 수찬으로 이선로의 이름이 보인다.[126] 또한 1447년 『동국정운』이 완성되었을 때 신숙주가 쓴 서문에도 수병조정랑 이현로가 보인다.[127]

이선로(이현로)는 언문청을 처음 만들었을 때부터 참여한 인물이

---

124 『세종실록』세종 31년 1월 27일(무신). "初賢老與崔浥同在諺文廳, 相從已久." 및 『세종실록』세종 31년 3월 26일(병오). "上曰,"賢老之父孝之, 予原從也. 予本不知賢老, 初置諺文廳時, 賢老亦與焉, 乃始知之."

125 『세종실록』세종 26년 2월 16일(병신). 命集賢殿校理崔恒´副校理朴彭年´副修撰申叔舟·李善老·李塏´敦寧府注簿姜希顏等, 詣議事廳, 以諺文譯韻會, 東宮與晉陽大君瑈´安平大君瑢監掌其事. 皆稟睿斷, 賞賜稠重, 供億優厚矣.

126 『세종실록』세종 28년 9월 29일(갑오). "於是, 臣與集賢殿應敎崔恒´副校理朴彭年·申叔舟´修撰成三問´敦寧府注簿姜希顏´行集賢殿副修撰李塏·李善老等謹作諸解及例, 以敍其梗槩, 庶使觀者不師而自悟."

127 『세종실록』세종 29년 9월 29일(무오). "爰命臣叔舟及守集賢殿直提學臣崔恒´守直集賢殿臣成三問·臣朴彭年´守集賢殿校理臣李愷´守吏曹正郎臣姜希顏´守兵曹正郎臣李賢老´守承文院校理臣曺變安´承文院副校理臣金曾."

라고 하였는데, 그는 신숙주와 함께『운회』를 번역하는 일에도 참여하였다. 또한『훈민정음』해례본 작업과『동국정운』편찬에도 참여하였다. 따라서『훈민정음』해례본 작업과『동국정운』편찬이 언문청에서 이루어졌음을 알 수 있으며, 신숙주의 비명과 행장에서 나타나는 내용과도 부합된다. 또한 언문청이 만약 현재의 통설처럼 1446년 11월 8일에 설치되었다면, 2년 3개월 정도가 지난 1449년 1월 7일에 세종이 언문청에서 이현로와 최읍이 상종한 지가 오래되었다고 하지 않았을 것이다. 1444년에 설치되었다고 보면, 만 5년 정도가 경과한 시점이 된다.

또한 언문청이 정음청으로 개칭되지 않았다는 사실도 확인할 수 있다. 만약 그런 일이 있었다면 세종이 굳이 언문청이라는 표현을 거듭 사용하지 않았을 것이기 때문이다. 또 언문청이 정음청으로 바뀌었다면 정음청이 설치된 이후에는 언문청이라는 용어가 나타나지 않아야 할 것이다. 그런데 언문청 폐지 기사 이외에도 정음청이 있었던 시기에 언문청이라는 용어는 보인다.

이처럼 언문청에 소속되어 있었던 이선로(이현로)가 운회의 번역,『훈민정음』해례본 작업,『동국정운』에 참여한 것을 보면, 언문청에서『훈민정음』해례본과『동국정운』이 만들어졌음을 알 수 있다.

그런데 일단 훈민정음 및 이와 밀접한 관련을 가진『동국정운』이 완성되자,『홍무정운』의 번역 업무를 전담하는 정음청이 설치되었을 가능성이 있다. 정음청의 설치시기는 구체적으로 기록되어 있지 않으나, 문종대의 정음청 폐지와 관련된 논의를 통해서 세종 대에 이미

설치된 사실을 알 수 있다.[128]

시기	1443	1444		1445	1446~	1447	1451	1452	1506
언문청	언문창제	언문청 설치			태조실록				폐지
사업		撰定	신숙주						
		운회번역	신숙주 이선로						
		훈민정음	신숙주 이현로		해례본		언해사업		
		동국정운	신숙주 이현로			완성			
		용비어천가	정인지	완성		반포			
		홍무정운역훈	신숙주					완성	

【표 11】 언문청의 편찬사업과 주요 관련 인물

정음청은 어디에 있었는가?

언문청과 정음청을 그냥 동일한 기관으로 보았기 때문에 간과되어 온 문제는 또 한 가지가 있다. 언문청과 정음청이 동일한 위치에

---

128 이 기사에 대하여 이숭녕선생은 정음청을 대군들이 설치한 것으로 보았으나, 이는 세종이 설치한 것으로 보아야 할 것이다. 이숭녕, 「주자소 책방 정음청의 상호관계에 대하여」, 『동대논총』2-1, 1971, 7쪽.

있었는지를 검증하지 않은 것이다. 언문청과 정음청이라는 용어가 동일한 기관의 이칭이었다고 한다면, 당연히 언문청과 정음청은 같은 장소에 있어야 한다. 과연 언문청과 정음청은 같은 장소에 있었던 것일까?

이미 앞에서 다룬 『태조실록』과 언문청의 기사를 통해서 언문청의 위치를 짐작할 수 있다. 언문청은 내(內) 즉 금내(禁內) 바깥에 있었음을 알 수 있다. 이에 대해서 정음청은 금내(禁內) 즉 내정(內廷) 공간에 있었던 것으로 보인다.

우선, 정음청·책방·사표국은 같은 곳에 있었다. 그런데 사표국은 금중에 있었던 것이 분명하다. 우선 세종 27년 5월 9일조에 의하면 세종이 염초를 비밀리에 제작하고자 하여, 내사복 남쪽에 사표국을 설치하였다는 내용이 보인다.[129] 또한 문종 1년 6월 8일조에도 사표국에 대한 다음과 같은 기사가 있다.

"잠실(蠶室)도 조관이 맡는 것인데 중관으로 하여금 맡게 하고, 또 사표국(司豹局)을 금중(禁中)에 따로 두어 중관을 시켜서 맡게 하였는데, 이제 다시 이렇게 하면, 중관이 맡는 일이 점점 넓어져서, 장차 생길 폐단을 염려하지 않을 수 없습니다."하였으나, 윤허하지 않았다.[130]

---

129 『세종실록』 세종 27년 5월 9일(임오). "僉曰, '今聞聖教, 備知其故. 於內司僕, 秘密爲之便.' 從之. 其所煮比前倍蓰, 上喜, 別置局于內司僕之南, 名曰司礮局, 命宦官掌其事."

130 『문종실록』 문종 1년 6월 8일(을해). "復啓曰, '蠶室, 亦朝官所掌, 而令中官掌之, 又別置司礮局于禁中, 使中官任之, 今復如此, 則中官任事浸廣, 將來之弊, 不可不慮.' 不允."

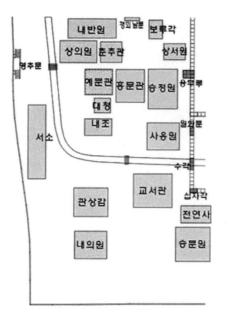

━━ 그림 21 궐내각사 추정도(이정국, 조선전기 경복궁 궐내각사의 건축공간에
관한 연구, 『건축사연구』20-5, 2011, 77쪽)

이처럼 사표국은 세종 27년(1445) 5월 9일에 처음으로 내사복(内
司僕)의 남쪽에 설치하였다. 이를 문종 대에는 금중에 있다고 하였다.
내사복은 금중에서 말과 탈 것을 관리하는 곳이었다. 내사복은 금중
에 있으면서도 금중과의 경계에 있어서, 내사복의 바깥 특히 북쪽은
금중의 바깥으로 인식되었다.[131]

---

131 『태종실록』 태종 18년 2월 28일(기유). "世子謂輔德趙瑞老曰,"吾欲射的如何?" 瑞老

또한 정음청을 직접적으로 언급한 자료에서도 정음청의 위치를 짐작할 수 있다. 다음 사료에서는 상의원이 가까이 궐내에 있으니 정음청과 다를 바가 없다고 하였다. 그런데 상의원은 궐내각사 중에서도 가장 영추문 쪽에 붙어 있는 관사이다. 그렇다면 정음청은 상의원보다 훨씬 가까운 곳에 있었던 셈이다. 궐내를 가까운 곳이라고 하였으므로, 정음청은 그보다 더 가까운 곳 즉 금중에 있었던 것이다.

정음청(正音廳)의 일은 대간(臺諫)에서 이를 말하였고, 대신도 또한 이를 말하였습니다. 이제 곧 이를 혁파하여 주자소(鑄字所)에 내보내니 사람들이 모두 기뻐합니다. 그러나 사람들이 말하기를, '정음청의 간각(間閣)이 많고 또 견고하니, 무용(無用)의 장소를 만들지 말고 이곳에서 다른 일을 다시 시작하는 것이 마땅하다.'고 합니다. 이제 과연 상의원(尙衣院)과 군기감(軍器監)으로 하여금 여기에 모이게 하여 갑옷을 만든다면, 신은 생각건대 국가에서 비록 무사한 날을 당하더라도 병기와 갑옷은 정련하지 아니할 수 없는 것인데, 하물며 대적(大敵)이 국경에 임한다는 보고가 있으니 병기와 갑옷 만드는 일을 늦출 수가 있겠습니까? 그러나 상의원과 군기감이 분사(分司)하여 직사(職事)에 이바지한다면 본사(本司)의 일을 돌아보지 아니할 것이니, 실로 옳지 않습니다. 상의원과 군기감으로 하여금 각각 본사에 있으면서 갑옷 만드는 일을 감독하게 하고, 또 맡은 바 일을 다스리게 하는 것이 거의 양쪽으로 편할 것입니

曰, "大君之喪, 已過三七日, 可以射矣." 世子出內司僕門外, 射二百三十餘步."

다. 또 상의원은 가까이 궐내(闕內)에 있으니 정음청(正音廳)과 어찌 다르겠습니까?"[132]

물론 궐내와 금내(금중)라는 용어는 엄밀하게 구별되어 쓰이지 않은 경우도 있다. 그러나 일반적으로 궐내는 경복궁 영역 전체를 뜻하는 말이다. 즉 궐내는 왕실의 사적 공간인 내정(內廷)과 공적 공간인 외정(外廷)을 모두 아우르는 말이다. 그러나 금내 혹은 금중은 경복궁 영역 안에서도 왕실의 사적 공간을 뜻하는 것으로 볼 수 있다. 따라서 금내(금중)라는 용어를 궐내로 확대해서 번역해서는 안된다. 『조선왕조실록』에서 궐내(闕內)라는 용어는 1459회가 나오는 반면에 금중은 505회, 금내는 80회가 나온다. 세종 문종 단종대로 좁혀 보면, 궐내는 56회(42회, 9회, 5회), 금중은 24회(13회, 6회, 5회), 금내는 12회(9회, 0회, 3회)가 나온다.

금중이라는 용어는 환관, 양녕대군, 집현전, 진양대군·안평대군, 김문, 효선문(문소전), 수양대군, 소헌왕후(승려 기도), 불상 조성, 사리 안치, 사표국(2회), 성삼문(文墨), 이징석(李澄石, 都鎭撫), 중궁명위(中宮名位), 서액문(西掖門)과 관련되어 보인다. 금내는 세자, 세자·경회

---

132 『문종실록』 문종 즉위년 12월 24일(갑오). "正音廳之事, 臺諫言之, 大臣亦言之. 今乃罷之, 出諸鑄字所, 人皆喜焉. 然人言曰, '正音廳間閣, 多且牢堅, 終不爲無用之地, 行當復起他事於此矣.' 今果令尙衣院, 軍器監, 聚會於此造甲, 臣以謂, 國家雖當無事之日, 兵甲不可不鍊, 況有大敵臨境之報, 兵甲之造, 其可緩乎? 然尙衣院, 軍器監, 分司供職, 則不顧本司之事, 實爲不可. 令尙衣院, 軍器監, 各在本司, 監督造甲, 又治所掌之事, 庶爲兩便. 且尙衣院, 近在闕內, 與正音廳, 奚異哉?"

루, 봉상시윤(奉常寺尹), 불당(佛堂), 문소전·불당, 책방·묵방·화빈방·조각방, 최항(直禁內), 유자황(直禁內) 등과 관련되어 보인다. 대부분이 내정 공간을 의미하는 것으로 보인다.

이에 대해서 궐내는 전내궐내당직(殿內闕內當直), 서운관 천문비기를 궐내로 이동한 일, 추국문안을 궐내로 들인 일, 사직제사, 화붕(火棚), 시녀, 궐내복식, 궐내연등, 궐내입번, 궐내번상, 승정원, 양녕대군, 야인의관하사(野人衣冠下賜), 궐내복용(闕內服用), 궐내공제무(闕內供諸務), 궐내급사(闕內給事), 궐내의식공상(闕內依式供上), 황중생(黃仲生, 小親侍), 이순몽(李順蒙, 闕內忿爭), 좌부(左符), 궐내용주(闕內用酒), 궐내지비(闕內之費), 빈객(賓客) 접대 등으로 보인다. 이처럼 궐내는 금내를 포함하지만, 금내는 궐내 중에서도 특정한 지역을 제한적으로 나타내는 것으로 볼 수 있다.

사표국을 기준으로 생각하면 정음청과 책방, 사표국은 모두 금중에 있었던 것이 분명하다. 뒤에서 언급할 바와 같이, 이들 기관이 함께 문제가 되고 또 폐지되기에 이르게 된 것은 모두 궐내가 아닌 금중에 위치하였고, 환관들이 간여하여 신하들의 의혹의 표적이 되었기 때문이다.

그러나 언문청은 앞에서 살펴본 바와 같이 『태조실록』을 비치하기에는 얕고 드러나 있으며, 사람들의 출입이 빈번한 곳이라고 하였다. 만약 언문청이 금중에 있었다면 이렇게 말하지 않았을 것이다. 또한 정음청은 간각(間閣)이 많고 견고하다고 하였고, 갑옷을 제작할 수 있을 정도로 넓은 공간을 갖추고 있었다. 또 주자 등을 비치하는 데도 주자소보다 더 여유가 있다고 하였다. 그래서 갑옷을 만드는 공간으로도 사용되었던 것이다.

다만 언문을 창제한 직후에 금중에 서국을 설치하였다는 신숙주 행장의 기록이 문제가 된다. 이 서국을 언문청으로 추정하였으므로, 언문청도 금중에 있었던 셈이 된다. 그러나 행장과 비명의 표현은 신숙주의 공적을 드러내기 위하여 과장이 있을 수 있다. 신숙주가 요동을 왕래한 회수에 관해서도 다소 부풀려져 있다.[133] 또한 『홍무정운』 역훈 작업이 금중에 있는 정음청에서 이루어졌다면, 신숙주가 금중에 있으면서 세종과 빈번하게 접촉한 사실을 소급해서 기록하였을 가능성이 있다. 『세종실록』과 같은 관찬 사료와 비교하면 행장과 비명은 개인을 위한 것이므로, 언문청의 위치가 천로하고 외인의 출입이 일정하지 않다고 한 『세종실록』의 기록에 무게를 두고자 한다.

한편 사헌부 및 대신들이 정음청의 폐지를 집요하게 주장한 배경은 좀 더 깊이 생각해 볼 필요가 있다. 금내에 있는 건물들은 왕의 편전, 왕과 왕비의 침전, 후궁들의 공간처럼 모두 왕실의 사적인 목적에 부응하는 것이다. 그런데 정음청은 여러 가지 면에서 공적으로 설치되어 있는 기관들과 중복되는 기능을 가지고 있다. 특히 주자소의 주자를 들여와 주자소와 같이 책을 인쇄하는 일을 담당하였다. 즉 국가가 공적으로 해야할 일을 왕실이 사적으로도 영위한 셈이다. 또한 정음청이라는 기관이 금내에 있었기 때문에 신하들이 어떤 일을 하는

---

133 신숙주가 직접 작성한 『홍무정훈역훈』의 서문에서 요동을 다녀온 것이 7~8회라고 하였다(『보한재집』).

지 정확히 알기도 어렵다.

표면적으로는 신하들은 정음청이 공적인 조직과 업무가 중복된 다고 하면서 폐지를 주장하고 있지만, 본래 의도는 왕이 사적인 시설을 소유하고 자의적으로 운용하지 못하도록 하려는 데 있었던 것으로 보인다. 주자소에서 서적을 인쇄할 때는 신하들 간에 공론화되어 인쇄 여부를 결정할 수 있지만, 정음청에서 주자를 가지고 불경을 인쇄하는 일은 뒤늦게 신하들이 알아서 대응할 수밖에 없는 것이다. 또한 환관이나 대군들이 그 일을 주관하는 경우에 더욱 내밀하게 일이 진행될 수 있는 상황이었다. 따라서 신하들이 정음청의 존재에 극히 민감하게 반응하였고 그 폐지를 집요하게 주장하였던 것이다. 따라서 정음청은 극히 단명한 기관이었다. 존속기간은 훈민정음이 반포된 1446년 경에서 단종 즉위년인 1452년까지 불과 6년에 불과하였던 셈이다. 그리고 세종이 승하하고 문종이 즉위한 1450년부터 집요한 폐지 요구에 시달렸다.

정음청에서는 어떤 일을 하였는가?

정음청이 순수하게 훈민정음과 관련된 연구나 서적의 편찬을 행한 기관이 아니라는 의문은 일찍부터 제기되어 왔다.[134] 김동욱은 책

---

134 이숭녕, 「주자소 책방 정음청의 상호관계에 대하여」, 『동대논총』 2-1, 1971, 96쪽.

방 묵방 화빈방 조각방 등 여러 방을 포함하는 범칭으로 정음청이라고 하였으므로, 책방도 정음청의 일부로 보아야 한다고 하였다. 그래서 정음청에는 책방(인판장인, 장책서원, 서사서원), 화빈방(주자장), 묵방(묵장), 조각방(각자장)을 비롯하여 대군방, 학사방, 유방 등의 구성을 추정한 복원안을 제시하였다.[135]

이숭녕 역시 정음청을 오늘날 한글연구아카데미 기관이라고 규정하는 학자도 있지만, 그러한 실증없는 규정은 믿을 것이 못되며, 대군들이 불경 번역과 이를 출판하기 위한 인쇄업무를 맡은 기관이라고 하였다.[136]

그렇다면 과연 정음청은 어떤 기관이었을까? 정음청의 성격을 이해하기 위해서는 부족한 사료지만 정음청에서 실제로 어떠한 일을 하였는지 확인해 볼 필요가 있다. 문종이 정음청 폐지 요구에 직면하였을 때, 폐지를 유예하기 위하여 들고 있는 이유는 불경과 『소학』의 간행이다. 특히 마지막까지 『소학』을 간행하고 있는 중이기 때문에 이를 마치면 정음청을 폐지하겠다고 하였다. 그리고 문종 즉위년 12월 17일에 이르러 「소학」의 인쇄가 완료되었기 때문에 정음청에서 보관하던 주자를 주자소에 돌려주었다고 하였다. 불경에 관해서는 종래에 논의된 바가 있으므로 이 글에서는 「소학」을 중심으로 살펴보고자 한다.

---

135 김동욱, 위의 논문, 122쪽.
136 이숭녕, 위의 논문, 96~97쪽.

그렇다면 정음청이 인쇄한 『소학』은 어떤 『소학』이었을까? 이 시기에 문제가 되는 『소학』은 3가지를 상정할 수 있다. 원래 유자징이 편찬하고 주희가 교열한 『소학』, 설장수가 편찬한 『직해소학(소학직해)』, 명에서 편찬된 『집성소학(소학집성)』이 그것이다. 주자의 『소학』은 일반적인 유생 교육에 사용되었다. 성균관에서도 『소학』 교육이 이루어졌다. 설장수가 편찬한 『직해소학』은 『소학』의 내용을 백화문으로 설명한 것이다. 이 책은 『소학』의 내용을 체득하기 위한 것이라기보다는 중국어를 익히기 위한 교재로 주로 사용되었다. 설장수는 조선에 귀화한 중국 출신의 인물이었고, 『소학』의 내용을 당시 중국어로 평이하게 풀어낸 것이다.

『소학집성(小學集成)』은 『집성소학』 혹은 『제유표제주소집성소학(諸儒標題註疏集成小學)』이라고도 불리며 편찬자는 명(明)의 하사신(何士信)이나 원본의 구체적인 발간연대는 알 수 없다. 세종 7년(1425)에 명에서 100부를 구입해 왔고, 처음 간행된 것은 1429년(世宗 11)이다. 서울대학교 규장각에 소장되어 있는 『소학집성』은 끝에 집현전 부제학 정인지의 발문이 있는데 여기에서 그는 『소학』의 주해로는 『소학집성』이 가장 명비(明備)한데 1429년(世宗 11)에 왕이 주자소(鑄字所)에 명해 간행하게 하여 3개월 만에 일을 끝내 사서오경과 『성리대전』의 각판(刻板)과 같이 두어 모든 사람이 인쇄해 널리 전하도록 하였다고 밝히고 있다. 『조선왕조실록』에도 대응되는 기사가 보인다.[137] 1434년에도 『소학집성』을 인쇄하여 판매하자는 허조의 건의에 따라 『소학집성』을 인쇄한 것으로 보인다.[138]

이처럼 세종대에 가장 활발하게 간행된 소학은 『소학집성』이었다. 『소학집성』은 앞부분에 도설이 있어서 유교제도에 대한 자세한 도면을 싣고 있다. 말로만 설명된 다른 『소학』과 달리, 국가적인 유교제의를 구축하려고 하는 조선의 입장에서는 도면을 갖추고 있는 『소학집성』이야말로 활용도가 가장 높은 문헌이었을 것이다. 1435년에 실제로 얼마나 간행되었는지는 알 수 없으나, 만약 허조의 건의대로 10,000여 본(本)이 간행되었다면, 당시로서는 엄청난 부수의 책을 인쇄한 셈이다. 『소학집성』이 전체 10권, 약 200장, 400쪽으로 이루어져 있기 때문에, 1만부라면 권수로는 10만 권이고, 200만 장 혹은 20만 권(卷)의 종이가 필요한 셈이었다.[139] 따라서 1434년에 완성하지 못하고, 1436년까지 『소학집성』의 인쇄가 계속 이어진 것으로 생각된다.

---

137 『세종실록』 세종 10년 9월 8일(정사). 判府事許稠啓, "小學乃格致誠正之本, 學者之先務也. 今板刓字缺, 未得印看, 學者病焉. 請下臣所曾進集成小學于鑄字所印之." 從之.

138 『세종실록』 세종 17년 4월 8일(기유). (전략) 又啓曰, "集成小學, 切於日用之書, 學者病其難得. 願依惠民局賣藥例, 或紙或米豆, 量給爲本, 令一官一匠掌其事, 印出萬餘本鬻之, 還本於官. 如此則其利無窮, 而於學者有益." 上曰, "予嘗讀史, 有曰, '頒之大矣, 鬻之非矣.' 然卿言固善, 予將行之." 即命都承旨辛引孫曰, "一如稠啓. 非唯小學, 凡諸鑄字所在冊板, 竝宜印之, 其議以啓."

139 세조 때 刊經都監에서는 대장경 50件 즉 50벌을 인쇄하였다. 이를 위해 종이 406,250卷을 전국에서 바치도록 명하였다. 이는 주자소에서 집성소학 10,000本(벌)을 인쇄하였는데, 이에 필요한 종이는 소학 1벌에 200장으로 잡으면 종이 200,000권이 필요하다. 이 두 번의 출간은 조선에서 최대 규모라고 할 수 있다.

특히 주목해야 할 것은『소학집성』이 각 기관이나 학교에 배포할 용도로 만들어진 것이 아니라, 판매할 용도로 만들어진 것이라는 점이다. 당시『소학』을 입수하기가 쉽지 않았기 때문에 허조가 혜민국에서 약을 파는 것처럼, 종이 쌀 콩을 밑천으로 하여『소학』을 인쇄하여 판매할 것을 건의하였고, 세종도 이러한 허조의 건의에 찬동하는 한편,『소학』뿐만 아니라 주자소가 가지고 있는 책판도 모두 인쇄할 수 있도록 논의하라고 하였다.

『소학』은 유교의 기초적 의례를 보여주는 한편, 의례 실천의 중요성 그리고 논리적 교육과의 연관성을 체득하도록 해준다. 성리학적 이념을 바탕으로 건국한 조선으로서는 어떤 문헌보다 시급하게 보급해야 할 문헌이었다. 허조는『근사록(近思錄)』과 사서와『소학』이 서로 표리를 이루는 문헌이므로 큰 글씨로 인쇄하여 국왕이 읽을 때를 대비하고, 신료들에게도 나누어줘야 한다고 했다.

이처럼 조선 초기에 설장수의『직해소학』은 중국어 학습을 위하여 필요한 책이었고,『집성소학』은 개인은 물론이고 각급 학교에도 긴요한 문헌이었다.[140] 따라서 문종이 정음청에서『소학』을 인쇄하고 있기 때문에 그 폐지를 미루겠다고 한 것은 신하들을 납득시킬 수 있는 명분이 될 수 있었던 것이다.

또한 정음청과 주자소가 같이 언급된 이유도 분명하다. 원래『소학』을 인쇄하는 일은 주자소에서 담당하였다. 그런데 정음청 폐지를

---

140 『세종실록』세종 26년 8월 14일(경신). 청주향교에 통감훈의, 성리군서, 근사록, 집성소학 등을 하사한 내용이 보인다.

논의할 당시 주자소의 주자 중 상당 부분을 정음청에 이관해 놓은 상태였다. 이 때문에 신하들은 정음청의 주자를 주자소에 되돌려 놓을 것을 주장하였다.

주자소의 문제는 좀 더 살펴볼 필요가 있다. 문종 즉위년 7월 4일에 문종은 이조에 전지하여 임시로 주자소를 폐지하였다.[141] 이에 대하여 하위지는 주자소가 선왕들이 학문을 숭상하는 아름다운 뜻으로 둔 것인데 갑자기 혁파하는 것은 불가하다고 하였다. 그러자 문종은 혁파하는 것이 아니라 마침 간행하는 책이 없으므로 임시로 파한 것이고, 주자는 원래 장소에 두고 만약 인쇄할 책이 생기면 이전처럼 인쇄하겠다고 하였다.[142] 그러나 문종의 이러한 말은 사실이라고 보기 어렵다. 정음청에서 『소학』을 인쇄하고 있었다면 그 일은 원래 주자소에서 수행해야 할 일이었기 때문이다.

3개월 뒤인 10월 28일에 정음청의 주자를 모두 주자소로 돌려주었고, 관련된 공장(工匠)도 주자소로 돌려보냈다고 하였다. 그리고 정음청에 있는 것은 소소한 서판뿐이라고 하였다.[143] 7월에 문종은 주자를 주자소에 그대로 두겠다고 했지만, 상당한 양을 정음청으로 옮

---

141 『문종실록』 문종 즉위년 7월 4일(병오). 傳旨吏曹, 權罷鑄字所.

142 『문종실록』 문종 즉위년 7월 8일(경술). 掌令河緯地啓, " (중략) 置鑄字所, 祖宗右文之美意也, 於殿下初政, 遽革之無乃不可乎?" 上曰, "信眉稱號, 乃先王所定. 但因不豫未果耳, 非予所爲也. 鑄字所, 非革之也, 今適無可印之書, 故權罷之. 仍置其字于本所, 若有可印之書, 則當令仍舊印之." (하략)

143 『문종실록』 문종 즉위년 10월 28일(무술). (전략) 上曰, "所鑄之字, 皆已出諸鑄字所, 工匠亦皆已屬于鑄字所, 此廳所存, 但小小書板而已. (하략)

겼고 10월에는 이를 다시 주자소로 돌려보냈다고 하였다.[144] 이 또한 사실이 아니었던 것이다. 불과 3일 뒤인 11월 1일에 대사헌 안원경이 정음청의 주자를 주자소에 이미 되돌렸다는 이야기를 듣고 기뻐하였더니, 여전히 정음청에 주자의 절반을 남겨두고 긴요하지 않은 서책을 인쇄하고 있다고 하였다.[145]

실제로 문종 대의 정음청에서는 대군들이 주자를 이용하여 불경을 간행하였다. 이 불경을 통하여 궁중의 부녀와 환관이 그 내용을 쉽게 이해할 수 있게 되었다.[146] 이때 주자를 개성(改成)하였다. 이는 있는 주자를 녹여서 새로운 활자로 만든 것이다. 이로써 보면 주자소의 주자를 정음청으로 옮긴 것은 주자를 개성하는 등의 일을 손쉽게 처리하기 위한 것임을 짐작할 수 있다. 주자를 개성하기 위해서 설치한 관사가 바로 화빈방(火鑌房)이다.

이처럼 정음청과 관련된 일에서 문종이 한 발언은 이해할 수 없는 대목이 적지 않다. 12월 17일에는 문종은 정음청에서 「소학」 인쇄를 마쳤으므로 주자는 주자소로 돌려보내야 하겠지만, 주자소가 좁기

---

144 『문종실록』 문종 즉위년 10월 28일(경오).

145 『문종실록』 문종 즉위년 11월 1일(신축). 經筵. 講畢, 同知經筵事大司憲安完慶啓曰, "上嘗謂臣等曰, '正音廳鑄字, 已還付鑄字所', 聞命實喜. 復聞, '留其半於正音廳, 摸印不緊之書, 令大君監之', 臣等竊惑焉. 自古人君無私, 必付有司, 責成而已. 且前日之敎, 不可輕改. 請亟革罷." 上曰, "正音廳, 非予所設也. 大君輩, 欲印書籍, 因往監之. 予以爲常事, 而不之禁. 近者憲府與諸大臣, 屢言不可, 予欲革之, 然今印小學未畢, 待畢革之."

146 『문종실록』 문종 즉위년 10월 30일(경자) "且於禁內, 改成鑄字, 將印經文, 令宮中婦·寺, 皆得易曉, 聞之者, 莫不驚駭. 自古人主以爲, 宮禁之中, 隱密之事, 外間莫得, 而知者遂乃內實好之, 而外爲正大之言, 貽譏千古者, 多矣."

때문에 주자를 둘 곳이 없다고 하니 그대로 정음청에 두고 주자소 관리가 왕래하면서 관리하면 어떻겠냐고 하였다. 신하들은 물론 여기에 반대하였다.[147] 다시 12월 24일에 이르러서 비로소 주자를 주자소에 돌려보낸 것으로 생각된다.[148]

주자를 돌려보낸 다음 어찌된 일인지 다시 정음청에서는 중국식 갑옷을 만드는 일이 진행된다. 이 문제에 대해서는 신하들은 반대하고 갑옷을 정음청에서 만들 것이 아니라 궐내 관사로 생각되는 상의원과 군기감에서 진행해야 한다고 하였고, 문종은 이에 따르겠다고 하였다.[149]

문종 1년 6월 8일에 이르러 정음청과 더불어 책방, 사표국이 함께 문제가 되었고, 문종은 정음청은 혁파하겠으나, 사표국에서 화약을 만드는 일은 그대로 진행할 의사를 밝혔다. 또한 환관이 그 일을 맡는 것이 문종의 의중을 잘 알고 있을 뿐만 아니라 업무의 전문성도 확보

---

147 『문종실록』 문종 즉위년 12월 17일(정해). 上謂承政院曰, "近日正音廳, 畢印小學, 其鑄字, 當下鑄字所. 然聞, 本所窄狹, 無可藏之處, 仍置正音廳, 令鑄字所官吏, 往來監掌, 何如?" 都承旨李季甸對曰, "宜合置一處, 不可分兩所, 往來掌之." 右承旨鄭昌孫, 往審便否, 竟盡還鑄字所.

148 『문종실록』 문종 즉위년 12월 24일(갑오). "正音廳之事, 臺諫言之, 大臣亦言之. 今乃罷之, 出諸鑄字所, 人皆喜焉. (중략) 予命宦官, 使掌工役者, 無他. 以其常在左右, 悉知予意, 故能專心致力, 事無不成. 以司䄷局之事觀之, 其功課倍於有司所監督, 遠矣. 況宦寺雖掌工役, 安有專權用事之理耶?"

149 위와 같음. (전략) 然人言曰, '正音廳間閣, 多且牢堅, 終不爲無用之地, 行當復起他事於此矣.' 今果令尙衣院 '軍器監, 聚會於此造甲, 臣以謂, 國家雖當無事之日, 兵甲不可不鍊, 況有大敵臨境之報, 兵甲之造, 其可緩乎? 然尙衣院 '軍器監, 分司供職, 則不顧本司之事, 實爲不可. 令尙衣院 '軍器監, 各在本司, 監督造甲, 又治所掌之事, 庶爲兩便. 且尙衣院, 近在闕內, 與正音廳, 奚異哉?" (하략)

할 수 있다고 하여 신하들의 간언을 받아들이지 않았다.[150]

단종 대에 들어서는 단종 즉위년 6월 18일에 가은수라는 사람이
세조를 지목하여 비난하고 정음청을 비난하는 일이 있었다.[151] 이 기
사를 통해서 정음청에서 불경을 간행한 대군 중에 수양대군이 포함
되어 있었음을 짐작할 수 있으며, 가은수를 고변한 인물이 서원(書員)
김여산(金麗山)이라는 인물인 것으로 보아 정음청의 책방이 여전히
존재하고 있었음을 알 수 있다. 그리고 11월 2일에 이르러 정음청이
혁파되었다는 기사가 보인다.[152]

언문청과 정음청은 같다고 볼 필요가 있는가?

지금까지 언문청과 정음청이 동일한 기관이라는 종래의 전제와
달리, 다른 기관일 수 있다는 가정에서 출발하여 살펴 보았다. 그 결
과 무엇보다 언문청의 설치 시기를 보여준다고 생각해온 『조선왕조
실록』 기사를 잘못 읽었음을 확인할 수 있었다. 또 언문청에서 『훈민

---

150 『문종실록』 문종 1년 6월 8일(을해). (전략) 今軍器監, 旣專掌軍器, 而又於禁內修造軍
器, 不責之有司, 而命宦官監督, 恐違文王罔兼之意, 宦寺之勢, 亦由此而鴟張也. 非
特此耳. 又於禁內, 設正音廳'冊房'司磠局, 皆使宦寺任之, 多役工匠, 鑄字所專任書
字, 則冊房'正音廳可無也, 軍器監旣掌熖, 熖則司磠局, 亦可無也. 請罷新設, 竝付有
司." (중략) 上曰, "正音廳, 則予當罷之, 禮賓寺供給之事, 亦改區處, 但修補軍器, 國家
重事, 不可廢也. (하략)

151 『단종실록』 단종 즉위년 6월 18일(기묘). 司鑰可雲秀以不得陞職, 怏怏指斥世祖, 謗訕
正音. 廳書員金麗山聞之, 告于政院. 啓下義禁府鞫之, 杖一百, 贖流二千里.

152 『단종실록』 단종 즉위년 11월 2일(경신). 罷正音廳.

정음』 해례본, 『용비어천가』, 『동국정운』이 편찬되었음을 확인하였다. 다음으로 언문청과 정음청은 서로 다른 장소에 있었을 가능성을 지적하였다.

한편 정음청에서 불경과 「소학」의 간행 이외에 훈민정음과 관련된 구체적인 기능을 확인할 수 없었다. 게다가 환관들이 정음청의 업무에 관여하게 되면서, 유신들이 그 폐지를 강력하게 주장하였다. 결국 문종은 「소학」 간행을 이유로 정음청의 폐지를 미룰 수 있었지만, 단종이 즉위하자마자 정음청은 즉각 폐지되기에 이르렀다. 그러나 언문청은 각종 언해 사업의 중심으로 기능하였다고 볼 수 있고, 언해 사업이 일단락되는 중종 대에 이르러 폐지된 것이다.

원래 언문청은 언문으로 우리말을 나타내는 『용비어천가』의 편찬이라는 사업과 최만리의 상소에서 언문은 운서 번역에 적절하지 않다는 한 지적에 대응하기 위하여 언문을 보완하는 작업을 동시에 진행했다고 볼 수 있다. 한편 「운회」를 번역하는 대신 『동국정운』을 편찬하는 일도 맡은 것으로 보인다. 전자는 정인지 등에 의해서 주도되었고, 후자는 신숙주 성삼문 이선로(이현로) 등이 맡았다. 그러나 일단 언문의 불비를 보완하여 『훈민정음』 해례본이 완성되자, 명목적으로는 훈민정음을 이용한 『홍무정운』의 역훈 사업을 위하여 따로 정음청을 둔 것으로 생각된다.

지금까지 살펴본 내용을 정리하면 다음과 같다.

1. 언문청은 언문이 완성된 1443년 12월 직후부터 신숙주가 황찬을 만나기 위하여 요동을 왕래한 시기인 1445년 1월 이전에 궐내(闕內)에 만들어졌다.

2. 언문청에서 『훈민정음』해례본이 만들어졌고, 『동국정운』도 훈민정음과의 관련성이나 참여 인물(신숙주, 이현로)로 보아 언문청에서 작업이 진행되었을 것이다.

3. 금중에 설치된 정음청은 활자주조, 제판, 인쇄, 제본, 장정, 출판 기능을 모두 갖추고 있는 큰 조직이었다. 특히 책방은 인쇄된 책뿐만 아니라 인쇄를 위한 서판(書板)을 소장하는 기관으로 보인다. 정음청은 책방 사표국과 더불어 왕실의 특수한 목적에 이용된 기관으로 추측된다.

4. 현재 확인되는 바로는 정음청은 훈민정음과 관련된 업무를 수행한 바가 없다. 주자소의 주자를 가져와서 불경과 『소학』을 인쇄하였다.

5. 정음청은 신하들이 강력하게 폐지를 주장하였으나, 언문청에 대해서는 그런 형적이 없다.

6. 『조선왕조실록』의 기록대로, 정음청은 단종 즉위년(1452)에 언문청은 중종 1년(1506)에 폐지되었다고 보더라도 모순되지 않는다.

凡一字有數釋者或不取常用之釋而必
舉別義為用者以今所取在此不在彼也
凡在邊鄙下邑之人必多不解諺文故今
乃幷著諺文字母使之先學諺文次學字
會則庶可有曉誨之益矣其不通文字者
亦皆學諺而知字則雖無師授亦將得為
通文之人矣
凡在外州郡縣布比書每令一依一卷谷

V

언문과 훈민정음은 어떻게 다른가?

V

지금까지 장황하게 훈민정음과 언문이 다를 수 있다는 가능성을 확인하기 위하여, 훈민정음이 과연 우리말을 표기하기 위한 것인지도 따져보고, 훈민정음이 무슨 뜻이고 또 어떻게 사용되었는지도 살펴보았다. 또 언문과 훈민정음이 같다는 일반적인 전제를 검증하기 위하여 언문청과 정음청이 같은 기관인지도 검토해 보았다.

언문과 훈민정음의 차이

언문과 훈민정음의 차이는 과연 무엇일까? 필자의 주장처럼 언문은 문자이고, 훈민정음은 발음기호라면, 언문과 훈민정음은 최종적인 기능이 다를 것이다. 언문은 우리말을 나타내려고 하는 것이고, 훈민정음은 개별적인 음가를 나타내는데 주안점이 있다고 할 수 있다, 과연 그러한 차이를 보여주고 있을까?

『훈민정음』 해례본을 살펴보면, 이러한 예측이 틀리지 않음을 알수 있다. 『훈민정음』 해례본이나 언해본에 보이는 규정들은 초성, 중성, 종성처럼 모두 독립된 음가를 어떻게 나타낼 것인가를 설명하고 있다. 물론『훈몽자회』에 인용된 언문 자모에도 우리말을 나타내는 규정은 보이지 않는다. 그러나 언문 자모는 2쪽에 불과하고,『훈민정음』 해례본은 66쪽에 이른다.

해례본의 적지 않은 분량에 비하면 우리말과 관련된 내용은 극히 제한되어 있다. 우리말과 관련된 내용도 ㅇ과 ㆆ의 두 글자가 우리말에서는 구별되지 않는다. 음의 고저를 나타내는 사성의 구분에 있어서도 한자를 앞세우고 우리말의 경우에는 어떤가를 간략하게 보였다. 사실 우리말에서는 한자처럼 명확하게 사성을 구별한다고 볼 수 없다. 그런데도 우리말의 사성을 표시하고 설명하고 있는 것은, 한자의 사성을 이해시키기 위한 수단이라고 하면 지나친 생각일까?

『훈민정음』 해례본을 있는 그대로 읽어 보도록 하자. 사실『훈민정음』의 어제 서문으로 훈민정음의 내용을 파악하기에는 너무 간략하다. 그러므로『훈민정음』 해례본의 내용 전반을 반드시 살펴보아야 한다. 과연『훈민정음』 해례본의 구성은 어떤 것일까? 흔히 우리 글을 표현하기 위한 문자를 들고, 아울러 우리 문자를 만든 원리와 구체적인 사용례를 밝힌 것이 해례본이라고 생각한다. 국어학을 전문으로 연구하는 분들이 대부분 그렇게 생각하고 있고, 교육 현장에서도 일반적으로 그렇게 가르친다. 그러나 필자는 그런 생각에 동의하기 어렵다.

우선『훈민정음』 해례본은 한자와 한문을 잘 알고 있는 독자층을 위한 문헌이다. 그냥 한문을 아는 정도가 아니라, 성리학의 음양오행론을 이해하고 나아가서 한자의 음가와 뜻을 다룬 운서(韻書)에 대한 지식도 필요하다. 이러한『훈민정음』 해례본을 일반 백성을 위한 문헌이라고 주장할 수 있을까? 『훈민정음』 언해본의 경우도 다르지 않다. 일반 백성들은 언해가 되어 있어도 알기 어려운 내용이다.

『훈민정음』의 내용을 보면, 정음의 초성은 운서(韻書)의 자모(字母)에 해당한다고 하였다. 운서의 자모는 어떤 한자를 가져와서 특정 성모의 음가를 나타내도록 한 한자를 말한다. 『훈민정음』에서는 군(君), 규(虯), 쾌(快), 업(業), 두(斗), 담(覃), 탄(呑), 나(那) 등이 운서의 자모이고, 이를 대신하는 글자로 ㄱ, ㄲ, ㅋ, ㆁ, ㄷ, ㄸ, ㅌ, ㄴ 등을 정한 것이다.

중성은 한자의 운(韻) 속에 있으면서 초성과 합해져서 한자의 음을 이루는 것이라고 설명하고 있다. ' · '은 탄(呑)이라는 한자의 'ㅌ'과 'ㄴ' 사이에 있으면서 '튼'이라는 음이 된다고 하였다.

종성은 초성과 중성을 받아서 한자의 운을 이룬다고 하였다. 종성의 사례는 즉(卽)을 가지고 왔다. 즉의 종성은 'ㄱ'인데, '즈' 끝에 두어서 '즉'이 된다고 하였다. 또한 불청불탁음인 ㆁ, ㄷ, ㄴ, ㅂ, ㅁ, ㅅ, ㄹ과 ㄱ 8자만으로 종성을 충분히 표현할 수 있다고 하였다. 이때도 불청불탁음은 평성 상성 거성 입성에 쓸 수 있고, 전청 차청 전탁에 속하는 글자는 입성에만 쓸 수 있다고 하였다. 이러한 평상거입의 4성 구분은 우리말의 개념이 아니고 한자 음가에 쓰는 것이다.

종성은 초성을 다시 쓴다고 하였다(終聲復用初聲). 『훈민정음』 예의본에서는 초성독용팔자, 초성종성통용팔자와 구별하려는 의식이 없었다.

이처럼 『훈민정음』 해례본은 운서, 자모, 한자의 음가를 중심으로 설명하고 있다고 할 수 있다. 이는 훈민정음이 단순히 한자 음가를 고려하였다는 의미가 아니다. 우리말과 중국어는 언어의 구조가 크게 다르다. 흔히 우리말은 굴절어이고, 중국어는 고립어라고 한다. 우리말은 명사 뒤에 조사가 붙고, 동사 형용사 부사는 어미가 변화하면서 의미를 나눈다. 이를 활용이라고 한다. 또 우리말의 어휘는 다음절어가 대부분이기 때문에, 액센트가 어휘의 의미를 바꾸는 경우가 많지 않다. 이에 대해서 중국어의 어휘는 단음절에서 출발하였다. 어휘가 기본적으로 단음절이기 때문에 동음이의어가 많고, 이를 구별하기 위하여 액센트가 발달하였고 이것이 평성 상성 거성 입성 혹은 1~4성 등의 성조를 형성하였다.

두 언어의 이런 차이 때문에, 글자의 표기법에서 발생하는 문제도 다를 수밖에 없다. 우리말의 경우는 소리나는 대로 표기할 것인지 의미를 중심으로 쓸 것인지가 문제가 된다. 지금도 여전히 문제가 되는 부분이다. 40년 전에는 사냥군이 올바른 표기였는데, 지금은 사냥꾼이 올바른 표기가 되었다. 군은 군사 군(軍)에서 온 말이기 때문에, 의미를 중심으로 쓰면 우리가 어떻게 읽던 간에 사냥하는 군사 즉 사냥군이 옳다. 그러나 읽는 대로 표기하자고 하면 사냥꾼이 되는 것이다. 효과(效果)는 과거에는 읽을 때는 '효꽈'라고 읽었다. 그런데 지금은 '효과'로 읽자고 한다. 조선시대에도 '바라미' '새미'라고 쓸 것인지 '바람이' '샘이'이라고 쓸지가 문제 되었다.

그렇지만 『훈민정음』 어디에도 우리말의 표기를 고민한 흔적이 없다. 『훈민정음』에 우리말이 보이지 않는 것은 아니지만, 그 중심은 어디까지나 한자 표기 방식이고, 『훈민정음』 이후에 나타난 중요한 성과들도 『동국정운』과 『홍무정운역훈』인 점을 생각하면, 『훈민정음』이 어디에 주된 관심을 가지고 있는지 분명하다.

『동국정운』과 『훈몽자회』

언문과 훈민정음이 같다고 한다면, 『동국정운』의 한자 음가 표기와 『훈몽자회』의 한자 음가 표기가 같아야 할 것이다. 그런데 『동국정운』은 훈민정음으로 그 음가를 나타낸다고 하였고, 『훈몽자회』는 언문을 익히고 한자를 배우면 밝게 가르칠 수 있는 이로움이 있을 것이라고 하였다.

〈그림 22〉 속의 네모칸 안에 "언문자모(諺文字母)", "먼저 언문을 배우고 한자를 배우면(先學諺文次學字)" 그리고 "언문을 배우고 한자를 알면(學諺而知字)" 등의 구절이 보인다. 따라서 훈몽자회의 한자 음가는 언문으로 표기한 것이다. 실제로 『동국정운』과 『훈몽자회』의 한자 음가는 어떻게 표기되어 있을까?

몇 가지 예를 들어 보자. 『동국정운』에서는 개 견(犬)을 '퀀', 온전할 전(全)을 '쪈', 풀 초(草)는 '촐', 호걸 호(豪)는 '夢', 어릴 요(夭)는 '夢', 고기 육(肉)은 '슣', 슬기로울 혜(慧)는 '劂', 먼지 진(塵)'은 '띤'으로 표기되어 있다.

이에 대해서 『훈몽자회』는 개 견(犬)을 '견', 풀 초(草)는 '초', 호(豪)는 '호', 요(夭)는 '요', 고기 육(肉)은 '육', 슬기로울 혜(慧)는 '혜', 먼지 진(塵)은 '딘'으로 되어 있다.

『동국정운』의 이러한 한자 표기를 흔히 '동국정운식 표기'라고 하여 특별하고 예외적인 것으로 간주한다.[153] 즉 『동국정운』이나 초기 언해 문헌 등에서만 보인다는 것이다. 과연 그럴까? 훈민정음의 이러한 표기는 『동국정운』 등의 문헌에서만 나타나고 더 이상 쓰이지 않게 된 것일까? 그렇지 않다. 『번역노걸대』에서는 여전히 훈민정음이 쓰이고 있다. 이 문제는 뒤에서 다시 다룰 것이다.

이렇게 『동국정운』과 『훈몽자회』의 한자 표기를 비교했을 때 나타나는 차이는 어디에서 비롯된 것일까? 그것은 다음과 같은 내용이고, 일부는 『훈민정음』에서 규정한 것이다.

1. 전탁음 : ㄲ, ㄸ, ㅃ, ㅆ, ㅉ, ㆅ를 한자의 전탁음(全濁音)을 표시하기 위하여 사용하였다.

2. 'ㆆ'의 사용 : 읍(挹) 자의 초성을 나타내기 위한 'ㆆ'을 사용하였다.

3. 이영보래(以影補來) : 한자의 입성(入聲) 중 종성(終聲)이 당시 조선에서 'ㄹ'로 되어 있는 것을 입성임을 환기시키기 위하여 'ㆆ'을 붙여 'ㅀ'를 사용하였다.

---

153 이러한 한자 표기는 '동국정운식 표기'가 아니라, 『훈민정음』 해례본에서 정한 대로 표기한 것일 뿐이다. 이를 『훈민정음』에 의한 표기라고 생각하지 않고, 『동국정운』의 특징이라고 간주해서는 안된다. ㅅ ㅈ ㅊ와 ㅅ ㅈ ㅊ를 사용한 『홍무정운역훈』의 경우는 다시 '홍무정운역훈식 표기'라고 해야 할 것인가. 이 또한 『훈민정음』 언해본에 충실한 표기일 뿐이다. 모두 『훈민정음』에 의거한 표기이다.

4. '몽'의 사용 : 한자의 장음 표시인 '몽'를 사용하였다.[154]

5. 'ㅇ'의 사용 : 한자의 종성에 음가가 없는 경우에도 'ㅇ'을 사용하였다.[155]

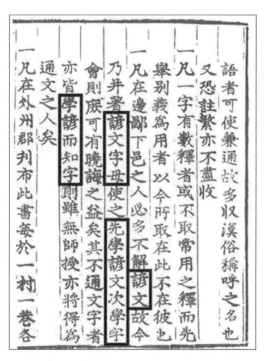

━━ 그림 22 『훈몽자회』 범례

---

154 결과적으로 장음처럼 발음되지만, 정확하게는 蕭韻과 尤韻의 운미에 쓰는 글자로 원순성을 나타낸다(정광, 『훈민정음과 파스파 문자』, 역락, 2012, 338~339쪽).

155 이 글자는 음가를 갖지 않으며, 이른바 꼭지달린 이응(ㆁ, 음가)과 원래 글자다. 또한 한자 음가의 종성에 'ㅇ'을 표기한 것은 단순히 초성 중성 종성을 기계적으로 갖추기 위한 것이 아니라, 중성의 여음(餘音)을 표기하기 위한 것으로 보는 견해도 있다(권재선, 『훈민정음의 표기법과 음운·중세 음운론』, 우골탑, 1992. 190~193쪽).

	犬	全	草	豪	夭	肉	慧	塵
동국정운	·퀀	쪈	·쵷	·뿋	·홓	·즣	·꥞ᅨᆼ	띤
훈몽자회	:견	젼	초	호	요	·육	:혜	딘
훈민정음	ꥦᅧ	ᄍꥦᅧ	둉	ꥯ둉	ꥣ둉	둉	ꥯ꥞ᅨ	ㄸ

【표 12】『동국정운』과『훈몽자회』의 한자 음가 표기 비교

━ 그림 23 『동국정운』의 육(肉)의 표기

━ 그림 24 『훈몽자회』의 육(肉)의 표기

『훈몽자회』에 수록된 「언문자모」

『훈몽자회』는 중종 때의 문신으로서 한학(중국어와 吏文)에 조예가 깊었던 최세진(崔世珍, 1468~1542)이 지은 책이다. 그 중에서도 『훈몽자회』 범례 말미에 실려 있는 「언문자모」는 큰 주목을 받았다. 「언문자모」는 현행 한글 맞춤법에 규정된 한글 자모의 순서와 명칭의 뿌리가 되어 후대에 큰 영향을 미쳤기 때문이다. 「언문자모」는 과거에는 최세진이 지었다고 생각했지만, 근년의 연구에서는 그렇지 않을 가능성을 높게 보고 있다.[156] 즉 최세진의 역할은 『훈몽자회』 편찬 당시 세간에 알려져 있던 내용을 옮겨서 수록한 것에 불과할 가능성이 크다.

우선 「언문자모」와 『훈민정음』은 여러 가지 면에서 차이점을 보인다. 그 차이를 확인하고 「언문자모」와 『훈민정음』 중에서 어느 쪽이 먼저 성립되었는지, 또 「언문자모」는 누가 만들었는지를 살펴보기로 하자.[157]

지금까지 알려진 문헌 기록에서는 「언문자모」의 작성주체와 시기에 관한 직접적인 언급을 찾을 수 없었다. 그러므로 작성시기와 주체에 대한 답을 얻기 위해서 「언문자모」의 본문 내용을 분석하여 그 답을 찾아볼 수밖에 없다.

「언문자모」의 분석에서 가장 먼저 짚고 넘어가야 할 점은 『훈민

---

156 강창석, 「언문자모의 작성주체와 시기에 대하여」, 『언어와 정보사회』 22, 2014, 48~49쪽.
157 이하의 내용은 강창석의 앞의 논문에 의거하여 정리하였다.

정음』과의 유사점과 차이점이다. 두 자료는 새로 만든 문자의 해설서라는 점에서 성격이 비슷하다고 볼 수 있지만, 세부적인 내용을 보면 다른 점이 아주 많다. 우선 문자를 지칭하는 명칭부터가 '언문'과 '훈민정음'으로 다르다. 그 밖에도 자모의 분류 체계와 배열 순서 그리고 음가 설명에 이용한 한자 등이 서로 다르다.

많은 학자들은 「언문자모」가 실려 있는 『훈몽자회』가 『훈민정음』보다 뒤에 집필되었으므로 「언문자모」의 작성 시기도 『훈민정음』 편찬 이후일 것이라 하였다. 하지만 이렇게 본다면 많은 의문점이 생긴다. 만약 『훈민정음』이 간행된 이후에 「언문자모」가 작성되었다고 한다면 「언문자모」의 작성자는 왕명에 의해 편찬, 간행된 공식 해설서인 『훈민정음』 해례본이 엄연히 존재하는 상황에서 그것과는 내용이 상당히 다른 해설서를 다시 만들었다는 말이 된다.

그렇다면 다음과 같은 두 가지 의문이 생긴다. 첫째는 『훈민정음』 해례본이 있는데 그것을 무시하고 내용이 다른 해설서를 다시 만들게 된 이유가 무엇이냐 하는 점이고, 둘째는 「언문자모」 수준의 내용을 새로 지을 수 있는 인물이 누가 있었느냐는 점이다. 「언문자모」의 내용과 수준으로 볼 때, 작성 주체는 언문과 이두(吏讀)를 비롯하여 성운학까지 두루 해박한 인물로 일단 압축할 수 있다. 그렇다면 그 후보가 될 수 있는 사람은 그리 많지 않다. 알려진 인물들 중에는 세종 임금과 해례 편찬에 참여한 학자들 그리고 최세진 등을 일단 후보로 꼽을 수 있을 것이다.

그런데 세종과 해례 편찬자들은 『훈민정음』을 만든 당사자들이다. 그러므로 이들 가운데 누가 『훈민정음』을 펴내고 나서 다시 「언문자모」를 지었을 가능성은 높지 않다. 따라서 최세진도 아니라면, 다른 유력한 후보가 나타나지 않는 한, 더 이상의 논의를 진행하기가 어렵다. 또 한 가지 지적할 수 있는 것은 「언문자모」에는 『훈민정음』의 내용을 그대로 가져오거나 영향을 받은 것으로 보이는 부분이 거의 없다는 점이다. 따라서 『훈민정음』이 간행된 이후에 누군가 「언문자모」를 새로 지었을 것이라는 가설을 계속 유지하면서 논의를 계속 이어나가기는 쉽지 않다. 이것은 가설 자체가 잘못되었을 가능성이 높다는 것을 의미한다.

이제 「언문자모」가 『훈민정음』보다 먼저 만들어졌다고 가정해보기로 한다. 그럴 경우, 「언문자모」가 만들어진 시기는 언문이라는 용어가 처음 등장하는 시기, 그리고 만든 주체로는 세종이 가장 유력한 후보로 떠오를 수밖에 없다. 세종이 친제한 문자를 처음부터 다른 사람이 해설할 수는 없는 일이기 때문이다. 따라서 「언문자모」를 세종이 직접 지었다고 가정하면, 세종은 「언문자모」를 공개하고 나서 다시 『훈민정음』 해례본을 편찬하도록 지시했다는 말이 된다. 이제 실제로 그런 일이 있었는지 확인해보기 위해 언문 공개 이후 벌어진 일련의 사건들과 상황 전개를 면밀하게 살펴볼 필요가 있다. 1443년 12월 이전에 언문이 창제되었고, 1444년 2월에 최만리의 언문반대상소가 있고, 1446년 9월에 『훈민정음』 해례본이 완성되었다.

「언문자모」의 내용 분석

『훈몽자회』는 『훈민정음』 해례본보다 약 80년 뒤에 만들어졌다. 따라서 중국어나 한자에 정통한 최세진은 『훈민정음』의 존재와 내용을 알고 있었을 것이다. 즉 '언문' 대신 '훈민정음'이라는 명칭을 사용하고, 「언문자모」가 아니라 『훈민정음』을 『훈몽자회』에 넣을 수도 있었다. 그러나 최세진은 그렇게 하지 않았다. 이는 최세진이 '훈민정음'보다 '언문'이, 그리고 『훈민정음』보다는 「언문자모」가 초학자를 위한 한자 학습 교재에 더 적합하다고 판단했음을 의미한다.

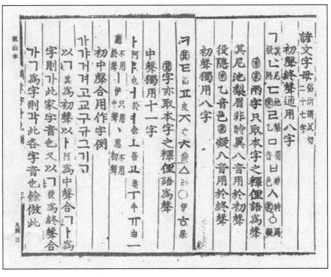

━━ 그림 25 『훈몽자회』에 수록된 「언문자모」

「언문자모」는 명칭만이 아니라 세부 내용에서도 『훈민정음』과 상당한 차이를 보여준다. 가장 먼저 눈에 띄는 것은 자모의 수와 분류 방식이다. 주지하듯이, 「언문자모」는 27개의 자모를 초성종성통용8자(初聲終聲通用八字)와 초성독용통용8자(初聲獨用八字) 그리고 중성독용11자(中聲獨用十一字)로 분류하고 있다. 『훈민정음』과 비교할 때, 자모 수가 하나 적고 초성을 두 부류로 나눈 점이 특이하다. 그런데 전체 자모를 27개로 규정한 것은 「언문자모」가 유일하거나 처음은 아니다. 세종 26년 2월에 나온 최만리 등의 언문 반대 상소에서도 언문을 27자라고 언급하고 있다. 물론, 최만리 등이 상소에서 언급한 27자는 구체적인 목록이 나와 있지 않아서 그것이 「언문자모」의 27자와 동일한 내용인지 확인할 수는 없다. 그러나 자모 수가 같다는 사실만으로도 「언문자모」의 작성 시기를 『훈민정음』 이전으로 추정하는 데 분명히 도움이 된다. 만약, 상소문에 언문이 28자였다고 나와 있었다면, 그렇게 추정하기 어려웠을 것이기 때문이다.

16개의 초성 자모를 초성종성통용8자와 초성독용8자로 나눈 것은 팔종성, 즉 종성에는 8개의 초성 자모만 사용한다는 원칙을 확실하게 천명한 것이다. 이 규정을 최세진이 최초로 만든 것이 아님은 두말할 필요도 없다. 성현(成俔)의 『용재총화(傭齋叢話)』에도 동일한 초성 분류가 나오고, 『훈민정음』 해례본에도 8종성에 대한 언급이 보이기 때문이다. 그러나 『훈민정음』에서는 초성을 두 부류로 나누지 않았고, 8개의 초성만 종성에 사용해야 한다고 확실하게 못을 박지도 않았다. 즉 『훈민정음』 본문에는 "종성은 초성을 다시 쓴다(終聲復用

初聲)"는 규정만 있고,「종성해(終聲解)」에서 "8자로 쓸 수 있다(八字可足用)"고 언급하고 있는 정도이다. 따라서 8종성에 관한『훈민정음』의 언급은「언문자모」보다 강도가 훨씬 약하다고 말할 수 있다.

엄격하게 적용했던 8종성 표기 규정은 나중에 지키지 않는 쪽으로 바뀌었다. 따라서 그러한 교정이 세종의 판단에 의한 것이라면, 세종은 처음에 8종성 원칙을 세웠다가 나중에 생각을 바꾸었음을 의미한다. 그런데 8종성 원칙을 확실하게 담고 있는 것이 바로「언문자모」이고,『훈민정음』에서는 오히려 그 원칙이 약화되어 있다. 이러한 사실은「언문자모」의 내용이『훈민정음』보다 더 오래된 것일 수도 있다는 점을 말해주는 것이다.

「언문자모」는 단지 자모의 분류 방식만이 아니라 자모의 배열 순서에서도『훈민정음』과 다른 기준을 적용하고 있다. 두 문헌의 자모 배열을 다시 옮겨보면 다음과 같다.

  (1)「언문자모」의 자모 배열

    가. 초성종성통용8자: ㄱ ㄴ ㄷ ㄹ ㅁ ㅂ ㅅ ㆁ

    나. 초성독용8자: ㅋ ㅌ ㅍ ㅈ ㅊ ㅿ ㅇ ㅎ

    다. 중성독용11자: ㅏ ㅑ ㅓ ㅕ ㅗ ㅛ ㅜ ㅠ ㅡ ㅣ ·

  (2)『훈민정음』의 자모 배열

    가. 초성(17자): ㄱ(ㄲ) ㅋ ㆁ ㄷ(ㄸ) ㅌ ㄴ ㅂ(ㅃ) ㅍ ㅁ ㅈ(ㅉ) ㅊ ㅅ

        (ㅆ) ㆆ ㅎ ㅇ ㄹ ㅿ

나. 중성(11자): · ㅡ ㅣ ㅗ ㅏ ㅜ ㅓ ㅛ ㅑ ㅠ ㅕ

「언문자모」의 초성 배열 순서를 살펴보면, 두 가지 기준을 적용했음을 알 수 있다. 먼저 '아/설/순/치/후'로 나누어 순서를 정하고, 각각을 다시 제자 순서대로 배열한 것이 바로 (1)의 '가'와 '나'이다. 반면에 『훈민정음』에서는 초성을 둘로 나누지 않고 전체를 '아/설/순/치/후'로 분류하면서 반설음과 반치음은 뒤에 따로 배치하였다. 그리고 2차 기준은 제자 순서가 아니라 청탁 즉 '전청/전탁/차청/불청불탁'의 순서를 따르고 있으므로 「언문자모」와는 많이 다르다.

『훈민정음』의 초성 배열은 성운학 이론에 따른 것이다. 그러나 「언문자모」의 경우는 독자적인 제자 원리가 자모의 배열 순서를 정하는 기준으로 채택되었다. 따라서 「언문자모」의 자모 배열은 제자 원리와 과정을 정확하게 알고 있는 사람이 만든 것이며, 그런 인물로는 세종을 가장 먼저 꼽지 않을 수 없다.

「언문자모」의 초성 배열에서 특히 눈길을 끄는 것은 ㆁ의 위치이다. 『훈민정음』에 의하면, ㆁ은 아음(牙音)이며 불청불탁음이다. 「언문자모」에서도 아음은 가장 앞에 나오는데, 유독 ㆁ만은 가장 뒤 즉 후음(喉音) 자리에 들어 있다. 이것은 「언문자모」를 만든 당사자가 당시 ㆁ을 아음이 아니라 후음으로 오판하고 있었을 가능성을 의미한다. 초성자 ㆁ은 자형으로 볼 때 후음의 기본자 ㅇ에 획을 더해서 만든 글자이다. 제자 당시에 [ɦ]을 후음으로 오판하지 않고 아음으로 정확하게 인식한 상태였다면, ㆁ과 같은 자형으로 제자하였을 리가 없다.

따라서 세종은 제자 당시에는 ㆁ을 후음으로 오판했다가 제자 후에 잘못을 깨닫고 『훈민정음』에서 아음으로 바로잡은 것으로 보인다. 따라서 「언문자모」에서 ㆁ을 후음 위치에 배열하고 있는 것은 이 문헌이 『훈민정음』보다 먼저 즉 오판을 깨닫기 전에 만들어졌음을 강력하게 시사한다. 왜냐하면 『훈민정음』에서 이미 바로잡은 잘못을 후대에 똑같이 반복할 가능성은 아주 낮기 때문이다. 「언문자모」와 『훈민정음』은 모두 한자를 이용하여 각 자모의 음가를 설명하고 있다. 그러나 음가 설명에 이용한 한자는 완전히 다른 글자이며 설명 방식에도 차이가 있다. 먼저 「언문자모」의 한자는 현실음에 근거한 것이며, 일부 한자는 음이 아니라 새김을 이용하고 있다. 지말(池末, 디귿)의 귿(末)이나 시의(時衣, 시옷)의 옷(衣)이 그런 예인데, 이것은 한자를 새김으로 읽는 차자표기의 원리를 활용한 것이다. 그러나 『훈민정음』에서는 『동국정운』에 규정된 한자음을 따르고 있으며, 새김으로 읽는 경우는 없다. 따라서 한자의 음과 용법으로 볼 때, 「언문자모」가 더 오래된 전통 방식을 따르고 있다는 점을 확인할 수 있다.

　　『훈민정음』에서는 28개의 자모 외에 병서(並書)와 연서(連書) 등을 추가로 언급하고 있다. 그러나 「언문자모」에는 27개의 자모만 보일 뿐 병서와 연서 등에 대한 언급이 전혀 없다. 병서와 연서는, 고유어 표기에도 일부 사용은 되었지만, 본래는 『동국정운』의 한자음 표기를 위해 추가된 것으로 보인다. 따라서 「언문자모」가 한자음 교정 방침 이전에 만들어진 것이라면, 거기에 병서와 연서에 대한 언급이 없는 것이 당연하다.

『동국정운』의 한자음은 세종부터 세조 때까지는 모든 문헌에 사용되었고, 성종 때까지도 일부 문헌에 사용되었다. 따라서 그 기간 중에는 『동국정운』을 부정하는 문헌을 새로 만들기는 어려웠을 것이다. 그런 점에서 「언문자모」가 만들어진 시기는 『동국정운』이 편찬되기 전이나 아니면 『동국정운』의 효력이 완전히 없어진 연산군 이후로 추정할 수 있는데, 전자의 가능성이 더 높은 것으로 보인다.

지금까지 살펴본 것처럼, 「언문자모」에서는 『훈민정음』 이전의 상황을 반영하는 것으로 보이는 내용들을 많이 확인할 수 있다. 반면에 『훈민정음』의 영향을 받은 것으로 볼 수 있는 내용들은 거의 찾을 수 없다. 만약 「언문자모」가 『훈민정음』보다 나중에 작성된 것이라면 이것은 아주 이상한 일이 아닐 수 없다. 그러나 반대로 「언문자모」가 『훈민정음』보다 먼저 만들어졌다고 가정하게 되면, 이것은 설명이 전혀 필요 없는 당연한 결과에 불과하다.

지금까지 강창석의 논문에 의거하여 「언문자모」의 작성 주체와 작성 시기를 판단할 수 있는 논거들을 살펴 보았다. 그가 얻은 결론은 '언문을 처음 공개할 무렵에 만들어 배포했을 것으로 추정되는 최초의 언문 교재가 바로 「언문자모」일 가능성이 높다'는 것으로 요약할 수 있다. 이러한 판단은 「언문자모」의 가치를 재평가하는 계기가 된다.

「언문자모」와『훈민정음』의 또 다른 차이

　「언문자모」와『훈민정음』에서 또 한 가지 크게 다른 점이 있다. ㄱ, ㄴ, ㄷ과 같은 글자들을 서로 다르게 인식하고 있다는 점이다. 「언문자모」에서는 초성의 배열순서가 다를 뿐만 아니라 각 글자마다 이름이 붙어 있다. 기역, 니은, 디귿, 리을, 미음, 비읍과 같이 우리가 잘 알고 있는 한글 자음의 이름이다.

　또한 초성과 중성, 종성을 결합하여 글자를 만드는 방식을 설명하는 데서도 차이를 확인할 수 있다. 예를 들어 「언문자모」에서는 "ㄱ (其)를 초성으로 하고 ㅏ(阿)를 중성으로 하여 ㄱ와 ㅏ를 합하여 글자로 만들면 '가'가 되고 이는 집 가(家)의 음이다. 또한 ㄱ(役)을 종성으로 삼아 '가'와 'ㄱ'을 글자로 만들면 '각'이 되는데 이는 각각 각(各)의 음이다."라고 하였다. 이렇게 초성 중성 종성을 합하여 글자를 만든 예로서 간(肝), 갇(笠), 갈(刀), 감(柿), 갑(甲), 갓(皮), 강(江)을 들고 있다. 『훈민정음』은 철저하게 한자의 음가를 나타내고 있지만, 「언문자모」에서는 만들어진 글자의 음을 이해할 수 있도록 한자의 뜻을 이용하는 경우가 나타나고 있는 것이다. 즉 갓 립(笠)은 음이 '갇'이 아니라 그 뜻이 '갇'인 것이다. 그러나『훈민정음』에서는 한자의 음만 나타내고 있다.

　또한 "'ㆁ'이 초성으로 쓰인 경우와 'ㅇ'이 초성으로 쓰인 경우는 음이 서로 가까워서 초성에서는 모두 'ㅇ'자를 쓴다. 만약 앞의 글자에 'ㆁ' 종성이 있으면 다음 글자에서는 반드시 'ㆁ' 음을 써서 초성으로 삼는다. 'ㆁ'자의 음은 코를 써서 소리를 만든다. 'ㅇ'자의 음은 목구멍 속에서 나오는데 가볍고 빈 소리일 뿐이다."라고 하였다. 즉 'ㆁ'과 'ㅇ'을 자(字) 즉 글자로 간주하고 있다.

그런데 『훈민정음』 해례본에서는 'ㅇ'이나 'ㆁ'과 같은 개별적인 음소를 한문 문장 중에서 글자라고 하지도 않았고, 특히 「제자해」 결(訣)에서는 'ㅇ'는 업(業)이라는 한자로 나타내고 있다. 마찬가지로 ㄴ, ㅁ, ㅅ, ㅇ도 각각 나(那), 미(彌), 술(戌), 욕(欲)과 같이 한자로 나타내었다. 이는 각각의 음소들이 어떤 한자의 음가와 연관되어 있는지를 중시한 태도이다. 전청 전탁 차청 불청불탁을 설명할 때도, 군(君), 두(斗), 별(彆), 즉(卽), 술(戌), 읍(挹)으로, ㄱ, ㄷ, ㅂ, ㅈ, ㅅ, ㆆ을 나타내었다. 중성의 경우에도, ㅗ와 ㅏ를 홍(洪) 담(覃)과 같은 한자로 나타내었다.

「합자해」에서도 군(君) 자의 'ㄱ'은 'ㅜ' 위에 있고, 업(業) 자의 'ㅇ'은 'ㅓ'의 왼쪽에 있다고 하여 한자를 앞세우고 있다. 이는 「언문자모」의 방식과 정반대이다.

『동국정운』에서도 마찬가지다. '이영보래(以影補來)'라는 표현에서 영(影)은 'ㆆ'이라는 글자를, 래(來)는 'ㄹ'를 나타낸다. 이는 'ㆆ'은 영(影)의 초성(성모)을 나타내는 수단이고, 'ㄹ'은 래(來)의 초성을 나타내는 수단으로 본 것이다.

이처럼 『훈민정음』에서는 ㄱ, ㅋ, ㄲ, ㅇ 등의 글자를 한자의 음가를 나타내는 수단으로 보고 있는 반면, 「언문자모」에서는 우리말을 나타내는 문자로 사용하고 있는 점을 확인할 수 있다.

『번역노걸대박통사』범례

　『훈몽자회』에서 최세진은 한자의 음가를 나타내면서 언문 자모를 사용하였다. 그리고 그 언문 자모는 『동국정운』이나 『홍무정운역훈』에서 쓰인 훈민정음과는 분명히 다르다. 이와 같은 사례를 보고도 동일한 훈민정음을 한자 음가를 위한 동국정운식 표기와 일반적인 우리말의 표기에서 구별하여 두 가지로 쓴 것이라고 판단하는 독자도 없지 않을 것이다. 동국정운식 표기는 세종대를 중심으로만 쓰였고, 최세진의 시기에 오면 동국정운식 표기는 거의 사라졌다고 볼 수 있을 것이다. 그러나 사실은 그렇지 않다. 최세진도 훈민정음을 사용하였다. 심지어 같은 문헌 속에서 훈민정음과 언문을 나누어 쓴 사례를 확인할 수 있다. 이를 보여주는 것이 『번역노걸대박통사』의 범례이다. 이 자료는 1517년에 편찬된 『사성통해』의 권말에 실려 있다. 실제로 훈민정음과 언문이 어떻게 나누어 쓰였는지를 확인해 보자. 『번역노걸대박통사』에서 언문을 이용한 한자 음가 표시방법이 10년 뒤에 다시 『훈몽자회』에서 쓰인 셈이다.

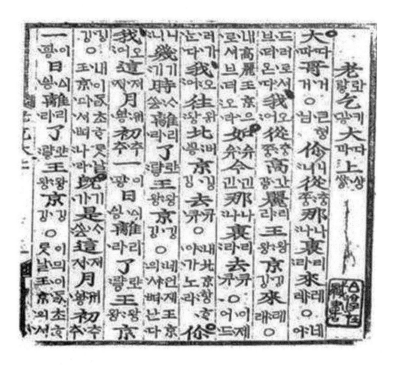

— 그림 26 『(언해)노걸대』

　『노걸대』를 보면 늙을 로(老) 아래 두 가지 음가 표기가 보인다. 왼쪽은 '랗', 오른쪽은 '랃'이다. 같은 방식은 마칠 료(了) 아래의 '럏'와 '럏'에서도 확인할 수 있다. 클 대(大)의 경우는 '따'와 '다', 달 월(月)의 경우는 '윯'와 '윎'로 되어 있다. 왜 한 한자의 음가를 두 가지로 표기하였을까? 이에 대해서 『번역노걸대박통사』 범례에서 구체적으로 설명하고 있다.

왼쪽에 있는 것은 『사성통고』에서 만든 글자이고, 오른쪽에 있는 것은 한자의 음가로 국속 찬자의 법에 의거하여 지은 글자이다. 『사성통고』의 글자 모양은 국속 찬자의 법과 같지 않은 것이 많다. 연서해서 초성으로 삼는 것과 ㅱ과 ㅸ을 종성으로 삼는 것은, 초학자가 비록 스승의 가르침을 받더라도 의심스럽고 방해가 되는 것이 많다. 그래서 이제 국속 찬자의 형태를 써서 다음과 같이 글자를 만들었다.

『사성통고』에서 齊찌 其끼 皮삐 調땯 秋쯔 叐햫 着짭과 같은 것을, 이제 찌는 치, 끼는 키, 삐는 피, 땯는 턀, 쯔은 추, 햫는 햫, 짭는 죠나 쟈와 같이 쓴다. ㅋㅌㅍㅊㅎ은 곧 『사성통고』에서 차청음에 쓰는 것인데, 전탁의 초성 발음과 또한 비슷하다. 그러므로 이제 이를 옮겨서 전탁 초성을 모두 차청을 써서 초성으로 삼는다. 옆에 두 점을 찍어서 탁음의 발음법을 남겨서, 전탁음임을 밝혔다.[158]

---

158 『飜譯老乞大朴通事』凡例, 在左者, 卽通攷所制之字, 在右者, 今以漢音依國俗撰字之法而作字者也. 通攷字體, 多與國俗撰字之法不同. 其用雙字爲初聲及ㅱㅸ爲終聲者, 初學雖資師授, 率多疑碍. 故今依俗撰字體, 而作字如左云. 如通攷內, 齊찌其끼皮삐調땯秋쯔叐햫着짭 今書찌爲치, 끼爲키, 삐爲피, 땯爲턀, 쯔爲추, 햫爲햫, 짭爲죠爲쟈之類. ㅋㅌㅍㅊㅎ乃通攷所用次淸之音, 而全濁初聲之呼, 亦似之. 故今之反譯, 全濁初聲, 皆用次淸爲初聲. 旁加二點, 以存濁音之呼勢, 而明其爲全濁之聲.

출처＼명칭	동국정운	훈민정음 해례본					훈민정음
通考所 製之字	홍무정운 역훈	훈민정음 언해본	사성통고	사성통해	번역노걸대 좌음	훈민정음 변용	
			언문자모		훈몽자회		언문
國俗撰 字之法					번역노걸대 우음	언문 변용	

【표 13】 언문·훈민정음의 갈래와 변용

『번역노걸대』 범례에서는 분명히 왼쪽은 '통고소제지자(通攷所制之字)' 즉 『사성통고』에서 제정한 글자를 썼고, 오른쪽은 조선의 일반적인 글자 쓰는 법(國俗撰字之法)에 의거하였다고 밝혀놓고 있다. 그런데 김무림은 이를 둘 다 범례 조문의 용어를 좇아 언음(諺音)이라고 하였다.[159] 왜 이 두 가지가 똑같이 언음으로 옮겨질 수 있는지 의문이다. 음은 글자로 구현된 결과이고 범례의 내용은 그 음을 나타낸 글자를 설명한 것이다. 따라서 『사성통해』에서 제정한 글자나 조선의 일반적인 글자 쓰는 법에 따른 글자가 곧 언음일 수는 없다. 언음은 언문으로 표기된 음가라는 뜻으로, 좌음과 우음 중에서 우음에 무게를 두고 범례의 제목을 단 것이라고 보아야 할 것이다. 즉 훈민정음을 사용한 음가 표기는 한자의 음가를 나타내는 데 오히려 당연한 것이고, 거기에 더해서 언문 자모의 합자법을 변용한 음가 표기를 병기

---

159 김무림, 「번역노걸대박통사 범례의 새김과 해설」, 『한국어학』7, 1998, 69쪽.

하였음을 말하려고 한 것으로 읽어야 할 것이다.

한편 최영애는 '국속찬자지법'의 의의를 높게 평가하였다. 『훈민정음』에서 국음(國音)과 다른 중국어 성모(聲母)를 정확히 표기하기 위하여 새로운 자체를 고안해 냈으나, 국음과 다른 중국어 운모(韻母)를 정확히 표기하기 위한 새로운 장치는 전혀 없었다고 하고, 기존의 정음 자모의「합자해」에서 벗어난 새로운 장치로 고안한 것이 국속찬자지법이라고 하였다. 이는 중국어음을 조선인들이 쉽게 발음할 수 있도록 실용성을 중시한 방편적인 글자체계로 보았다.[160] 다만 최영애도 국속찬자지법의 원형을 정음 자모 즉 훈민정음이라고 판단한 점은 아쉬움으로 남는다.

『사성통고』는『홍무정운역훈』에 실린 한자를 찾기 쉽도록 사성에 따라 배열한 것이다. 당연히『사성통고』의 한자 음가를 나타낸 글자는『홍무정운역훈』과 같고, 또한『훈민정음』언해본과도 같다. 즉『(사성)통고』가 제정한 글자란 최종적으로『훈민정음』언해본에 보이는 글자들이고, 곧 훈민정음 혹은 훈민정음의 변용(언해본 훈민정음)이다.『훈민정음』해례본의 글자와 비교하면 정치음과 치두음을 나타내는 글자(ᄼ ᄾ ᅎ와 ᄽ ᄿ ᅏ)들을 추가한 것이지만, 그 원형이 훈민정음이라는 점에는 변함이 없다. 그렇기 때문에『훈민정음』언해본에 포함될 수 있었던 것이다.

이에 대해서 오른쪽 음가를 표기한 방식은 국속찬자지법(國俗撰

---

160 최영애, 「번역노걸대 입성자의 훈민정음표기 연구」, 『중국어문학논집』37, 2006, 99~100쪽.

字之法) 즉 조선의 일반적인 글자 쓰는 법에 따른 것이라고 하였다. 그런데 이 글자들은 보면 왼쪽에 쓴 글자들과 확연히 구별된다. 그냥 보기에도 상당히 달라 보인다. 구체적인 차이점은 다음과 같다.

1. 오른쪽 음가 표시에는 전탁음 표시를 위한 각자병서가 없다 (大 : 따 → 다, 上 : 썅 → 샹, 從 : 쭝 → 충).[161]
2. 오른쪽 음가 표시에는 정치음과 치두음을 구별하지 않았다 (上 : 썅 → 샹, 從 : 쭝 → 충, 初 : 추 → 추, 時 : 씅 → 스, 這 : 져 → 져).
3. 오른쪽 음가 표시에는 장음 혹은 반모음(w)을 나타내는 '몽'이 사용되지 않았다(了 : 럏 → 랃).
4. 오른쪽 음가 표시에는 종성 혹은 여음 표시인 'ㆆ'이 사용되지 않았다(乞 : 킳 → 키, 北 : 빙 → 버)
5. 오른쪽 음가 표시에는 초성의 'ㅇ'이 사용되지 않았다 (月 : 윓 → 워).
6. 오른쪽 음가 표시에는 초성의 'ㆆ'가 사용되지 않았다 (日 : ᅙᅵᆼ → 이)

이처럼 두 표기의 차이는 분명하다. 오른쪽 음가 표기에서는 전탁음, 정치음과 치두음, 초성의 'ㅇ', 종성의 'ㅇ'이나 '몽', 'ㅸ'을 쓰지 않았다. 특히 종성의 '몽', 'ㅸ'에 대해서는 「범례」 7조에서 상세하게

---

161 『번역노걸대』 범례 제5조에서는 구체적으로 群 定 並 從 床 匣의 초성은 차청자로 나타내었고, 邪 禪의 초성은 전청자로 나타내었다고 하였다.

설명하고 있다. 신숙주의 『사성통고』에서 소(蕭) 효(爻) 우(尤) 운의 평성, 상성, 거성은 'ㅱ'으로 종성을 삼고, 약(藥) 운은 'ㅸ'을 종성으로 삼았으나, 최세진은 소·효 운의 'ㅱ'은 'ㅗ'와 같고, 우 운의 'ㅱ'은 'ㅜ'와 같으며, 약 운의 'ㅸ'은 'ㅗ/ㅛ'와 같다고 보았다. 그래서 『사성통고』(『홍무정운역훈』도 같다)에서 'ㅱ', 'ㅸ'으로 종성을 삼은 글자는 ㅗ/ㅛ/ㅜ로 옮김으로써 처음 배우는 자의 학습에 편리하게 한다고 하였다.[162]

최영애가 지적한 것처럼 이는 우리가 아는 합자법 즉 각 음소를 나타내는 글자를 조합하는 방법과 다르다. 만약 'ㅗ'와 'ㅏ'를 함께 쓰면 'ㅘ'가 되고 이는 'wa'로 발음한다. 또 'ㅗ'와 'ㅑ'를 합하면 'ㆇ'와 같이 우리가 발음할 수 없는 음이 되어 버린다. 그런데 오른쪽 음가 표시에서 사용된 글자의 모양은 이와 다르다. 'ㅗ'와 'ㅏ'를 합쳤지만 'ᅶ'와 같이 'ㅏ'가 짧고 'ㅗ'는 정상적인 길이를 가지고 있다. 우리가 쓰는 'ㅘ'와 글자가 반대 순서로 결합되어 있는 것이다. 그러므로 'ㅗ'와 'ㅏ'의 순서로 발음하는 것이 아니라, 'ㅏ'와 'ㅗ'의 순서로 발음해야 한다. 즉 'ao'로 발음하는 것이다. 우리가 느끼기에는 '와(wa)'는 한 음절이지만, '아오(ao)'는 두 음절이다. 그러나 한자의 한 자에 대한 음가를 나타내는 것이므로 그 발음 표시로 한 글자로 표현한다는 원칙에 따라서 'ᅶ'라는 표기를 만들고 '라오'로 발음하도록 한 것이다.

---

162 김무림, 「번역노걸대박통사 범례의 새김과 해설」, 82~83쪽.

그러나 이것은 훈민정음을 변용한 것은 아니다. 왜냐하면 『훈민정음』해례본에서 규정한 전탁음, ㆅ을 사용하지 않았고, 『훈민정음』언해본에서 규정한 정치음 치두음을 위한 글자도 사용하지 않았기 때문이다. 이는 「언문자모」에서 규정한 글자 안에서 운용하고 있는 것이지 『훈민정음』에서 규정한 글자들은 전혀 쓰지 않았다.

『번역노걸대』범례의 좌음과 우음이야말로 훈민정음과 언문의 차이를 극명하게 보여주는 것이다. 그렇다면 최세진은 왜 훈민정음과 언문을 바탕으로 한 음가 표기를 병기한 것일까? 그 이유는 최세진이 설명하고 있는 대로 『훈민정음』에서 규정한 글자와 합자법이 스승의 가르침이 있어도 알기 어렵기 때문이다. 또한 중국 한자음을 잘 아는 사람이 아니라, 이를 처음으로 학습하는 사람들의 편의를 위한 것이다.

국속찬자지법(國俗撰字之法)으로 만든 글자에는 調탿, 爻햫, 愁츄, 着쟌 등이 보인다. 이 네 글자는 각기 소(蕭) 효(爻) 우(尤) 약(藥) 운자로 본래 『통고』에서는 소·효·우 운에는 종성 ㅱ을, 약 운에는 종성 ㅸ을 써서 땯 햟 쯩 쨟로 표기하였고, 이는 『훈민정음』합자해에 맞는 구조이다. 『통고』의 속음을 따른 『번역노걸대』의 좌음 즉 정음이 이와 같다. 그러나 이러한 글자들은 국음에서는 생소하여 발음하기 어려웠으므로 음절 구조에는 벗어나지만 익히기에 편한 구조의 국속찬자를 만들어 우음 즉

속음으로 쓴 것이다. 이러한 취지는 같은 범례 〈ㅁㅸ爲終聲〉조에도 잘 나타나 있다.[163]

언문과 훈민정음은 글자 수가 다르다

언문은 최만리의 상소문이나 훈몽자회의 언문자모에 보이는 것처럼 글자의 수가 27자이다. 훈민정음은 기본 글자가 28자이다. 언문의 기본 글자에 ㆆ이 추가된 것이다. 우리말에서 쓰이지 않는 ㆆ을 만든 이유는 후음(喉音)에서 전청 차청 전탁 불청불탁의 사성(四聲)을 나타내는 글자를 다 갖출 필요가 있었기 때문이다. 즉 중국 한자 음운의 구조에 따른 것이다.

그러나 훈민정음에는 28자만 있었던 것이 아니다. 이미 『훈민정음』 해례본에서 각자병서에 관한 규정을 만들었기 때문에, ㄲ, ㄸ, ㅃ, ㅆ, ㅉ, ㆅ의

━ 그림 27 『경세훈민정음도설』 범음자모도

163 최영애, 앞의 논문, 100쪽.

6글자가 늘어나고, 다시 순경음 규정이 있기 때문에 ㅸ, ㅹ, ㆄ, ㅱ의 4글자가 늘어나서, 전체 글자는 38자가 된다. 『훈민정음』 언해본에서는 다시 정치음과 치두음을 나누어서 따로 글자를 만들었기 때문에 10자가 늘어나서 48자가 되었다.

숙종 대의 문헌이기는 하지만 『경세훈민정음도설』에서는 훈민정음을 더욱 확장해서 쓸 것을 제안하고 있다. 한자가 아닌 범어를 나타내기 위해서는 탁음을 다시 순탁음 차탁음 반탁음으로 나눈 다음 순탁음은 한자의 전탁음과 마찬가지로 표기하고, 차탁음은 차청음의 탁음이라는 뜻으로 쌍키읔, 쌍티읕, 쌍피읖, 쌍치읓을 새로 만들고 원래 훈민정음의 쌍히읗도 가져왔다. 대신 후음의 전탁음은 ㆅ으로 표시하고자 하였다. 반탁음은 원래 『훈민정음』에서 불청불탁음으로 분류된 것에 대한 탁음을 설정한 것이다. 그래서 쌍옛이응, 쌍니은, 쌍미음, (쌍시옷), 쌍이응, 쌍리을을 만들었다(그림 27).

훈민정음이 세종대왕이 직접 창제한 우리의 문자라면, 우리 문자의 수를 신숙주나 최석정이 마음대로 늘이고 마음대로 모양을 바꾸는 일이 가능하였겠는가? 이런 일이 가능했던 것은, 훈민정음은 한자, 여진어, 범어 등의 음가를 표기하는 발음기호이고, 필요에 따라서 얼마든지 새로운 글자나 새로운 조합을 할 수 있도록 허용되어 있었기 때문이라고 할 수 있다. 이는 인도네시아의 찌아찌아족 언어를 표기하기 위하여 쌍리을(ㄹ)과 같은 새로운 글자 조합을 만든 것과 마찬가지다. 흔히 찌아찌아족을 위한 문자를 한글이라고 하지만, 사실은 훈민정음을 사용한 것이라고 보아야 한다. 주로 한자 발음에 쓰려고 만들었던 '뵹'도 사용하고 있다. 한글이라는 우리글을 사용한다고 주장하면, 인도네시아의 국민감정을 자극할 우려가 있다. 그러나 발음기호로 만들어진 훈민정음을 쓴 것이고 우리글과는 구별되는 것이라고 하면 오히려 외국에서도 크게 무리없이 수용될 수 있을 것이다.

언문과 훈민정음은 발음이 다르다

─── 그림 28 『사성통해』「사성통고범례」

언문과 훈민정음이 같은 것이라면 그 발음도 당연히 같아야 한다. 그러나 훈민정음으로 한자 음가를 표기한 다음, 그것을 읽을 때는 우리말과 다르게 발음해야 한다. 『홍무정운역훈』에 실린 한자들을 찾기 쉽도록 사성의 순서로 배열한 책이 『사성통고』이다. 『사성통고』라는 책은 현재 전하지 않지만, 다행스럽게 그 「범례」가 최세진이 지은 『사성통해』에 실려 있다. 범례에서는 우리말의 음과 중국말의 음이 차이가 있다고 하고, 훈민정음으로 한자 음가를 나타낸 것을 읽을 때 어떻게 소리를 내야하는지 자세히 설명하고 있다. 『훈민정음』 언해본에서도 한자 음가를 표기하기 위하여 한자 아래 조금 작은 글씨로 훈민정음을 적어놓았는데, 그것을 읽을 때는 우리말과 다르게 읽어야 하는 것이다.

「사성통고범례」

대저 우리말의 음은 가볍고 얕으며, 중국말의 음은 무겁고 깊은데, 지금 만든 훈민정음은 우리말의 음을 바탕으로 해서 만든 것이라, 만일에 한자 음가(漢音)를 나타내는 데 쓰려면 반드시 변화시켜서 써야만 곧 제대로 쓰일 수 있다. 예를 들면, 중성 가운데 ㅏ ㅑ ㅓ ㅕ 등 장구음(長口音)을 나타내는 글자는, 초성을 발음한 때의 입이 변하지 않고, ㅗ ㅛ ㅜ ㅠ 등 축구음(縮口音)을 나타내는 글자는, 초성을 발음한 때의 혀가 변하지 않으므로, 중국 자음의 중성이 ㅏ 일 때에는 ㅏ와 · 음 사이처럼 발음하고, ㅑ 일 때에는 ㅑ와 · 음 사이처럼 읽고, ㅓ면 ㅓ와 ㅡ 사이로, ㅕ면

ㅕ와 ㅡ 사이로, · 면 · 와 ㅡ 사이로, ㅡ 면 ㅡ와 · 사이로, ㅣ 면 ㅣ와 ㅡ 사이로 발음해야 중국음에 맞게 된다. 지금 중성으로서 변화한 것은 운을 따라 같은 중성의 첫머리 글자 아래에 이를 설명하였다.[164]

또 한 가지 주목할 것은 「사성통고범례」의 치음에 관한 설명이다.

무릇 잇소리 가운데에서 치두음은 혀를 올려 이에 대면서 발음하므로 그 소리가 얕고, 정치음은 혀(끝)을 말아 (윗)잇몸에 대어 발음하므로 그 소리가 깊다. 우리 나라 잇소리인 ㅅㅈㅊ 음은 치두음과 정치음의 중간이다. 『훈민정음』(해례본)에서는 치두음과 정치음으로 나누지 않았으나, 이제 치두음으로 ㅅ ㅈ ㅊ, 정치음으로 ㅅ ㅈ ㅊ를 만들어 구별하였다.[165]

이때 훈민정음은 『훈민정음』 해례본을 뜻한다. 만약 이것을 문자로 해석하게 되면, 치두음과 정치음은 훈민정음이 아닌 셈이 되어 버린다. 그렇지만 이 글자들은 『훈민정음』 언해본에 훈민정음의 일부

---

164 『사성통해』「사성통고범례」(전략) 大低本國之音輕而淺, 中國之音重而深. 今訓民正音出於本國之音, 若用於漢音, 則必變而通之, 乃得無礙. 如中聲ㅏㅑㅓㅕ張口之字, 則初聲所發之口不變, ㅗㅛㅜㅠ縮口之字, 則初聲所發之舌不變. 故中聲爲ㅏ之字, 則讀如ㅏ · 之間. 爲ㅑ之字, 則讀如 ㅑ · 之間. ㅕ則ㅕㅡ之間. ㅓ則ㅓㅡ之間. ㅛ則ㅛ · 之間. ㅜ則ㅜㅡ之間. ㅠ則ㅠㅡ之間. · 則 · ㅡ之間. ㅡ則ㅡ · 之間. ㅣ則ㅣㅡ之間. 然後庶合中國之音矣. 今中聲變者, 逐韻中聲首字之下論釋之.(하략)

165 『사성통해』「사성통고범례」(전략) 凡齒音, 齒頭則擧舌點齒, 整齒則卷舌點腭. 故其聲深. 我國齒聲ㅅㅈㅊ在齒頭整齒之間. 於訓民正音, 無齒頭整齒之別, 今以齒頭爲ㅅㅈㅊ, 以整齒爲ㅅㅈㅊ以別之. (하략)

도 들어있다. 그리고 ㅅ ㅈ ㅊ 와 ㅅ ㅈ ㅊ 를 구별하여 사용한『홍무정운역훈』에서는 분명히 정음(正音) 즉 훈민정음으로 한자의 음을 나타내었다고 하였다.

글자의 이름이 다르다

또 한 가지 주목해야 할 것은『훈민정음』해례본에서는 ㄱ, ㅋ, ㄲ, ㅇ 등의 글자를 지칭할 때,『훈몽자회』의 언문자모처럼, '기역', '이응' 등으로 부르지 않았다는 점이다. 'ㄱ' 다음에 '는'이라는 주격조사가 붙은 것으로 보아, 훈민정음에서 'ㄱ'의 이름은 '가'나 '기'였을 것으로 추정하고 있다.[166] 우리가 보기에는 언문자모의 'ㄱ'이나 훈민정음의 'ㄱ'은 똑같아 보이지만, 사실은 이름이 다른 것이다. 왜 같은 글자인데 이름이 다른 것일까?

『조선왕조실록』에서 1443년에 언문 27(28)자가 창제된 사실이 먼저 보이고, 1446년에『훈민정음』해례본이 완성되었다고 하였으므로, 훈민정음이 나중에 성립된 것이 분명하다. 그렇다면 1443년에 이미 'ㄱ'이 '기역(其役)'이라는 글자 이름을 가지고 있었는데,『훈민정음』에서는 이에 따르지 않고 'ㄱ'에 'ㅏ'나 'ㅣ'와 같은 모음(중성)을 붙여 읽은 셈이다. 이는 파스파문자에서 자음 한 자만 썼을 때 'ㅏ'라는

---

166 정광,『몽고자운연구』, 박문사, 2009, 207쪽.

모음 음가가 따라붙는 것과 같은 방식이다. 『몽고자운』에서는 이를 자모(字母)라고 하였고, 원래 한자로 나타내던 자모를 대신하는 발음 기호라고 할 수 있다. 훈민정음에서도 'ㄱ'은 군(君)이라는 자모를 대신하는 발음기호다. 그래서 『동국정운』에서는 군(君)을 자모의 자리에 두었고, 'ㄱ'은 한자의 음가를 나타낼 때만 쓰였다. 한자의 발음 기호인 'ㄱ(가 혹은 기)'와 우리말을 나타내는 글자인 'ㄱ(기역)'과는 구별할 필요가 있었을 것이다. 이것이 'ㄱ'을 부르는 방식이 서로 다른 이유가 아닐까?

「언문자모」에 보이는 언문 글자의 이름은 해당 글자가 말의 첫머리(초성)과 끝(종성)에서 어떻게 쓰이는지 보여주고 있다. 예를 들어 'ㄱ'을 기역(其役)이라고 하여 '기'의 초성과 '역'의 종성에서 'ㄱ'이 쓰이는 모습을 보여준다. 'ㄴ'을 니은(尼隱)이라고 하여 '니'와 '은'에서 각가 'ㄴ'이 어떻게 쓰이는 지를 보여준다.

중성(모음)의 경우도 ㅏ(阿), ㅑ(也), ㅓ(於), ㅕ(余), ㅗ(吾), ㅛ(要), ㅜ(牛), ㅠ(由), ㅡ(應, 종성은 쓰지 않는다), ㅣ(伊, 중성만 쓴다), ·(思, 초성을 쓰지 않는다)와 같이 『훈민정음』 해례본과 비교하면 상대적으로 쉬운 한자로 설명하고 있다. 중성을 만든 복잡한 원리에 대한 설명도 없다.

『훈민정음』 해례본과 같은 복잡한 설명 없이, 비교적 쉬운 한자로 언문 자모의 음가를 보여주고, 또한 초성과 중성을 결합하는 방식도 우리에게 익숙한 '가, 갸, 거, 겨, 고, 교, 구, 규, 그, 기, ᄀᆞ'로 배열되어 있다. 글자를 조합하는 방식에 대한 설명도 훨씬 간단하다. ㄱ(其)를 초성으로 하고 아(阿)를 중성으로 하여 ㄱ와 ㅏ를 합하면 '가'가 되

고 이것이 집 가(家) 자의 음이고, 다시 'ㄱ(役)'을 종성으로 하여 '가'
와 'ㄱ'을 합하면 '각'이 되고 이것이 각(各)이라는 한자의 음이 된다
고 설명하고 있다. 「언문자모」의 이러한 내용 정도가 백성들이 직접
배울 수 없더라도 「언문자모」를 읽을 수 있는 사람이 설명해주면 이
해할 수 있는 수준이 아닐까?

또한 「언문자모」의 글자 이름이나 초성과 중성의 배열 순서, 초성
과 중성의 결합 형태야말로 현재 우리가 기억하고 있는 한글 자모의
이름이고 자음과 모음의 배열 순서이고, '가갸거겨' 등의 조합이다.
그래서 한글날이 제정되기 전에는 '가갸날'이라고 할 정도였다.

『훈민정음』에서 정한 것이 우리 문자의 이름이라면 왜 우리는
'ㄱ'을 '기'나 '가'라고 하지 않고, '기역'이라고 부르는가? 「언문자
모」에 보이는 글자 이름이야말로 세종이 정한 것이고 처음부터 권위
를 가진 정식 명칭이라고 보아야 하지 않을까?

표기방식이 다르다

훈민정음과 언문의 차이를 극명하게 보여주는 것은 한자의 음가로
쓰인 훈민정음은 한자를 매개로 하지 않고는 언문과 섞어서 쓸 수 없
다는 점이다. 훈민정음은 어디까지나 한자의 음가를 나타내는 기호로
쓰이므로, 우리말의 표기와 서로 어울어지지 않는다. 훈민정음의 영역
과 언문의 영역은 서로 달랐다. 구체적인 사례를 보도록 하자.

『훈민정음』 언해본의 일부에서 〈그림 29〉과 같이 한자를 없애고
남아있는 것만 적으면 다음과 같은 글이 된다.

——그림 29 『훈민정음』 언해본에서 한자를 지운 모습

듕귁소리옛니쏘리는 칭뚱와졍칭왜 굴히요미잇ᄂ니

그 글 속에는 우리말의 맞춤법으로는 이해하기 어려운 것들이 눈에 띈다. 예를 들어 '칭뚱와'라는 구절은 '뚱' 다음에 '와'가 아니라 '과'와 같이 받침이 있는 것으로 조사가 붙어야 할 것 같다. 그런데 받침이 없을 때 쓰는 '와'가 왔다. 사실 '뚜' 아래에 있는 'ㅱ'은 받침이 아니라 한자의 운미(韻尾, 종성)다. 우리말 조사가 오더라도 받침이 아니라 운미이기 때문에, 뒤에 있는 조사의 첫머리에 옮길 수 없다. 그래서 우리말의 받침에 붙는 조사의 규칙과는 상관없이 그 음가를 기준으로 '와'가 붙은 것이다. 우리말의 경우라면 이 구절은 '칭뚜봐'와 같이 표기하였을 것이다. 이 구절은 현재는 '치두(齒頭)와'로 옮길 수 있다. 이 구절을 제대로 읽으려고 하면, 최소한 'ㅱ'이 우리말의 받침으로는 쓰이지 않는다는 것을 알고 있거나, 아니면 한자 중 소(蕭) 효(爻) 우(尤) 운(韻)에 속하는 한자의 운미로 쓰인다는 사실을 알아야 한다. 곧 'ㅱ'은 한자를 나타낼 때만 쓰이고 우리말에는 쓰이지 않는 글자이다. 따라서 한자 없이 한자의 음가를 나타낸 훈민정음만 쓴다면, 이는 언문의 표기 규칙과 충돌하게 된다.

똑같은 사례를 '졍칭왜'에서도 찾을 수 있다. 우선 '졍'는 '져' 아래 'ㆁ(이른바 옛이응)'을 쓴 것이고, '칭'은 '치' 아래 'ㅇ'을 쓴 것이다. 한자의 음가를 나타낼 때 쓰인 'ㆁ'과 'ㅇ'은 우리말의 받침이 아니고 운미(종성)이다. 'ㅇ'은 한자의 운미에 음가가 없거나 혹은 여음(餘音)을 나타내는 것이다. 이를 받침이라고 인식하지 않고, 운미로 인식했기 때문에 '쾌(과이)'가 아니라 '왜(와이)'가 온 것이다.

운미라는 개념은 한자의 음가를 나타내는 데 쓰이고, 받침은 우리말의 마지막 발음을 나타내는 데 쓰였다. 한자와 우리말은 서로 어울리지 않고, 한자의 음가는 그 자체로 완결된다. 그러나 우리말의 받침은 뒤에 오는 음절의 초성으로 넘어갈 수 있다. 그렇게 보면 '漢한音흠음'에서도 한자 음(音)의 음가 표시인 '흠'은 뒤로 넘어가서 '한흐믄'이 되지 않고, '한흠음'과 같이 표기된 이유를 알 수 있다. 이처럼 훈민정음과 언문은 서로를 용납하지 않고 따로 쓰이고 있다.

이런 논의는 결코 어려운 것이 아니다. 현재도 다르지 않다. 언제부터인가, 효과(效果)나 작장면(炸醬麵)과 같은 한자어를 '효꽈'나 '짜장면'이 아니라 '효과'나 '자장면'으로 발음하도록 하고, 방송매체에서는 이런 원칙을 지키고 있는 것과 마찬가지다. 지금도 한자어를 우리말처럼 멋대로 된소리로 발음해서는 안된다고 여기는 것이다. 여전히 이런 어휘들은 한자어 혹은 외래어일 뿐인 셈이다.

쓰임이 달랐다

언문은 우리말을 나타내는 데 널리 쓰였다. 유교 경전을 비롯해서 『소학』, 『삼강행실도』 등 다양한 문헌을 언해하는 데 쓰였고, 불경 언해, 농서 언해 등 각종 한문 문헌을 우리말로 옮기는 데 쓰였다. 왕이나 왕후의 교지에도 쓰였고, 벽서에도 쓰였고 연애편지에도 쓰였다. 널리 쓰인 것은 배우고 쓰기 쉬웠기 때문이다. 그러나 훈민정음은 한자의 음가나 여진어의 음가를 표시하는 데만 쓰였다. 「훈민정음」은 취재와 과거 시험의 과목이었다. 심지어 내용(義理)을 정확히 몰라도 훈민정음을 써서 한자 음가를 나타낼 수만 있으면(合字), 합격시키도록 할 정도였다. 그만큼 어려웠다는 이야기다. 『훈민정음』해례본이든 『훈민정음』언해본이든 어렵기는 마찬가지다.

사실 『훈민정음』해례본과 『훈민정음』언해본만 비교해 보더라도 훈민정음과 언문이 다르다는 것은 쉽게 알 수 있다. 『훈민정음』해례본은 전체가 한문 문장으로 되어 있고, ㄱ, (ㄲ), ㅋ, ㅇ과 같은 글자와 우리말 어휘가 일부 포함되어 있다. 그 속에는 우리말 문장이 없다. 이에 대해서 『훈민정음』언해본은 비록 서문과 예의 부분에 국한된 것이기는 하지만, 한문 문장을 언해(諺解)하였다. 즉 한문 문장을 우리말로 풀어 쓴 것이다. 언해에 쓰인 문자야말로 언문인 것이다. 만약 훈민정음과 언문이 같다면, 왜 『훈민정음』해례본과 『훈민정음』언해본은 달라야 할까? 또한 훈민정음과 언문이 같다는 전제에서 한문 문장과 우리말 문장의 차이를 강조하려면 『훈민정음』언해본이 아니라 『훈민정음』훈민정음해본 혹은 『훈민정음』정음해본이라고 해야 하지 않을까?

훈민정음의 용례와는 달리 언문이라는 용어는 주로 우리말의 표기와 관련되어 있고, 예외적으로 훈민정음을 언자 언문으로 나타낸 경우가 있다. 이는 『동국정운』이나 『홍무정운역훈』에서 설정한 한자 음가가 점차 우리의 현실 한자 음가에 접근하게 되면서, 훈민정음식 한자 음가 표기가 그 기능을 상실하게 되었기 때문이다. 또한 한자와 분리된 훈민정음 표기는 존재할 수 없지만, 언문의 보급과 더불어 한자를 쓰지 않고 그 음가를 훈민정음이 아닌 언문으로 쓰게 되면서(최세진의 『훈몽자회』) 한자의 음가를 나타낸 경우도 언문이라고 한 사례가 나타나기 시작한다. 그래서 언자 언문이 훈민정음을 뜻하는 사례는 모두 조선 후기의 사례이다.

이 점과 관련하여 세종 25년에 제정된 글자를 언문이라고 한 점도 주목된다. 언문은 문자에 대응되는 말이고 실제로 언문은 우리말을 기록한 글자로 사용된 경우에만 사용되는 말이었다. 언문도 한자의 음가를 표현하기 위한 것이었다면, 이후 언해 등이라는 용어를 쓰게 된 것도 이해하기 어렵게 된다. 언문은 애초부터 한자의 음가를 위한 것이 아니라 우리말을 나타내는 글자로 보아야 할 것이다.

우리말을 나타내는 글자의 창제는 조선 건국의 정당성을 주장하는 『용비어천가』의 편찬이라는 세종의 의도와 직접적으로 관련이 있는 것이다. 또한 언문은 농업기술의 전파에도 사용하고 있다. 예를 들어 세조는 잠서를 언자로 번역하게 하였고 그 번역에 문신 30여 인을 동원한 것은 신속하게 번역을 마치려는 의도를 가지고 있었음을 알 수 있다.[167] 또한 국가의 기밀에 속하는 문건을 언자로 번역하고 한자로 쓰인 것은 모두 불태움으로써, 대외적으로 기밀의 누설을 막고자 한 사례도 확인할 수 있다.[168] 성종 대에는 근검절약을 내용으로 하

---

167 『조선왕조실록』 세종 7년 3월 14일(을묘), 命知中樞院事崔恒´右承旨韓繼禧等文臣三十餘人, 用諺字譯蠶書。

168 『조선왕조실록』 세종 12년 11월 17일(을유), (전략) "銃筒謄錄, 國家秘密文書也. 春秋館有一件, 文武樓有二十一件, 自弘文館入內一件, 軍器監有幾件. 萬一姦細偸之, 因以爲利, 則東南之害, 不可勝言. 乞以諺字書寫, 內外史庫, 各藏三件. 弘文館三件, 稱

는 교지를 언자로 번역하여 부인과 어린아이에게도 알게 하라고 한 예가 있다.[169] 이동림이 언문이 그저 불완전한 시안으로서 민간과 아녀자에 횡류(橫流)되어 사용되었다고 판단한 것은 언문의 쓰임새를 크게 오판한 것이다.

종래에도 언문에 대해서 관심이 없었던 것은 아니지만, 주로 우리글의 활용과 보급이라는 관점에서 주목하였다. 그러나 이 글에서는 언문이 훈민정음과 구별되는 우리말을 표현하기 위한 수단이라는 관점에서 이해하고자 한다. 우리는 흔히 언문은 훈민정음을 낮추어 부르는 용어라고 생각한다. 그러나 사실은 그렇지 않다. 세종대왕이 1443년에 처음으로 우리말을 나타내는 문자를 창제했을 때 그 이름은 언문이었다. 그렇기 때문에 최만리의 상소문에서도 언문이라는 말이 거듭 나타난다. 만약 언문이 훈민정음을 낮추어 부르는 말이라고 한다면, 세종대왕이 직접 훈민정음이라고 직접 이름을 붙인 문자의 이름을 무시하고 언문이라고 하였으니 이는 국왕을 능멸한 행위였을 것이고, 최만리에 대한 처벌은 하루 동안 하옥하는 데 그치지 않았을 것이다.

『훈민정음』이 반포된 이후에도 『조선왕조실록』이나 『승정원일기』에서 지속적으로 언문이라고 하였으며, 이는 진서(眞書) 혹은 한자(漢字)에 비교되는 용어이기는 하였지만, 우리글에 대한 비칭이었

臣堅封, 其漢字書寫者, 竝皆燒毁, 以爲萬世之慮." (하략)

169 『조선왕조실록』 성종 3년 9월 7일(경자), (전략) 命以諺字, 反譯印出, 頒中外, 使婦人´ 小子, 無不周知.

다고 보기는 어렵다.[170] 언문은 그저 중국의 한자에 대하여 우리글, 일상적으로 쓰는 말을 적는 글 정도의 뜻으로 보아도 좋을 것이다. 그렇기 때문에 최세진의 『훈몽자회』에서도 언문이라고 하였다.[171]

무엇보다 먼저 확인해야 할 것은 과연 훈민정음이 정식 명칭이고 언문은 이를 폄하한 명칭인지의 여부다. 『조선왕조실록』에서 언문이라는 용어가 처음 나타나는 것은 유명한 세종 25년(1443)의 훈민정음 창제와 관련된 기사다. 이 기사 속에서는 분명히 언문 28자[172]를 친제(親制)하였다고 하였다. 이어서 세종 26년에는 언문으로 『운회』를 번역토록 하였다는 기사가 보인다. 세종 26년 2월 20일의 최만리 상소문에서도 분명히 언문 27자를 제작한 사실을 언급하고 있다. 세종 28년 10월 10일에는 대간(臺諫)의 죄를 언문으로 써서 의금부와 승정원에 보이게 하였다는 기사가 보이는데, 이때는 이미 『훈민정음』이 완성된 이후지만 여전히 언문(諺文)이라는 용어가 쓰이고 있다. 이 기사는 26년 10월 13일의 기사로 이어지는데, 세종이 대간의 죄를 책망한

---

170 홍현보, 「우리 사전의 왜곡된 언문 뜻풀이에 관한 연구」, 『한글』298, 2012, 51~103쪽.

171 『훈몽자회』卷頭附編, "諺文字母 俗所謂反切二十七字." 이는 세종 25년의 언문과 훈민정음에 대한 기록 방식과 유사하다. 諺文을 세간에서 反切이라고 하였다는 것이다. 그러나 이것이 곧 諺文이 反切이라는 뜻은 아니다. 反切은 한자의 음가를 표시하는 방법을 말하는 것이고 오히려 한자 음가를 나타내는 훈민정음에 적합한 용어이다. 일반인들이 이것을 엄격히 구별하지 못하였다는 뜻이 될 수는 있지만, 양자가 동일한 것으로 간주하는 근거가 될 수는 없다.

172 언문 28자에 대해서는 여러 각도에서 의문이 제기되어 있다. 먼저 최만리가 언문 27자라고 하였고, 최세진도 언문 27자라고 하였다. 세종 25년 12월 30일조의 기사는 훈민정음이 완성된 이후의 첨삭이 있었던 것으로 생각되므로 언문은 27자가 옳은 것으로 생각된다.

언문서(諺文書)를 거론하고 있다.

한편 세종 26년 11월 8일에는 언문청을 설치하고 사적을 상고해서 용비시(龍飛詩)를 첨입(添入)토록 하였다. 정음청이 아닌 언문청이라는 용어를 사용한 점에서, 세종 25년에 언문 28자를 만들었는데 이를 훈민정음이라고 하였다는 기사는 훈민정음 완성 이후의 인식을 투영한 것임을 알 수 있다.[173] 또한 언문청은 공식적으로『훈민정음』이 반포된 이후인 세종 29년(1447)에도 그 이름을 그대로 유지하고 있다.[174]

세종 29년 11월 14일에는 서연(書筵)에서 언문과 의서를 진강하고 있는 사실을 언급하였다. 세종 30년 3월 28일에는 김구를 불러 언문으로『사서(四書)』를 번역하게 하였다는 내용이 보인다. 같은 해 7월 27일에는 좌의정 하연(河演) 등과 함께 언문서 두어 장을 가지고와서 비밀리에 의논하였다. 세종 31년 6월 20일에는 세종은 승려들이 기우제를 지낼 때 감찰로 하여금 절을 하게 하는 문제로 언문으로 20여 장이 되는 글을 썼다고 하였다.

문종 1년에도 양녕대군이 언문으로 짧은 편지를 써서 아뢰었다는 내용이 보인다. 단종 1년 4월 2일에는 수강궁에 일하는 방자(房子)가

---

173 이동림, 「훈민정음의 창제경위에 대하여」, 5쪽.

174 『국역조선왕조실록』세종 29년 7월 1일(신묘)에는 언문청 등에 別到를 주고자 한 논의가 보이고, 세종 31년 1월 27에는 병조정랑 이현로와 병조좌랑 윤배가 환관 최읍의 형 등의 벼슬을 올려준 사건을 논의하면서, 이현로와 최읍이 이미 언문청에서 서로 알게된 지가 오래되었다고 하였다. 이처럼 세종 31년까지 언문청이라는 용어를 그대로 쓰고 있는 점에서도 언문과 훈민정음이 구별되는 것임을 알 수 있다.

별감과 사통한다는 내용을 담은 언문이 보이며, 이 일을 의금부에서 조사하여 5월 8일에 방자와 별감이 서로 간통하려고 언문으로 서로 몰래 통하였음을 아뢰었다. 궁중 내의 나인과 하녀같은 사람들이 언문을 쓸 수 있었음을 보여준다. 이 또한 한자가 아닌 우리말을 문자로 기록한 사례이다. 같은 해 4월 20일에 혜빈(惠嬪)이 언문으로 영풍군(永豊君)의 집에 옮겨 살기를 원하는 글을 아뢴 사실이 보인다.

세조 4년(1458) 8월 24일에는 김분(金汾)의 일과 관련하여 중궁(中宮)이 언문으로 죄를 감해줄 것을 아뢰었다는 내용이 보인다. 같은 해 10월 15일에는 『초학자회(初學字會)』에 언문으로 주(註)를 달게 한 내용이 보인다. 세조 7년 8월 27일에는 『명황계감(明皇誡鑑)』[175]을 언문으로 번역하게 하였고, 세조 11년에는 궁인이 귀성군(龜城君) 이준(李浚)에게 언문 편지를 보낸 사건이 보인다. 세조 14년 2월 4일에는 중추부 지사 민발(閔發)에게 언문으로 된 어마법(御馬法)을 읽으며 물으니 민발이 잘 대답하였다고 한다. 말을 모는 법에 대한 책을 언해한 것으로 보인다. 같은 해 5월 12일에는 사정전(思政殿)에 나아가 언문가사(諺文歌辭)인 『월인천강지곡』을 관기(官妓)들에게 부르게 하였다는 내용이 보인다.

예종 1년 6월 27일에는 승려에게 『금강경』과 『법화경』 강경 시험을 부과하려는 이야기를 듣고 승려 신미(信眉)가 언문으로 글을 써서 아뢰었다는 내용이 보인다. 성종 1년 3월 9일에는 경신옹주(敬愼翁

---

175 『명황계감』은 한문 원문은 없고 오로지 언문으로만 번역되어 있는 문헌이다.

主)의 송사(訟事)와 관련하여 내전(內殿)에서 나온 언문에 관한 기사가 보인다. 성종 7년 1월 13일에는 대왕대비가 승정원에게 언문 편지 1장을 보냈다는 내용이 보이며, 성종 8년 3월 29과 3월 20일일에도 왕비의 폐위사건으로 비화되는 대왕대비의 언문 의지(懿旨)[176] 및 중궁 측에서 정소용(鄭昭容) 등을 모함하기 위해서 작성한 언문이 보인다. 이와 관련하여 성종 10년 6월 5일에 성종이 중궁을 폐위한 까닭을 설명하면서 언문으로 거짓문서를 만든 사실을 언급하였다. 성종 12년에는 언문으로 된 『삼강행실열녀도』를 인쇄하여 서울과 지방에 나누어주도록 한 내용이 보인다.

성종 13년 2월 13일에는 양성지가 『총통등록』을 언문으로 옮겨써서 보관하자는 내용의 상소문을 올렸다. 한문으로 작성된 국가기밀이 일본 등에 유출되는 것을 막기 위함이었다. 이후 많은 기록이 보이지만[177] 언문은 우리말을 표기할 때 쓰는 문자라는 용법에서 벗어나는 경우가 없다. 특히 내전(內殿)이나 종실(宗室)이 작성한 글이나 민간의 투서(投書) 등이 언문으로 쓰인 경우가 많음을 확인할 수 있다. 또한 언문청이 혁파된 것은 중종 1년의 일이다.

즉 『훈민정음』이 반포되고 나서 우리말의 표기 혹은 한문 문헌의 우리말 번역에서 사용된 문자는 그것이 아무리 왕실이 주관한 일이

---

176 의지(懿旨)는 왕대비 · 왕비 및 왕세손의 명령을 말한다.

177 홍현보, 앞의 글. 훈민정음과 언문의 차이에는 주목하지 않았지만, 『조선왕조실록』의 諺을 포함하는 사례를 전체적으로 소개하고 있다.

고 공식적인 일이라고 하더라도 훈민정음이라 칭한 적이 없다.[178] 『훈민정음』이 우리말을 나타내는 문자를 의미했다면 언해와 언해서의 출간을 담당한 기관을 언문청이라고 할 수 있었겠는가? 당연히 정음청이 되어야 옳다. 그러나 정음청이라는 용어는 문종 대에 나타나고, 단종 1년에 정음청이 혁파되었는데, 언문청은 중종 대에 혁파되었다. 지금까지 언문청과 정음청을 연구한 논자들은 막연히 언문청과 정음청은 같은 것이라고 전제하고 논리를 전개하였다.[179] 그러나 언문과 훈민정음을 분리하여 생각하게 되면, 이는 별개의 기관일 수밖에 없고, 그 역할도 달랐을 것이다. 그래서 언문청은 정음청이 혁파된 이후에도 계속 존속하면서 언해와 관련되는 일을 수행하다가 성종대에 언해사업이 일단락되면서 중종 1년에 이르러 혁파된 것으로 보아야 할 것이다.

언문과 관련하여 언자(諺字)의 용례도 확인할 필요가 있다. 문종 대에 언자라는 용어가 보이는데 이는 『대학연의』의 구결을 언자로 쓰려고 한 것이다. 이는 한자 음가에 대한 것이 아니라 한문 문장 사이에 토씨를 이두가 아닌 언자로 삽입하는 것이므로 이는 언문을 이

---

178 예를 들어 중종 19년 2월 29일에 「세자친영의주」와 「책빈의주」를 최세진으로 하여금 우리말로 번역할 때도 諺文이라고 하였으며 훈민정음이라고 하지 않았다. 또 중종 31년 5월 10일에 『삼강행실도』에 대하여 언급하면서 諺語로 번역한 것이라고 하였고, 선조 9년 8월 4일의 언문으로 번역된(諺譯) 『소학』이라고 하였다.

179 김동욱, 「정음청시말」, 『서울대학교논문집』5, 1957, 이근수, 「조선조의 국어정책사」, 『한성대학논문집』3, 1979, 7쪽. 다만 이숭녕은 정음청이 문종 대에 들어서 설치된 것으로 보고 있으므로, 세종대부터 있었던 언문청과는 구별하고 있는 것으로 보인다(이숭녕, 「주자소·책방·정음청의 상호관계에 대하여」, 『동대론총』2-1, 1971, 99쪽.

야기한 것이다. 세조 23년에 언자로 잠서(蠶書)를 번역하였다고 하였으므로 이는 역시 우리말로 번역한 것이므로 한자의 음가에 관한 것이 아니다.

세조 12년에 『총통등록』을 언자로 써서 베꼈는데, 이 또한 국가의 기밀이 한자로 되어 있으면 중국이나 일본에 유출될 가능성이 있어 언문으로 번역한 것을 의미하므로 역시 한자의 음가가 아니다. 성종 22년에 근검을 고유하는 전지(傳旨)를 언자로 번역하라고 하였는데, 이 또한 한문 교지의 번역이므로 한자의 음가와 관련이 없다. 성종 9년에 역시 총통에 관한 내용을 담고 있는 『오례의』를 언자로 번역할 것을 논의하고 있는데, 이 또한 한문의 번역이며 한자의 음가를 다룬 것이 아니다. 성종 10년에 설맹손이 언자와 한자를 섞은 편지를 썼다고 하였는데, 여기서도 한자와 대비되는 언자는 우리글을 말하는 것이다. 중종 9년에 『삼강행실도』가 언자로 번역된 것이라고 하였으므로, 한문으로 된 『삼강행실도』를 언해하였다는 뜻이다. 중종 13년 김안국이 『여씨향약』 등을 언자로 번역하였다고 하였다.

선조 31년에는 요시라라는 일본인이 향담(鄕談)과 언자(諺字)를 안다고 하였는데, 이는 우리말과 우리글을 알았다는 뜻이다. 광해군 10년에는 김중신이 곽영에게 보낸 서간에 겉면에는 한자와 언자가 기록되어 있다고 하였고, 또 언서 2장은 진서(眞書)의 내용을 번역한 것이라고 하였으므로, 이는 한자의 우리말 번역임을 알 수 있다. 숙종 17년에 조이달의 아내 애진이 범자도 아니고 언자로 아닌 알 수 없는 글을 썼다고 하였는데, 이 경우에도 역시 한자는 아니고 범자와 대비되어 언자가 쓰인 것은 언문을 지칭하는 것임을 알 수 있다. 숙종 20년에 신하들이 고변서(告變書)를 언자를 사용하여 쓴 것을 예서(隸書)로 번역하였다고 하였으므로, 우리글을 한자로 옮긴 것이다. 영조 16년에 김복택을 추국할 때 언자로 두 글자를 써서 물었다고 하였는데, 이는 그 글자의 의미를 숨기려고 한 것이라는 설명으로 보아 한자가 아닌 언문임을 알 수 있다. 영조 32년에 언자와 진서가 음이 비록 비슷하였지만 뜻이 같지 않은 것이 많다고 하였는데, 이 또한 음을 중심으로 한 언문으로 썼을 경우 어떤 한자인지 알 수 없음을 말한 것이다.

승정원일기 속의 언문

『승정원일기』에서는 숙종 25년 6월 13일(경술)에 매득문기(買得文記) 3건 중에 2건은 언자라고 하였으므로, 원래 한자 한문으로 작성해야 유효한 매득문기에 대하여 언문으로 된 매득문기가 있었다는 뜻으로 볼 수 있다. 경종 3년 2월 21일(신미)에는 경의(經義)를 언자로 번설(飜說)하였다고 하였으므로 역시 한문 경전을 언문으로 번역한 것이다. 영조 7년 2월 9일에 수원부사 이형좌(李衡佐)의 말 속에 문자(文字, 한자)를 밝게 아는 자가 거의 없고 장례와 제례의 축문(祝文)도 언자로 쓰는데 그것도 한 마을에 한 사람뿐이었다는 내용이 있다. 원래 한자로 써야하는 축문을 언자로 썼다고 하였으므로, 이 또한 언문임을 알 수 있다.

영조 10년 6월 11일(을묘)에『시경(詩經)』의 뜻과 한자가 어렵다고 논의하는 과정에서 어려운 한자 바로 옆에 언자(諺字)로 쓰는 것이 좋겠다고 하였는데, 이는 한자의 음가를 쓰려고 한 것인지 아니면 한자의 의미를 나타내려고 한 것인지 분명하지 않은데, 한자의 음가를 쓴 것이라면 훈민정음을 지칭하는 것일 수 있다. 그러나 영조 13년 3월 19일에 「양정성공도(養正聖功圖)」와 관련하여 언자로 그 뜻을 풀었다고 하였으므로『시경(詩經)』의 경우도 어려운 한자의 뜻과 음을 단 것일 가능성을 배제할 수 없다. 영조 16년 10월 16일(계축)에는 운서(韻書) 중에는 언자를 써서 화음(華音)을 주(註)하였다고 하였으므로, 이는 한자 음가에 관한 것이고 훈민정음의 역할에 해당하는 것이다. 그러나 조선 후기에 이르면 훈민정음 방식대로 주음(註音)하는 것이 아니라 언문(諺文) 즉 당시 사람들이 일상적으로 발음하는 식으로 표기하였을 것이기 때문에 언자(諺字)라고 할 수 있게 된 것이다.

영조 23년 1월 22일에 가사(歌詞) 중에 언자(諺字)로 쓴 것이 있으며, 세종대왕이 어제한 것 중에 언자로 훈해(訓解)한 것이 있다고 하였는데, 이 경우는 언문의 용례라고 볼 수 있다. 영조 33년 11월 3일(신묘)에 계주윤음(戒酒綸音)을 간행할 때 언해의 예에 따라서 언자로 현음현토(懸音懸吐)한다고 하였는데, 엄밀하게는 훈민정음과 언문을 함께 말하는 것이지만, 이 시기의 한자 음가가 조선의 통속음에 가까워지면서 훈민정음과 구별하는 의식이 희박해진 결과라고 할 것이다.

정조 6년 11월 9일에는 주자(鑄字) 중의 언자에 새로 새긴 글자가 많다고 하였는데, 이는 한자의 음가를 위한 경우라고 가정하더라도 훈민정음의 글자는 아닐 것이다. 정조 20년 2월 4일에는 『첩해신어』와 관련하여 언자로 그 나라 말을 주석(註釋)하였다고 하였으므로, 이역시 일상적으로 쓰는 우리말의 음가로 일본어 음가를 나타낸 것이다. 정조 24년에는 교자(轎子) 출입 때 서로 섞이는 일이 많으므로 언자(諺字)로 어느 동 어느 집이라고 표시를 달자고 논의하였는데, 당시 교자를 매는 사람들이 알기 쉽도록 한자가 아닌 언문으로 기록한 것으로 생각된다. 이상에서 살펴본 바와 같이, 『조선왕조실록』과 『승정원일기』의 언문 언자의 용례는 기본적으로 우리글을 표현하는 문자라는 의미임을 알 수 있다.

이와 같이 언문이라는 용어는 몽골이나 여진어 일본어를 당시의 우리말로 번역하는 경우, 혹은 우리말의 내용을 글로 쓰는 경우 등 우리말을 표기하는 수단으로 사용할 때 나타난다. 언문=훈민정음이라고 한다면 이때도 훈민정음 혹은 정음이라고 하여도 아무런 문제도 없을 것이다. 그러나 우리말을 표기할 경우에 훈민정음이라고 쓴 예는 없고, 오로지 언문이라고만 하였다.

그 밖에도 언문이라는 용어를 사용한 것은 언문가서(諺文家書) 즉 언문으로 쓴 편지[180], 언문으로 쓴 물목건기(物目件記)[181], 언문으로 쓴

---

180 승정원일기 인조 26년 3월 11일.
181 승정원일기 효종 3년 6월 23일.

방(榜), 우리말로 번역된 고명(誥命), 한자를 뜻하는 진서(眞書)에 대하여 우리의 문자라는 뜻으로 쓰인 언문(諺文)[182], 우리말로 번역한 것(諺文飜譯)[183], 언문으로 병의 증세를 묻도록 한 예[184], 언문으로 쓴 글(諺文一張書[185], 諺文書[186], 諺文記錄[187]), 식년 문과에 급제한 사람이 언문으로 어릴 때부터 읽는 것을 연습하여 등과는 하였으나 서찰 수응하는 글을 짓지 못하는 예[188], 억울한 사정을 호소한 언문정장(諺文呈狀) 언문정단(諺文呈單)[189], 청의 언어 사정에 대응하기 위하여 『비한절요(備漢切要)』를 우리나라 언문으로 번역하여 사용하자는 예[190] 등이 있다. 이처럼 언문은 당시의 우리말을 기록한 수단을 지칭한 것이다.

그 밖에도 봉수의 관리와 관련하여 연대에 비치해 두어야 할 43가지 물건이 지역마다 다르므로 절목을 만들고 이를 언문을 옮겨 써서 연대의 벽에 붙여두고 봉군(烽軍)에게 설명할 때 사용하도록 한 예도 있다. 이처럼 언문은 진서를 모르는 사람들이 억울한 사정을 호소하

---

182 승정원일기 인조 26년 4월 19일, 숙종 15년 11월 8일 20번째 기사.
183 승정원일기 효종 2년 11월 21일, 효종 4년 11월 14일, 효종 4년 11월 16일, 효종 4년 11월 17일, 영조 즉위년 11월 17일(48/48).
184 승정원일기 현종 원년 2월 15일.
185 승정원일기 현종 9년 2월 10일(17/23).
186 승정원일기 숙종 2년 11월 6일(16/19).
187 승정원일기 숙종 27년 10월 2일(37/42).
188 승정원일기 숙종 10년 9월 11일(17/22).
189 승정원일기 경종 4년 윤4월 1일(6/18).
190 승정원일기 숙종 31년 4월 6일(8/9).

고, 직무를 시행하는 데 필요한 정보를 알리는 방편으로 널리 쓰이고 있었던 것이 사실이다. 그러나 이런 경우는 반드시 언문이라고 하였지 훈민정음이라고 하지 않았다. 훈민정음 혹은 정음은 항상 한자의 음가, 혹은 음악과 관련된 것이다. 조선시대 후기까지 이러한 구분은 분명하게 지켜지고 있다.

언문 언자 언서 등을 포함하는 언(諺)의 용례를 망라하여 검토한 연구로는 김슬옹의 『조선시대 언문의 제도적 사용』(2005, 한국문화사)이 있다. 언문 언자 등의 구체적인 사용례를 망라하고 있으므로, 언문 언자 등이 어떤 의미로 쓰였는지를 파악하는 데 유용하다.

四濁	三清	二濁	一清 午	四濁	三清	二濁	一清 巳	四濁	三清
ㅇ	ㆆ	ㆅ	ㅎ		ㅊ	ㅉ	ㅈ	ㅁ	ㅍ
아	ᅙᅡ	ᅘᅡ	하	○	차	짜	자	마	파
야	ᅙᅣ	ᅘᅣ	햐	○	챠	쨔	쟈	먀	퍄
어	ᅙᅥ	ᅘᅥ	허	○	처	쩌	저	머	퍼
여	ᅙᅧ	ᅘᅧ	혀	○	쳐	쪄	져	며	펴
애	ᅙᅢ	ᅘᅢ	해	○	채	째	재	매	패
얘	ᅙᅤ	ᅘᅤ	햬	○	챼	쨰	쟤	먜	퍠
에	ᅙᅦ	ᅘᅦ	헤	○	체	쩨	제	메	페
예	ᅙᅨ	ᅘᅨ	혜	○	쳬	쪠	졔	몌	폐
ᄋᆞ	ᅙᆞ	ᅘᆞ	ᄒᆞ	○	ᄎᆞ	ᄍᆞ	ᄌᆞ	ᄆᆞ	ᄑᆞ
ᄋᆝ	ᅙᆝ	ᅘᆝ	ᄒᆝ	○	ᄎᆝ	ᄍᆝ	ᄌᆝ	ᄆᆝ	ᄑᆝ
으	ᅙᅳ	ᅘᅳ	흐	○	츠	쯔	즈	므	프
ᄋᆜ	ᅙᆜ	ᅘᆜ	ᄒᆜ	○	ᄎᆜ	ᄍᆜ	ᄌᆜ	ᄆᆜ	ᄑᆜ
ᄋᆡ	ᅙᆡ	ᅘᆡ	ᄒᆡ	○	ᄎᆡ	ᄍᆡ	ᄌᆡ	ᄆᆡ	ᄑᆡ
ᄋᆞᅵᅵ	ᅙᆞᅵᅵ	ᅘᆞᅵᅵ	ᄒᆞᅵᅵ	○	ᄎᆞᅵᅵ	ᄍᆞᅵᅵ	ᄌᆞᅵᅵ	ᄆᆞᅵᅵ	ᄑᆞᅵᅵ

VI

남은 문제들

언문은 왜 만들었는가?

　세종대왕이 우리 문자를 창제하신 이유는 의문의 여지가 없다. 어리석은 백성들에게 자기의 뜻을 펼 수 있는 문자를 만들어 주신 것이다. 『훈민정음』 서문에 그렇게 명시되어 있기도 하다. 그러나 우리 말을 표현하는 수단이 세종대왕 혹은 왕실에는 전혀 필요없는 것이었을까? 우리 문자를 만들고 이를 활용하는 과정에서 후에 문종이 된 동궁, 세조가 된 진양대군(수양대군), 안평대군, 한글 창제에 기여하였다는 전승이 있는 정의공주 등 세종대왕과 소헌왕후 사이의 직계 자식들이 대거 참여하였다. 이런 상황을 통해서 우리 문자의 창제가 왕실에 있어서도 중요한 의미를 가졌음을 짐작할 수 있다. 이제 『훈민정음』 서문의 명언적인 주장에 이끌리지 말고, 실제로 우리 문자를 가지고 어떤 일을 했는지를 살펴보도록 하자. 결과물이야말로 의도를 판단할 수 있는 직접적인 단서이다.

　언문으로 쓴 최초의 저작물은 『용비어천가』이다. 잘 알려져 있는 것처럼, 『용비어천가』는 조선 건국의 당위성과 목조로부터 태조 태종에 이르는 조선 창업에 관련된 신기한 행적들과 뒤를 이을 왕에게 경계하는 내용을 노래한 것이다. 아직 「훈민정음」이 완성되기 전인 1445년 4월 5일에 『용비어천가』의 찬진이 이루어졌다. 언문이 완성되고 아직 1년 반도 안된 시점이었다. 이때까지 언문을 써서 기록한 문헌은 아무 것도 없었다.

『용비어천가』 서문 등의 자료를 통하여 그 편찬 과정을 짚어 보도록 하자.

━━ 그림 30 『용비어천가』 4권의 첫머리

세종 24년(1442)에 세종은 경상도와 전라도 관찰사에게 왜구를 소탕한 태조의 공로와 업적을 후세에 전하기 위하여 군마의 수효나 적을 제어한 방책과 접전한 회수, 적을 함락시킨 광경 등을 본 사람을 찾아서 상세히 기록하여 아뢰라고 명령하였다. 그리고 이는 세종이 『용비어천가』를 짓기 위함이라고 하였다.[191] 이 일이 바로 『용비어천가』를 편찬하는 시발점이 되었다.[192]

그 이튿날에는 『태조실록』을 열람하고 나서, 태조의 여러 행적을 안지와 남수문 등에게 자세히 조사하여 보고하라는 명령을 내렸다. 이에 9월 4일에는 신개, 안지 등이 「태조실록」·「정종실록」·「태종실록」에 빠진 내용이 많으므로 개수할 것을 세종에게 건의하였다.

그로부터 3년이 지난 세종 27년(1445) 4월 5일에 권제·정인지·안지 등이 『용비어천가』를 지어 진상하였다. 언문이 완성되고 1년 반도 안된 시점에서 『용비어천가』의 시가가 완성된 것이다. 현재의 『용비어천가』는 1445년에 만들어진 시가에 주해(注解)를 더한 것이다.

『용비어천가』는 1446년에 성립된 『훈민정음』 해례본이나 1447년 경에 성립된 것으로 보이는 『훈민정음』 언해본과 분명히 다른 점이 있다. 해례본과 다른 점은 우리말 문장이 사용된 것이다. 해례본의 문장은 한문 문장일 뿐이다.

언해본과 다른 점은 한자의 음가가 표시되지 않은 것이다. 우리말

---

191 『세종실록』 권95, 24년 3월 1일 임술조.
192 김승우, 『용비어천가의 성립과 수용』, 보고사, 2012, 57~77쪽.

문장 속에 한자가 들어있지만 전혀 그 음가를 달지 않았다. 이는『용비어천가』의 시가가 편찬된 시점에서는 한자의 음가를 표시하는 수단 혹은 원칙이 정리되지 않았기 때문일 가능성이 있다.

이처럼『용비어천가』가 언문으로 쓰인 최초의 기록이라면, 언문의 창제는『용비어천가』의 편찬을 위한 것이라고 할 수 있다. 이후로 불경의 언해, 농서의 언해, 의서의 언해, 경서의 언해 등이 많이 이루어졌지만, 최초로 기록한『용비어천가』는 종묘 제례에도 반영될 정도였으므로, 그 의미를 가볍게 생각할 수 없다.

우리글로 모든 소리를 나타낼 수 있는가?

흔히 우리가 갖고 있는 중대한 오해가 우리글인 한글이 모든 소리를 나타낼 수 있다고 생각하는 것이다. 현재 우리가 쓰는 한글은 언문의 계보를 이은 것이고, 우리말을 중심으로 한 글자다. 따라서 우리말에서 쓰지 않는 음가는 발음할 수 없다. 모든 소리를 표현할 수 있는 가능성을 가진 것은 훈민정음이다. 훈민정음은 언문에서 나왔지만, 한자의 음가도 충실히 나타낼 수 있고 여진어 몽골어도 표현할 수 있었다. 훈민정음은 필요에 따라서 글자의 꼴을 바꾸거나 조합을 새로이 함으로써 모든 소리를 나타낼 수 있도록 글자 혹은 발음기호를 확장할 수 있기 때문이다.『훈민정음』해례본과『훈민정음』언해본 사이의 변화가 바로 그 증거다. 한자 음가에만 쓰이는 정치음과 치두음을 나타내기 위해서 글자의 꼴을 바꾼 것이다.

『훈민정음』해례본에서는 치음이 ㅅ, ㅆ, ㅈ, ㅉ, ㅊ만 보이고, 이 치음으로 『동국정운』의 한자 음가를 표기하였다. 『동국정운』은 조선 내부에서 사용할 표준 한자 음가를 정한 것이라고 할 수 있다. 그런데 『홍무정운』의 음가를 옮기는 과정에서는 중국의 현실음을 나타낼 필요가 생겼다. 명이 제정한 중국어의 표준 음가이기 때문이다. 그래서 정치음과 치두음을 구별하게 된 것이다. ㅅ, ㅆ, ㅈ, ㅉ, ㅊ에 대하여 ㅅ, ㅆ, ㅈ, ㅉ, ㅊ와 ㅅ, ㅆ, ㅈ, ㅉ, ㅊ가 추가되었다. 훈민정음은 글자수가 정해져 있는 것이 아니라, 필요에 따라 얼마든지 확장할 수 있는 성격을 가지고 있다고 할 수 있다.

이러한 경향은 후대에도 확인할 수 있다. 『경세훈민정음도설』의 그 예다. 이 책은 훈민정음을 다룬 책이다. 훈민정음의 가능성을 확인하는 책이기도 하다. 이 책 속에는 범어를 훈민정음으로 나타낸 부분이 있다. 중국어나 여진어같은 주변 지역의 언어가 아니라, 인도어를 훈민정음으로 나타내었다. 가(珂)의 초성은 'ㅋ'을 나란히 썼고, 타(陁)는 'ㅌ'을, 앙(仰)은 'ㅇ'을, 마(麼)는 'ㅁ'을, 야(耶)는 'ㅇ'을, 라(羅)는 'ㄹ'을, 약(若)은 'ㅿ'을 나란히 썼다. 『훈민정음』해례본에 없는 새로운 결합 형태이다. 범어의 음가를 표현하기 위해서는 훈민정음에 마련된 것만으로 부족하였으므로, 또 다른 조합을 만든 것이다. 만약 훈민정음이 우리말을 표기하기 위한 것이라면 이런 일은 일어나기 어렵다. 우리말에서 특별한 음운 변화가 일어나기 전에는 글자를 새로 만드는 일은 없을 것이다.

이 책의 저자인 최석정은 훈민정음 자모 28자로 12,288자 이상을 조합할 수 있다고 하였고, 훈민정음은 그만큼의 소리를 나타낼 수 있는 잠재력을 가지고 있다.[193] 최석정은 훈민정음의 음가 표기 능력을 「율려상승배합도(律呂相乘配合圖)」라는 표를 통해서 드러내었다. 그러나 그 속에 들어있는 우리말의 음가와는 관련이 없는 많은 글자 조합이 있음을 알 수 있다. 이야말로 훈민정음의 존재 이유다. 훈민정음은 어떤 조합과 변형이라도 허용된다. 그러나 언문은 그렇지 않다. 언문은 우리말을 기본으로 한 것이기 때문이다. 언문으로 한자 음가를 표현할 수 있다. 그러나 그것은 우리식으로 한자음을 읽자는 것이고, 우리식으로 중국어를 하자는 이야기다. 그러나 훈민정음은 다르다. 훈민정음은 중국인이 읽는 것처럼 중국의 문자를 읽고, 중국인처럼 중국어를 하자는 이야기다.

우리는 왜 영어를 제대로 발음할 수 없는가?

조선시대에 우리 조상들이 직면했던 중국 문자와 중국어의 문제가 현재의 우리에게는 영어의 문제로 다가와 있다. 일상적으로는 우리는 영어 단어를 한글로 표기한다. 예를 들자면, 'violin'을 바이올린

---

193 최석정은 언문과 훈민정음을 엄밀하게 구별하지 않았다. 그러나 책의 거의 대부분은 훈민정음과 한자 음가의 표시, 운서에 할애하였고, 종성 부분에서만 우리글과의 관련성에 주목하여 한자의 종성과 우리말의 종성의 차이를 설명하였다.

이라고 'bio-'도 '바이오'라고 쓴다. 그렇다면 영어의 'v'와 'b'는 우리말로 'ㅂ'으로 읽어도 문제가 없을까? 우리나라 사람끼리는 의미가 통하겠지만, 영어를 모국어로 하는 사람에게는 이상하게 들릴 게 틀림없다. 'p'와 'f'의 경우도 마찬가지다. 'pit'와 'fit'를 모두 '핕' 혹은 '핏'이라고 표기할 수밖에 없다. 아마도 우리는 '핕'이라고 표기하는 데도 주저할 것이다. 우리말의 받침에서 'ㅌ'이 'ㄷ'이나 'ㅅ'과 구별되지 않기 때문이다. 이처럼 영어를 우리말 발음대로 읽어버리려고 하는 경향이야말로, 훈민정음이 유명무실해진 이유이다. 영어를 원어민처럼 발음하는 사람을 보면 왠지 닭살이 돋는 느낌이야말로, 우리가 외국어를 대하는 태도의 저변이다. 훈민정음으로 중국어를 정확히 표기하고 성조까지 갖추어 발음하고자 하는 세종의 시도는 사대부들의 거부감 때문에 결국 무산된 것이다.

영어 발음도 제대로 표기하려면 훈민정음을 사용할 수밖에 없다. 가장 문제가 되는 것이 'p-b', 'f-v'의 표기다. 'p'와 'f'는 무성음이고 'b'와 'v'는 유성음이다. 'violin'의 'v'는 'f'의 유성음인 것이다. 단순히 가볍게 발음하는 것이 아니라 성대를 울리면서 발음해야 한다. 우리가 쉽게 발음할 수 없는 소리다. 훈민정음의 논리를 따르면 유성음인 'b'는 전청음의 각자병서로 표기해야 한다. 그런데 'p'에 차청자인 'ㅍ'이 이미 배당되어 있고 'f'는 우리말에 없는 소리를 나타내기 때문에 문제가 복잡하다. 따라서 'f'를 위해서는 새로운 글자를 만들 수밖에 없다. 만약 각자병서에 전청자를 써야 한다는 훈민정음의 논리를 버리고 'p'를 'ㅍ'으로 표시한다면, 'f'는 '퐁'을 쓸 수 있을 것이다. 그러면 'p'의 유성음인 'b'는 'ㅍ'의 각자병서인 'ㅃ'가 되고, 'f'의 유성음인 'v'는 'ㆄ'의 각자병서인 'ㅹ'가 될 것이다.

이처럼 우리가 영어를 우리말처럼 발음하지 않고 제대로 발음하려고 하면 새로운 조합을 만들 수밖에 없다. 그리고 그 글자의 조합은 이상하게 보인다. 그만큼 유성음이 없는 우리말 환경에서는 유성음을 발음하는 것도 어렵고, 유성음을 표기하는 것도 어렵다. 그러나 영어의 음가를 정확하게 나타내고 또 정확하게 발음하려고 하면 어쩔 수 없는 일이기도 하다. 우리가 이러한 조합을 어색하다고 받아들이지 않고, 그냥 한글만으로 영어를 표기하는 한, 정확한 영어발음은 배울 수 없기 때문이다. 훈민정음으로 한자 음가를 표기하려고 했던 사람들도 우리와 똑같은 문제를 해결하려고 한 것이다.

『훈민정음』에서 정한 글자 중에 가장 큰 논란이 되고 있는 것도 전탁음에 배정된 각자병서다. 즉 ㄲ, ㄸ, ㅃ, ㅆ, ㅉ 등의 음가가 무엇인가를 따지는 문제다. 크게 경음이라는 견해와 유성음이라는 견해가 있고, 전청음과 경음(우리말의 된소리) 사이의 불완전한 음운으로 보는 견해도 있다.[194]

그런데 현실적으로 각자병서는 한자 음가를 나타내는 데 많이 쓰고, 우리말을 나타내는 사례는 많지 않다. ㅆ과 ㆅ이 일부 쓰였을 뿐이다. 우리말에서는 거의 쓰이지 않는 글자를 훈민정음이 규정한 셈이다. 이 또한 훈민정음이 우리말 표기에 주안점을 둔 문자 체계가 아

---

194 강길운, 「초성각자병서고」, 『훈민정음과 음운체계』, 한국문화사, 1992, 134~173.

니라는 증거라고 할 수 있다.

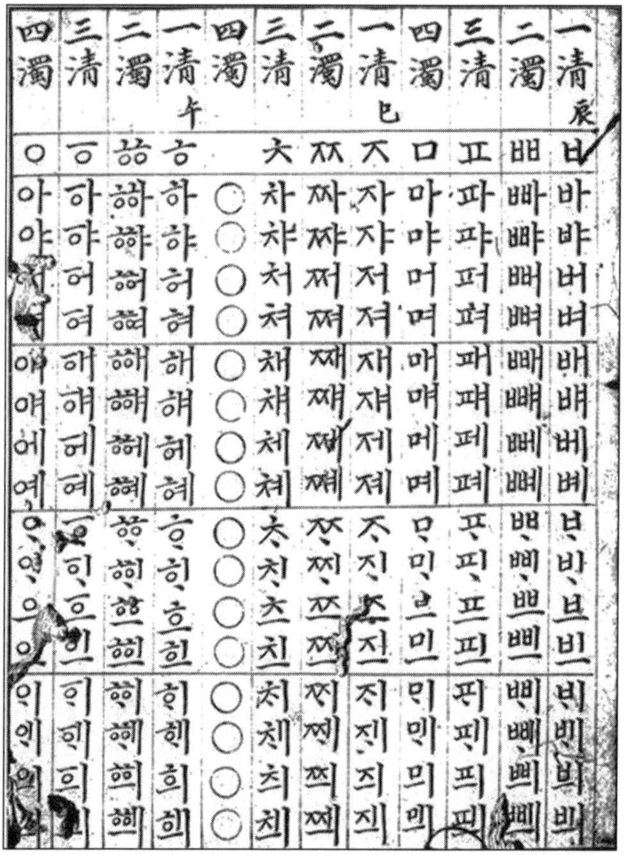

그림 31 『경세훈민정음도설』「율려상승배합도(律呂相乘配合圖)」

	무성음		유성음		비음
	무기음	유기음	무기음	유기음	
아음	ㄱ 迦	ㅋ 佉	ㄲ 竭	ㅋㅋ 珂	ㅇ 誐
설상음	ㄷ 多	ㅌ 他	ㄸ 馱	ㅌㅌ 陀	ㄴ 那
순음	ㅂ 波	ㅍ 頗	ㅃ 婆	ㅍㅍ 回	ㅁ 摩
치음	ㅈ 左	ㅊ 差	ㅉ 昨	ㅊㅊ 叉	ㅅ 沙
후음	ㆆ 阿	ㅎ 訶	ㆅ 亞	ㅎㅎ 賀	ㅇ 野

【표 14】 훈민정음의 각자병서와 범어의 유성음

과연 각자병서는 어떤 음가를 나타내기 위한 것일까? 필자는 음운에 대해서 깊이 알지 못하므로, 오히려 문자사 즉 문자의 역사라는 관점에서 살펴보고자 한다. 정광이 지적한 바와 같이 훈민정음은 파스파문자와 밀접한 관련을 가지고 있다. 파스파문자는 다시 티벳문자로 연결되고, 티벳문자는 인도문자로 연결된다. 따라서 파스파문자, 티벳문자, 인도문자를 추적해 보면, 이들 문자들이 어떤 음가를 표기하는지를 알 수 있을 것이다. 그러나 굳이 이런 번거로운 수고를 하지 않아도 된다. 이미 인도의 문자인 범자에 배당된 한자의 음가를 훈민정음으로 표기해 놓은 사례가 있기 때문이다. 앞에서 든 『경세훈민정음도설』의 「금고정범음자모도」를 참고하면 된다.(그림 27)

「금고정범음자모도」에서는 탁음을 표시할 때 자음을 나란히 써

서 나타내고 있다. 이는 훈민정음이 한자의 전탁음을 나타낼 때 쓴 표기방식과 같다. 이를 통해서 우선 전탁음이라는 것은 유성음이고, 각자병서는 전탁음 즉 유성음을 표시하기 위한 것임을 알 수 있다.

그런데도 우리 학계에서는 아직 각자병서의 음가를 두고 논란이 많다. 논란의 배경은 의외로 단순하다. 언문과 훈민정음이 같다고 생각하기 때문이다. 이는 훈민정음의 각자병서가 우리말도 나타내야 한다고 보는 것과 같은 말이다. 그러나 훈민정음이 한자의 음가 표기를 위한 것이라고 생각해 보면, 각자병서를 우리말의 된소리를 표기하기 위한 것이라고 생각할 필요가 아예 없어진다. 우리말의 된소리는 언문을 가지고 합용병서하면 된다. 그 쪽이 된소리의 음가를 더 잘 표현할 수 있다고 여겼기 때문일 것이다.『훈민정음』예의에는 합용병서에 관한 설명이 없다. 즉 합용병서는 한자 음가를 나타내는 데 필요하지 않았기 때문이다.

그렇다면 우리말 중에서 각자병서로 나타낸 경우는 어떻게 해석해야 할까? 예를 들어 사(射)는 '쏘다'로 되어 있다. 이 경우에는 오히려 당시에는 '쏘다'가 된소리가 아니라 유성음에 가까웠던 것이 아닐까? 현재도 경남지역 사람들이 '쌀'을 발음하지 못해서 '살'이라고 한다. 이 '살'이 현재 쌀로 음이 변했다고 볼 수도 있다. 음운적인 변화에 대해서는 자세히 설명할 수 없지만, 몇 가지 사례만을 가지고 각자병서가 우리말을 나타내기 위한 것이라고 단정지을 수 없다.

이 표 속에서도 퀀(犬) 부(父) 뭇(武) 일(牛) 얄(岳)과 같은, 우리말을 나타내는 데 쓰이지 않던 글자 조합들이 보인다. 이처럼 조선 후기까지 훈민정음도 명맥을 유지하고 있었다. 언문은 언문대로 우리말을 표기하는 데 쓰였고, 훈민정음은 한자 음가를 표시하는 수단으로 여전히 관심의 대상이었다. 오히려 다양한 음가 표기를 위하여 훈민정음을 확대재생산하고 있었다. 물론 학자의 이론적인 구상이기는 하지만 훈민정음의 본래 용도가 무엇이었는지 잘 보여준다.

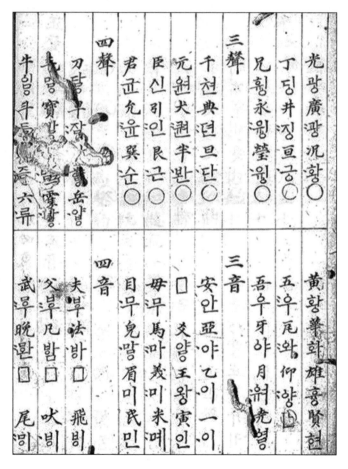

━━ 그림 32 『경세훈민정음도설』 「황극경세천지사상체용지수도」

파스파문자와 훈민정음

　우리 글자는 독창적이고 특별하다. 세상에 존재하는 문자들은 대부분 서로 연결되어 있다. 일본의 가나와 한자는 전혀 무관해 보이지만, 한자의 초서체나 한자의 일부 획을 가지고 와서 음가만을 나타내는 새로운 글자를 만든 것이다. 베트남의 쯔놈문자도 한자를 바탕으로 하고 있다. 이에 비해 우리 글자와 형태적으로 직접적인 연관을 가진 문자는 없다. 그러나 내재적인 원리에서 우리 글자에 영향을 주고 영감을 준 글자가 없었던 것은 아니다. 바로 원나라 때 만들어진 파스파문자이다.

　훈민정음과 파스파문자에 대한 선구적인 연구를 수행하고 있는 고려대 정광 명예교수는 파스파문자가 훈민정음에 끼친 영향을 낱낱이 밝혀냈다. 그의 연구는 거기에 그치지 않고, 훈민정음을 통해서 알게 된 정보를 다시 파스파문자에 적용하여 그 제작 원리나 자모의 구성, 「몽고자운」과의 관련성까지도 추적하였다.[195] 그래서 파스파문자에 대한 이해도를 세계적인 수준에서 한 단계 끌어올렸다. 우리 학계가 파스파문자를 본격적으로 연구한 기간이 짧은데도 불구하고, 정광교수가 파스파문자의 제작원리를 파악할 수 있었던 것은 훈민정음 때문이다. 이는 파스파문자와 훈민정음의 관련성을 웅변해 준다. 정광교수의 연구성과를 따라가면서 두 글자의 관련성을 확인해 보려고 한다.

---

195 정광, 『훈민정음과 파스파 문자』, 역락, 2012.

파스파문자는 몽골어뿐만 아니라, 중국어(한자)를 비롯한 여러 언어를 전사(轉寫)하기 위해서 만들어졌다고 한다. 당시 원나라는 여러 지역을 지배하는 세계적 제국이었고 그 지배영역 안에는 다양한 언어가 있었다. 다양한 언어를 표기하기 위해서는 표음문자 그것도 음을 세밀하게 나타낼 수 있는 음소문자가 필수적이었다. 표음문자의 긴 여정은 정광 교수의 책으로 미루고, 파스파문자가 갖는 특성만 다루기로 하자.

표음문자가 오랜 역사를 가지고 있지만, 신기하게도 이들 문자들은 모음을 가볍게 여겼다. 아예 모음이 없는 경우도 있고, 간단한 부호로 모음을 표시하는 경우가 많았다. 모음이 없는 경우에는 자음의 배열을 보고 어떤 단어인지 짐작하고 발음해야 한다. 아라비아문자가 대표적이다. 아라비아어는 기본 모음 자체가 a, i, u이고 장모음 ai, au가 있는 정도이기 때문에 굳이 모음을 나타내지 않아도 큰 문제가 없다고 한다.

파스파문자의 직접적인 모태가 된 티벳문자의 경우도 다르지 않다. 'a'를 나타내는 모음은 아예 없고, 아래 위에 붙는 4개의 간단한 기호로 i, u, e, o의 음가를 나타낸다. 그런데 파스파문자에 와서는 자음과 대등한 크기와 위상을 갖게 된다. 즉 모음의 자립이야말로 파스파문자의 중요한 특징이라고 할 수 있다.

또 한 가지 중요한 기여는 한자의 음가를 반절법처럼 성모와 운모로 2분하여 나타내는 것이 아니라, 초성·중성·종성으로 3가지로 나누어 표기하게 되었다는 점이다. 훈민정음으로 말하면 종성, 한글로 말하면 받침이 독립된 지위를 얻게 된 것이다. 이를 통해서 한자의 음가 표기가 비로소 반절법의 속박으로부터 풀려나게 되었다. 파스파문자의 이러한 달성은 훈민정음에 그대로 계승되었다. 파스파문자와 훈민정음의 가장 중요한 연결고리는 바로 한자 음가의 3분법이다.

그러나 훈민정음은 파스파문자의 성취를 크게 진전시켰다. 첫째는 성조를 표시할 수 있도록 한 점이다. 둘째, 파스파문자는 위에서 아래로 자음 모음 자음을 연결해서 쓰도록 하였으나, 훈민정음은 자음과 모음을 연결하지 않고 쓰도록 하였고 또 모음의 위치를 초성의 아래에도 쓸 수 있고 오른쪽에도 쓸 수 있도록 하였다. 이렇게 함으로써 2개 이상의 모음을 조합해야 할 경우 글자를 일정한 공간에서 훨씬 효율적으로 배치할 수 있게 되었다. 파스파문자에서는 모음이 늘고 받침이 붙으면 글자가 아래로 크게 길어진다.

셋째, 글자의 형태를 간략하게 만들었다. 파스파문자는 티벳문자를 거의 그대로 가져왔기 때문에 글자꼴이 대단히 복잡하다. 자음과 모음 모두가 그렇다. 훈민정음은 글자의 획수를 극적으로 줄이는 데 성공했다.

파스파문자 중에는 극히 일부 글자의 형태가 훈민정음과 닮은 것이 있지만, 이를 일방적 모방이라고 보는 견해는 잘못이다. 파스파문자보다 훈민정음은 글자의 획수가 아주 적고, 음이 같은 글자들 사이의 연관성이 강하다. 훈민정음이 파스파문자의 내재적 원리의 일부를 받아들인 것은 사실이지만, 외형적인 연관성을 주장하는 것은 반드시 옳다고 할 수 없다.

	아음	설음	순음		치음		후음	반설음	반치음
			순중음	순경음	치두음	정치음			
전청	ㄱ見	ㄷ端	ㅂ幫	ㅸ非	ㅈ精	ㅈ照	ㆆ影		
차청	ㅋ溪	ㅌ透	ㅍ滂	ㆄ敷	ㅊ淸	ㅊ穿	ㆅ曉		
전탁	ㄲ群	ㄸ定	ㅃ並	ㅹ奉	ㅉ從	ㅉ床	ㆅ匣		
불청불탁	ㆁ疑	ㄴ泥 ㄴ娘	ㅁ明	ㅱ微		ㅇ喩 ㅇ么		ㄹ來	ㅿ日
전청					ㅅ心	ㅅ審			
전탁					ㅆ邪	ㅆ禪			

【표 15】 파스파문자의 자음(36자)과 훈민정음의 자음(31자)

파스파문자와 훈민정음은 무엇이 다른가?

【표 15】에서 알 수 있듯이, 훈민정음의 'ㄱ'에 해당하는 파스파
문자의 '&'는 한자의 획수를 기준으로 써보면, 6획에 해당한다. ㅋ에
해당하는 &는 5획, ㅇ에 해당하는 &은 3획에서 4획이다. 물론 병서
를 하거나 순경음을 쓰는 경우에는 오히려 파스파문자의 획수가 적
은 경우도 있지만, 글자의 형태가 훨씬 복잡하다. 글자 간의 관련성을
찾기도 어렵다.

모음이 더해지면 상황은 더 어려워진다. &(ㅇ, ㅏ), &(ㅣ), &(ㅜ), &

(ㅖ), K(ㅗ)의 모음 글자는 훈민정음이 1~2획인데 비하여, 모두 2획 이상이다. 이런 모음을 결합하면 획수는 더욱 늘어나게 되고 글자가 점점 길어지게 된다. 물론 훈민정음의 경우도 자음 모음 받침까지 다 쓰게 되면 획수가 만만치 않다. 예를 들어 '겨'은 6획이고, '쩩'과 '꿱'은 8획이고, '쌀'과 '꽐'은 9획이다. 그렇지만 중성을 초성의 아래와 오른쪽에 쓸 수 있게 함으로써 글자가 한 방향으로 길어지는 문제를 해결하였다.

또한 파스파문자의 초성 중에도 발성기관의 분류에 따라 일정한 모양을 갖추려 한 측면도 확인된다. 예를 들어 순중음을 나타내는 글자들은 ㄸㄸㄴㄹ 과 같이 일정한 연관성이 있다. 치두음의 경우도 ㅳㅣㅈㅸㄹㅍ 와 같이 일정한 연관성이 있다. 그러나 일정한 원리를 찾기는 어렵다. 이에 대해서 훈민정음의 순경음은 'ㅇ'을 글자 아래에 더하고, 전탁음은 글자를 거듭 써서 일정하게 나타내었기에 그 원리를 파악하기 쉽다.

중성의 완전한 분리도 훈민정음의 중요한 성과다. 티벳문자에서는 중성이 기호에 불과하였고, 기호가 없으면 자음에 'a'라는 중성 음가를 덧붙여 읽어야 한다. 파스파문자에 이르러 모음이 독립적인 글자가 되었지만, 여전히 모음 글자가 없으면 'a'라는 모음 음가를 덧붙여 읽어야 한다. 그런데 훈민정음에 와서 모음이 자음으로부터 완전히 독립하게 된 것이다.

훈민정음은 파스파문자의 번안인가?

이처럼 훈민정음이 파스파문자의 영향을 받은 것은 사실이지만, 그렇다고 정광교수가 주장하는 것처럼 우리 문자가 파스파문자를 번안하여 성립되었다는 주장은 그대로 받아들이기 어렵다. 정광은 일단 유창균의 주장을 수용하였다. 유창균은 『동국정운』의 23자모에서 전탁자 6개를 뺀 것이 훈민정음의 초성 17자라고 하였다. 당시 우리말의 음운을 분석하여 17개의 초성을 제정한 것이 아니고, 당시 한자음의 초성으로 23개가 존재하는 것을 알고 그에 대응하는 글자를 만들고, 이 가운데 고유어의 자음 표기에 사용될 초성자는 전탁자 6개를 뺀 17개로 정하였다고 본다.[196]

그러나 정광의 훈민정음에 대한 이러한 이해는 과연 훈민정음이 무엇을 뜻하는지를 애매하게 만든다. 훈민정음에는 분명히 순경음에 대한 규정이 있고 전탁음은 각자 병서로 표시한다고 하였다. ㆆ, ㅿ도 들어 있다. 오히려 『훈민정음』에는 된소리 규정이 없다. 그러므로 『동국정운』의 23자모를 줄여 훈민정음의 17자모가 되었다고 보기 어렵다. 시간적으로도 『동국정운』보다 훈민정음이 먼저 만들어졌다. 그렇다면 전탁음을 제외시키고 우리말을 나타내기 위해서 마련된 그 글자들은 다른 이름이 있어야 할 것이다.

---

196 정광, 『훈민정음과 파스파 문자』, 262쪽. 우리말의 어두 자음이라고 보기 어려운 ㆆ, ㅸ, ㅿ 을 들어 있는 반면, 된소리들은 글자로 제정하지 않았다는 점에서도 훈민정음이 당시 우리말의 음운을 분석하여 문자를 만든 것으로 보기 어렵다고 하였다.

훈민정음이『몽고자운』이나 파스파문자의 영향을 받은 것은 분명하다. 그러나 글자꼴만 바꾸었다고 보는 것도 문제가 있다. 예를 들어 아음에 속해있는 ㆁ은 후음의 기본 자형과 같다. 만약『몽고자운』의 파스파문자를 그대로 옮긴 것이라고 한다면, 왜 아음에 속하는 음을 후음에 속하는 음과 같은 형태로 만들었을까? 이는 처음 우리 글자를 만들 때 의(疑)나 업(業)의 음가가 후음에 속하는 것으로 잘못 판단한 결과를 반영하는 것이 아닐까?

『훈몽자회』에 남아있는「언문자모」27자에서는 'ㆁ'이 ㄱ, ㄴ, ㄷ, ㄹ, ㅁ, ㅂ, ㅅ, ㆁ과 같이 후음의 자리에 배열되어 있다. 초성독용팔자의 ㆁ과 ㆆ이 ㅿ 뒤에 후음으로 배열되어 있는 것과 마찬가지다.

만약『몽고자운』의 음운 체계를 그대로 받아들였다고 한다면, 의(疑)나 업(業)을 나타내는 글자가 기본형이 후음과 같을 수가 없고,「언문자모」의 배열처럼 후음의 위치에 가 있을 이유도 없다.

이러한 오류를 통해서「언문자모」가 먼저 만들어지고, 훈민정음이 나중에 만들어졌다고 볼 수 있다.「언문자모」의 오류를 수정하는 형태로 훈민정음에서 'ㆁ'이 아음으로 옮겨 배치된 것으로 볼 수 있다.

또한 훈민정음이『몽고자운』및 파스파문자의 원리대로 정해졌다면,「언문자모」에서 초성의 전체적인 배열도, 아설순치후음 및 전청, 차청, 전탁, 불청불탁음이라는 칠음사성의 원리에서 벗어나지 않았을 것이다. 그런데「언문자모」의 초성 배열을 보면 ㄱ, ㄴ, ㄷ, ㄹ, ㅁ, ㅂ, ㅅ, ㆁ이 먼저 나오고 다시 ㅋ, ㅌ, ㅍ, ㅈ, ㅊ, ㅿ, ㅇ, ㆆ가 나온다. 설음의 전청자는 ㄷ이지 ㄴ이 아니고, ㄹ과 ㅿ은 반설음과 반치음이기 때문에 따로 분류되었을 것이다.

모음도 마찬가지다. 『훈민정음』 해례본에서는 천지인의 상징으로 ·, ㅡ, ㅣ를 만들고 이를 조합하는 방식으로 중성을 만들었다고 하였다. 당연히 중성은 기본자, 초출자, 재출자의 순서로 배열되어 있다. 그런데 언문 자모는 다르다. 현재 우리가 알고 있는 것처럼, ㅏ ㅑ ㅓ ㅕ ㅗ ㅛ ㅜ ㅠ ㅡ ㅣ · 로 기본자가 가장 뒤에 배치되어 있고, 기본자의 배열도 『훈민정음』 해례본과 정반대이다. 『훈민정음』의 해례본에서 중성을 만든 원리와 배열순서를 논리적으로 충분히 설명하였는데, 그보다 뒤에 만들어진 「언문자모」에 이렇게 『훈민정음』 해례본과 전혀 다른 모습을 보이는 것을 어떻게 설명해야 할까? 간단히 말하면, 「언문자모」는 『몽고자운』을 비롯한 운서의 자모(字母) 분류를 상당 부분 무시하고 있다. 초성도 그렇고 중성도 그렇다.

또한 『훈민정음』에서는 ㄱ의 이름이 뒤에 붙어 있는 주격 조사가 '는'인 것으로 보아 '가'나 '기'일 가능성이 있다. 만약 몽고자운과 마찬가지로 '가'와 같은 이름으로 정해졌다면, 「언문자모」에서 파스파 문자의 원리와는 전혀 다른 '기역', '니은'과 같은 이름을 가지게 된 것도 이해하기 어렵다.

이미 제기되어 있는 바와 같이 「언문자모」야말로 훈민정음을 만들기 위한 시안으로 보는 설명도 있다.[197] 또한 언문은 28자모가 아니

---

197 이동림, 언문 27자.

고 27자모였고, 훈민정음에서 오히려 순경음과 전탁음, 그리고 'ㆆ'을 만들어『몽고자운』혹은 중국의 운서에 보다 가까운 발음체계로 만들었다고 볼 수는 없는 것일까?

언문의 창제시기에 대하여

1443년 12월 기사의 말미에 이달에 세종이 언문 28자를 창제했다는 기사가 보인다. 그리고 이를 훈민정음이라고 한다고 하였다. 이것이 오해의 단서다. 만약 이 기사가 그대로 사실이라면, 1446년 9월 29일에『훈민정음』이 이루어졌다는 기사가 허구인 셈이다. 물론 이를 설명할 수 있는 방법이 없는 것은 아니다.『훈민정음』해례본 정인지 서에서는 분명히 계해년 겨울에 주상이 정음(正音) 28자가 만들고 예의(例義)를 보였으며, 이를 모든 사람이 알기 쉽도록 해례(解例)를 작성하라고 하여 이때 이르러 완성하였다고 하였다. 그러나 이 정인지 서문의 내용을 그대로 믿을 수 있을까?

정인지 서문의 내용은 결코 그대로 사실이 아니다. 서문에서 세종대왕은 성군이어서 과거의 것을 전혀 참작하지 않고 정음을 만들었다고 하였지만, 그것부터 사실이 아니다. 중국의 운서도 참고하고 파스파문자도 참고하였다. 한자의 음가를 성모와 운모로 양분하는 것이 아니라, 초성 중성 종성으로 3분한 것은 파스파문자의 공로이다.[198] 초성 중성 종성은 이어서 쓰기 때문에 세로로 긴 형태가 되고, 또 모음의 분화가 약하며, 발성기관이 같은 자음들 사이의 형태적인 연관성이 적기는 하지만, 분명히 파스파문자는 언문의 창제에 상당한 영향을 끼쳤다.

또한 예의본(例義本)에서 사용한 문자들은 한자의 음가를 표기하기 위하여 신중하게 채택된 것들이고 해례본(解例本)과 유기적인 관계가 있다. 만약 1443년에 훈민정음이 완성되었다면 최만리가 우리 문자를 만들었다는 사실을 중심으로 비난하기 어려웠을 것이다. 또한 훈민정음이라는 용어를 세종이 직접 정하였는데도, 상소문에서 계속 언문이라고 할 수도 없었을 것이다.

당시 신하가 쓰는 글 특히 왕이 친람하는 글의 내용을 사실 그대로 믿기는 어렵다. 『조선왕조실록』에서는 분명히 언문 28자라고 하였는데 서문에서 정음 28자로 고쳤다. 이 또한 믿기 어려운 것이다. 정인지 서문에서는 언문의 창제가 곧 훈민정음의 창제로 탈바꿈하고 있다. 이는 최만리 등 사대부들의 반발을 무마하는 방편이었을 것이다. 사대부들에게 언문의 창제 사실보다는 한자 음가 표기 역할을 하는 훈민정음을 부각시키려는 의도였을 것이다.

「세종대왕신도비」에서도 병인년에 훈민정음을 창제하니 오랑캐와 중국의 모든 음역(音譯)에 통하지 않는 것이 없다고 하였다.[199] 이

---

198 김완진, 「훈민정음 창제에 관한 연구」, 『한국문화』 5, 1984, 14쪽.

199 세종대왕신도비. 乙丑以憂勤得疾, 命今上殿下, 參決庶務. 丙寅創制訓民正音, 以盡聲韻之變, 蕃漢諸音譯, 無不通. 其制作精微. 可謂超出古今矣.

내용에서도 만약 훈민정음이 우리말을 표기하는 문자였다면 우리말의 상황을 먼저 말하였을 것이지만, 오랑캐와 중국의 음을 모두 옮길 수 있다고 평가하였다. 실제로『용비어천가』에서는 원이나 여진의 어휘를 음역하는 데 훈민정음이 사용되고 있다. 또한 훈민정음의 창제가 1443년이 아닌 1446년이라고 명기하고 있다. 세종의 신도비라는 성격을 감안하다면,『조선왕조실록』의 기록대로 1443년에 훈민정음이 창제된 것은 분명히 아니다.

후대의 자료로는 신경준의『운해』「훈민정음도해」서문에서도 분명하게 병인년에 세종대왕이 훈민정음을 지었다고 하였다. 강신항은 신경준이 부주의해서 오류를 범한 것이라고 하였다. 그렇지만 이 경우도 언문과 훈민정음이 다른 것이라고 보면,「훈민정음도해」서문 역시 훈민정음의 완성시기에 대하여 제대로 전한 자료라고 할 수 있다.

『동자습』서문에서도 훈민정음을 지으니 천하의 소리를 비로소 쓸 수 없는 것이 없었다고 하여, 우리말의 표기라는 성격보다 모든 소리를 나타낼 수 있다는 점을 강조하고 있다. 또한 정음으로 한훈(漢訓)을 역(譯)하여 작은 글씨로 한자 아래 쓰고, 또한 방언을 써서 그 뜻을 풀었다고 하여, 정음 즉 훈민정음으로 한자의 음가를 표시한 사실을 지적하고 있다.[200]

---

200 성삼문,「童子習序」, (전략) 我世宗文宗槪念於此, 旣作訓民正音, 天下之聲, 始無不可書矣. 於是譯洪武正韻, 以正華音. 又以直解童子習譯訓評話, 乃學華語之門戶 (중략) 以正音譯漢訓, 細書逐字之下, 又用方言, 以解其義. (하략)

정인지의 비명에서도 "세종대왕께서 처음 언문을 창제하였는데, 신령스러운 생각과 밝은 지혜가 많은 왕들보다 높고 뛰어났다. 그런데 집현전의 여러 유자들이 의견을 모아 (언문의) 불가함을 주장하여 반대하는 상소를 올려 심하게 논하는 데 이르렀다. 이에 세종대왕이 정인지공과 신(문충공)숙주 등에게 그 일을 맡도록 하여, 『훈민정음』과 『동국정운』 등의 책을 지었다. 우리 동방의 어음이 비로소 바르게 되었다"고 하였다.[201] 이 비명에서도 언문에서 훈민정음에 이른 과정을 분명하게 밝히고 있다. 통설처럼 언문과 훈민정음이 같은 것이고 언문이라는 명칭이 훈민정음으로 바뀐 것이라면 굳이 언문이라고 쓸 필요가 없었을 것이다.

거듭 말한 바와 같이 1443년에서 1446년 사이에는 아직 우리가 보는 것과 같은 『훈민정음』은 아직 완성되지 않았던 것이다. 1443년에 훈민정음 예의가 완성되었고, 1446년 9월에 훈민정음 해례가 완성되었다고 한다면, 1444년 단계에 이미 훈민정음이라는 용어가 사용되었을 것이다. 그러나 1443년 12월 이후 훈민정음의 해례본 완성 때 (1446년 9월)까지 훈민정음이라는 용어가 단 한 차례로 사용되지 않았다. 최만리도 언문이라고 하였고, 그 직전에 『운회(韻會)』를 번역하라고 명하였을 때도 언문이라고 하였고, 신숙주의 행장에도 황찬을 만났을 때 언자(諺字)로 한자의 음가를 써보였다고 하였다. 이 당시는

---

201 정인지 비명. 英陵初制諺文, 神思睿智高出百王. 集賢諸儒合辭陳其不可, 至有抗疏極論者. 英陵命公及申文忠公叔舟等掌其事, 作訓民正音東國正韻等書. 吾東方語音始正.

아직 훈민정음이라는 용어가 없었다는 증거다. 반대로『훈민정음』이 편찬된 이후에는 바로『훈민정음』에 대한 기록이 보인다.

　분명히 훈민정음은『동국정운』과『홍무정운역훈』에 사용된 한자 음가 표기 체계이다. 훈민정음을 한자의 발음기호로 이해한다면,『월인천강지곡』과 같은 텍스트에서는 한자 음가를 나타낸 훈민정음과 우리말을 표기한 언문이 함께 쓰이고 있음을 알 수 있다. 같은 텍스트에서 사용되고 있지만, 언문과 훈민정음은 서로 다른 발음체계에 입각한 것이고 따라서 그것을 발음하는 방법도 서로 다르다. 언문은 소리나는 대로 읽으면 되지만, 훈민정음은 언문과 다르게 발음해야 하고 언문과 한자의 음가 그 자체를 나타내는 것이 아니라 발음하는 방법을 설명하는 기호를 포함하고 있다. 양자는 같은 글자에 바탕을 두고 있으므로 훈민정음과 언문은 서로 다르지 않은 것으로 보는 인식이 생겨났다. 그렇지만『조선왕조실록』에서는 우리말을 표기한 경우는 분명히 언문으로, 한자의 음가 표기와 관련된 내용은 훈민정음으로 나누어 쓰고 있음을 기억해야 한다.

　언문은 27자로 세종 25년에 만들어졌고, 만들어진 직후부터『용비어천가』의 우리말(國言) 가사를 짓는 데 사용되었다. 세종은 처음에는 언문으로 바로 운서를 번역하려고 하였지만, 최만리가 무계한 언문으로 운서를 번역하려고 한다는 상소를 올렸다. 이에 언문에 대하여 이론적 보완과 글자의 추가 제정을 통하여 세종 28년에 훈민정음을 완성하였다. 훈민정음은 기본자는 언문보다 1자(ㆆ)가 늘어났지만, 실질적으로는 초성 23자(초성해), 중성 29자로 늘어났다.

따라서 후대의 자료에서도 언문과 훈민정음을 나누어 보고 있으며, 최세진은 언자가 27자라고 하였다. 이에 비해서 정음은 28자이다. 이렇게 언문과 훈민정음을 나누어 보면, 훈민정음이라는 용어가 왜 한자 음가와 관련된 맥락에서만 나타나고, 언문은 왜 우리말의 표기에 편중되는 나타나는지를 설명할 수 있다. 언문청과 정음청도 다른 기관으로 볼 수 있다. 또한 왜 훈민정음은 곧 기록에서 사라지고 언문과 언자 등만 빈번하게 나타나는지도 설명할 수 있다.

세종은 훈민정음을 창제한 것이 아니라 먼저 언문을 창제하고 이어서 훈민정음을 제정하였다. 언문은 우리글을 표기하는 데 쓰였고 훈민정음은 중국어, 몽골어, 여진어 등을 표기하는 데 사용하였다. 훈민정음을 우리글의 이름이라고 생각하면서, 도리어 훈민정음이 지니고 있는 음운 표기의 무한한 잠재력을 오히려 퇴색시켰다.

『훈민정음』언해본의 모습

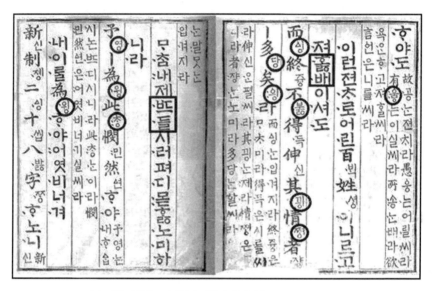

── 그림 33 『훈민정음』 언해본의 언문과 훈민정음

　　언문과 훈민정음이 다르다는 입장에서 다시 한번 『훈민정음』의 모습을 보도록 하자. 네모꼴 속에 들어 있는 것은 언문의 쓰임을 보여주는 것이고, 동그라미 속에 들어 있는 것은 훈민정음의 쓰임을 보여주는 것이다. 우선 한자의 음가를 다는 데 사용된 글자는 크기는 작다. 그것이 한자의 음가를 나타내기 때문이다. 이 한자의 음가는 한자 하나하나의 음가를 나타내고 있을 뿐, 우리말과 섞일 수 없다. 한자 음가를 나타내는 경우는 운미에 음가가 없더라도 'ㅇ'을 넣어서 표시하고 있다. 우리말에서는 그런 원칙이 적용되지 않았다.

또한 동일한 표기이지만 발음이 다른 경우도 있다. '홇배'는 '홀 빼'로 발음된다. 'ㆆ' 다음에 붙은 사잇소리다. 따라서 '배'를 된소리로 만든다. 그러나 한자 불(不)에 붙어있는 '붏'은 '붇'으로 읽어야 한다. 바로 이영보래(以影補來)의 표기원칙에 따른 표기인 것이다. 이영보래는 원래 한자에서 입성으로 발음되던 글자 중에서 조선에서 'ㄹ' 받침으로 발음하는 경우가 많았는데, 'ㄹ'은 한자의 입성을 제대로 구현할 수 없기 때문에 입성임을 유의하라는 뜻으로 'ㆆ'을 덧붙인 것이다. 표기원칙을 정한 의도를 생각하면 이 글자는 '붇'이라고 발음해야 하는 것이다.

이렇게 보면 『훈민정음』 언해본에는 세 가지의 글자가 쓰인 셈이다. 첫째는 우리말을 나타낸 언문이고, 둘째는 한자이고, 셋째는 한자의 음가를 나타낸 훈민정음이다. 세종께서는 먼저 언문을 창제하시고, 그것으로 우리말도 표기하고 한자의 음가도 표기하려고 하였다. 그러나 최만리가 상소를 통하여 무계한 언문으로 운서를 옮겨서는 안된다고 하였다. 사실 언문에서는 'ㆁ'과 'ㅇ'이 후음의 위치에 있었고, 후음의 전청자가 없는 등 소리가 만들어지는 위치에 대해서도 부정확한 점이 있었고 한자를 음운론에 따라 정연하게 표기할 수 없는 문제점을 안고 있었다.

그래서 'ㅇ'을 아음으로 옮기고 후음의 전청자인 'ㆆ'을 새로 만들었다. 또한 전탁음을 표현하기 위한 각자병서의 원리도 반영하였다. 글자를 배열하는 논리와 배열하는 순서도 달라졌다. 최만리가 지적한 무계함을 극복하는 과정에서 언문보다 정교한 도구인 훈민정음이 만들어진 것이다. 언문은 우리말을 표기하는 데 문제가 없었지만, 훈민정음은 여전히 한자의 음가를 다 나타내지 못한 부분이 있었다. 『홍무정운역훈』을 편찬하는 과정에서 다시 정치음과 치두음을 구분하려고 새로운 글자를 추가하였다. 따라서 언문을 대체로 고정되어 있었고, 오히려 글자수가 줄어드는 길을 걸었지만, 한자 음가 표기를 목적으로 훈민정음을 점차 확장되는 길로 나아갔다. 최석정은 훈민정음으로 범어도 표기하려고 하였다. 훈민정음은 무한한 확장성을 가진 도구였던 것이다.

언문과 훈민정음은 그 이름에서 이미 분명한 차이를 드러내고 있다. 언문(諺文)은 언자(諺字)라고도 하였고, 이는 언(諺) 즉 우리말을 표기하는 문자(文字)이다. 한자를 뜻하는 진서(眞書)에 대응되는 말이기도 하다. 일본에서도 한자는 진명(眞名, 마나)이라고 하고, 자신들의 문자는 가명(假名, 가나)라고 한 것과 마찬가지다. 이에 대해서 훈민정음은 민(民)을 가르치기 위한 바른 소리이고, 바른 소리 즉 정음(正音)은 한자의 바른 음가를 뜻한다. 그러기 때문에 훈민정음은 『동국정운』이나 『홍무정운역훈』에서 한자의 음가를 표기하는 데 사용되었고, 『훈민정음』 언해본 속에서도 한자의 음가를 나타내는 데 사용되었다.

언문과 훈민정음을 구별하는 것이야말로 세종대왕의 의도를 바르게 읽어내는 방법이다. 훈민정음을 우리의 문자라고 생각하지만, 훈민정음에 대한 대부분의 연구는 한자의 음가를 연구하는 데로 귀결된다. 우리글인 한글을 제대로 연구하기 위해서는 언문을 다시 살펴보아야 한다.

참고문헌

—기본자료

『조선왕조실록』

『승정원일기』

『보한재집』

『속동문선』

『용재총화』

『번역노걸대』

『사성통해』

정인지 비명

세종대왕신도비

『명황계감』

— 연구논문 및 저서

김동욱, 「정음청시말」, 『서울대논문집』5, 1957.

이숭녕, 「주자소 책방 정음청의 상호관계에 대하여」, 『동대논총』2-1, 동덕여자대학교, 1971.

이근수, 「조선조의 국어정책사」, 『논문집』3-1, 한성대학교, 1979.

천병식, 「언해문학 연구초 – 번역문학사의 정립을 위하여」, 『인문논총』1, 아주대학교 인문과학연구소, 1990.

이정국, 「조선전기 경복궁 궐내각사의 건축공간에 관한 연구」, 『건축사연구』2005, 2011.

정광, 『몽고자운 연구』, 박문사, 2009.

정광, 『훈민정음과 파스파 문자』, 역락, 2012.

김슬옹, 『조선시대 언문의 제도적 사용 연구』, 한국문화사, 2005.

김승우, 『용비어천가의 성립과 수용』, 보고사, 2012.

박종국, 『훈민정음종합연구』, 세종학연구원, 2007.

이근우, 「언문과 훈민정음 사이」, 동북아문화학회 국제학술대회자료집, 2015.

이근우, 「언문청의 창제시기와 정음청의 위치」, 『인문사회과학연구』, 부경대학교, 2016.

강창석, 「〈諺文字母〉의 작성주체와 시기에 대하여」, 『언어와 정보 사회』22, 2014.

유창균, 『훈민정음역주』, 형설출판사, 1993.

권재선, 『바로잡은 한글－국문자론－』, 우골탑, 1994.

김슬옹, 『세종대왕과 훈민정음학』, 지식산업사, 2011.

김슬옹, 「조선시대 훈민정음 공식문자론」, 『한글』297, 2012.

홍현보, 「우리 사전의 왜곡된 '언문' 뜻풀이에 관한 연구」, 『한글』298, 2012.

이숭녕, 「세종의 언어정책에 관한 연구」-특히 운서 편찬과 훈민정음 제정과의 관계를 중심으로 하여」, 『아세아연구』1-2, 1958.

조규태, 「옛한글 표기법」, 『용비어천가』, 한국문화사, 2010.

이동림, 「동국정운 초성 자모 23자의 책정과 그 해석」, 『국어학』23, 1990.

이동림, 「훈민정음 창제경위에 대하여」, 제17회 전국 국어국문학 연구발표대회 발표요지, 1974.

이동림, 「훈민정음의 창제경위에 대하여 - 언문자모27자는 최초 원안이다 -」, 『국어국문학론집』10, 1974.

강길운, 「훈민정음창제의 당초목적에 대하여」, 『훈민정음과 음운체계』, 형설출판사, 1992.

강길운, 「초성각자병서고」, 『훈민정음과 음운체계』, 형설출판사, 1992.

이숭녕, 「언해의 고전적 가치」, 『민족문화』1, 1975.

주성일, 『사성통해』범례고(II), 『중국문학연구』39, 2009.

조규태, 「외국어 어휘」, 『용비어천가』, 한국문화사, 2007.

임용기, 「훈민정음의 한자음 표기와 관련된 몇 가지 문제」, 『인문과학』96, 2012.

정다함, 「여말선초의 동아시아 질서와 조선에서의 漢語, 漢吏文, 訓民正音」, 『한국사학보』36, 2009.

김슬옹, 「조선시대 언문의 비칭성과 통칭성 담론」, 『겨레어문학』33, 2004.

이익섭, 「훈민정음 표기법 통일안」, 『국어표기법연구』, 서울대출판부, 1992.

조규태, 「옛한글표기법」, 『용비어천가』, 한국문화사, 2007.

김완진, 「훈민정음 창제에 관한 연구」, 『한국문화』5, 1984.

남광우, 『동국정운식 한자음 연구』, 한국연구원, 1966.

박태권, 「훈몽자회와 사성통해 연구 – 표기와 음운의 대조」, 『국어국문학』21, 1983.

권재선, 『훈민정음의 표기법과 음운-중세 음운론』, 우골탑, 1992.

최영애, 「번역노걸대 입성자의 훈민정음표기 연구」, 『중국어문학논집』37, 2006.

이근우 1960年生
(李根雨) 서울대학교 동양사학과 졸업
한국학대학원 사학과 졸업(문학박사)
일본 경도대학 문학부 일본사교실 박사과정 수료
부경대학교 사학과 교수
대마도연구센타 소장
동북아문화학회 부회장

저서 『고대왕국의 풍경』, 『전근대한일관계사』(공저), 『일본전통사회의 이해』(공저), 『부산과 대마도의 2천년』(공저), 『부산 속의 일본』, 『대한민국은 유교공화국이다』, 『일본사의 변혁기를 본다』(공저), 『전란기의 대마도』(공저), 『조선 사료 속의 대마도』

역서 『일본사상사』, 『주자학과 양명학』, 『일본서기입문』, 『한국수산지』1, 『지의 윤리』, 『지의 현장』, 『침묵의 종교 유교』, 『속일본기』1·2·3·4, 『일본서기』1·2·3, 『영의해』상·하 등 다수

논문 「언문청의 창제시기와 정음청의 위치」, 「언문과 훈민정음 사이」 등 다수

훈민정음은 한글인가?

초판 1쇄 발행일 2016년 08월 12일

지은이 이근우
펴낸이 박영희
책임편집 김영림
디자인 박희경
마케팅 임자연
인쇄·제본 태광 인쇄
펴낸곳 도서출판 어문학사
서울특별시 도봉구 쌍문동 523-21 나너울 카운티 1층
대표전화: 02-998-0094 / 편집부1: 02-998-2267, 편집부2: 02-998-2269
홈페이지: www.amhbook.com
트위터: @with_amhbook
페이스북: https://www.facebook.com/amhbook
블로그: 네이버 http://blog.naver.com/amhbook
다음 http://blog.daum.net/amhbook
e-mail: am@amhbook.com
등록: 2004년 4월 6일 제7-276호

ISBN 978-89-6184-416-1 93700
정가 20,000원

이 도서의 국립중앙도서관 출판예정도서목록(CIP)은 e-CIP홈페이지(http://www.nl.go.kr/ecip)와
국가자료공동목록시스템(http://www.nl.go.kr/kolisnet)에서 이용하실 수 있습니다.
(CIP제어번호: CIP 2016018223)